Politik & Co. 2

Gemeinschaftskunde/
Rechtserziehung/Wirtschaft
für das Gymnasium

Sachsen

Bearbeitet von
Nora Lindner
Silvia Ott
Stephan Podes
Hartwig Riedel

C.C. Buchner Verlag Bamberg

Politik & Co. 2

Gemeinschaftskunde/Rechtserziehung/Wirtschaft für das Gymnasium Sachsen
für die Jahrgangstufe 10

Bearbeitet von
Nora Lindner
Silvia Ott
Stephan Podes
Hartwig Riedel

Zu diesem Lehrwerk ist erhältlich:
- „click & teach" Digitales Lehrermaterial (BN 71065)

Dieser Titel kann auch als digitale Ausgabe „click & study" auf www.ccbuchner.de erworben und im Bildungslogin (www.bildungslogin.de) freigeschaltet werden.

1. Auflage, 1. Druck 2018
Alle Drucke dieser Auflage sind, weil untereinander unverändert, nebeneinander benutzbar.

Dieses Werk folgt der reformierten Rechtschreibung und Zeichensetzung. Ausnahmen bilden Texte, bei denen künstlerische, philologische oder lizenzrechtliche Gründe einer Änderung entgegenstehen.

Die Mediencodes enthalten ausschließlich optionale Unterrichtsmaterialien. Auf verschiedenen Seiten dieses Buches finden sich Verweise (Links) auf Internetadressen. Haftungshinweis: Trotz sorgfältiger inhaltlicher Kontrolle wird die Haftung für die Inhalte externer Seiten ausgeschlossen.

© 2018 C.C.Buchner Verlag, Bamberg
Das Werk und seine Teile sind urheberrechtlich geschützt. Jede Nutzung in anderen als den gesetzlich zugelassenen Fällen bedarf der vorherigen schriftlichen Einwilligung des Verlags. Das gilt insbesondere auch für Vervielfältigungen, Übersetzungen und Mikroverfilmungen. Hinweis zu § 52 a UrhG: Weder das Werk noch seine Teile dürfen ohne eine solche Einwilligung eingescannt und in ein Netzwerk eingestellt werden. Dies gilt auch für Intranets von Schulen und sonstigen Bildungseinrichtungen.

Redaktion: Simon Hameister
Grafische Gestaltung: Wildner + Designer GmbH, Fürth
Druck und Bindung: creo Druck & Medienservice GmbH, Bamberg

www.ccbuchner.de

ISBN 978-3-661-**71062**-4

Inhaltsverzeichnis

Zur Arbeit mit dem Buch 6

1 Verbraucher und Markt: wirtschaftliches Handeln im privaten Haushalt 8

1.1 Was heißt Wirtschaften? 10
Das Grundproblem – knappe Güter und grenzenlose Bedürfnisse 10
Wirtschaften heißt entscheiden – wie sollen wir uns bei Knappheit entscheiden? 12
Wie handelt man wirtschaftlich vernünftig? 14
Woher stammt das Einkommen von Familien? 16
Welche Einkommensquellen haben Jugendliche? 18
METHODE: Einen Haushaltsplan erstellen 19
Rollenspiel – warum Familie Ege einen Haushaltsplan braucht 20
Schulden machen – auf Raten in die Pleite? 22
METHODE: Eine Pro-Kontra-Diskussion führen 25
Welche Aufgaben übernehmen Banken im Kreditgeschäft? 26
Welchen Nutzen hat Sparen? 28
WAS WIR WISSEN 30

1.2 Konsum unter der Lupe – was das Konsumverhalten beeinflusst 32
Was soll ich kaufen? 32
METHODE: Webquest – wie kann ich mich im Internet gezielt informieren? 33
Das Marktmodell – bestimmt der Preis den Kauf? 34
METHODE: Preisbildung im Modell: „Preis-Mengen-Diagramm" 37
Brauchen wir Werbung? 40
Umweltschutz – ein wichtiger Aspekt der Kaufentscheidung? 43
WAS WIR WISSEN 45

1.3 Verbraucherschutz – wo können wir uns informieren? 46
Wie kann sich der Verbraucher informieren? 46
Wie schützt das Recht beim Kauf? 50
Betrüger im Internet – wie kann man sich schützen? 52
WAS WIR WISSEN 54
WAS WIR KÖNNEN 55

2 Unternehmen im Wirtschaftsgeschehen 56
Wie wird man Existenzgründer? 58
Was braucht man zum Produzieren? 60
Wie arbeitet ein Unternehmen? 62
Profit als einziges Unternehmensziel? 66
Nachhaltigkeit als Unternehmensziel? 69
WAS WIR WISSEN 72
WAS WIR KÖNNEN 73

3 Soziale Marktwirtschaft ... 74

3.1 Die Grundlagen der Sozialen Marktwirtschaft ... 76
Die Soziale Marktwirtschaft – Geburt eines Erfolgsmodells ... 76
Die Soziale Marktwirtschaft – die wesentlichen Prinzipien ... 78
Die Soziale Marktwirtschaft – was zeichnet sie aus? ... 80
METHODE: Der erweiterte Wirtschaftskreislauf als Analyseinstrument ... 82
WAS WIR WISSEN ... 84

3.2 Herausforderungen: Wie viel Markt und wie viel Staat brauchen wir? ... 86
Wirtschaftspolitik – wie soll der Staat eingreifen? ... 86
Soziale Marktwirtschaft und Gerechtigkeit ... 91
WAS WIR WISSEN ... 95
WAS WIR KÖNNEN ... 97

4 Die Europäische Union – „in Vielfalt geeint"? ... 98

4.1 Die Europäische Union – Werte und Institutionen ... 100
Das Zusammenwachsen der EU – Schritte zu einem festen Fundament für ein solides Haus? ... 100
EU-Institutionen – „die in Brüssel" oder „wir in Europa"? ... 104
WAS WIR WISSEN ... 110

4.2 Wirtschaftliche Integration der EU ... 111
EU-Binnenmarkt – Erfolgsmodell mit Tücken? ... 111
Der Euro als Zahlungsmittel – ein Schritt zur europäischen Integration? ... 113
Der Euro in der Krise – ein Schritt zum Zerfall der EU? ... 115
WAS WIR WISSEN ... 118

4.3 Herausforderungen für die EU: Beitritts- und Austrittsverhandlungen ... 119
EU-Integration: Soll jeder Staat in Europa EU-Mitglied werden? ... 119
Fallbeispiel EU-Erweiterung: Soll die Türkei der EU beitreten? ... 122
Fallbeispiel EU-Austritt: Wer profitiert mehr vom Brexit – die EU oder Großbritannien? ... 125
METHODE: Diagramme und Schaubilder analysieren ... 129
WAS WIR WISSEN ... 130
WAS WIR KÖNNEN ... 131

5 Internationale Beziehungen ... 132

5.1 Terrorismus im 21. Jahrhundert ... 134
Krieg und Frieden – was überwiegt heute? ... 134
Terrorismus im 21. Jahrhundert – eine neue Bedrohung für den Weltfrieden? ... 136
Fallbeispiel Islamischer Staat (IS) – eine neue Art von Terrorismus? ... 139
Jugendliche schließen sich dem IS an – inwiefern können Radikalisierungen im Alltag erkannt und bekämpft werden? ... 142
Terrorismus in Deutschland – sind wir ausreichend geschützt? ... 144
Terrorabwehr im Ausland – kann, darf und soll die Bundeswehr einen Beitrag leisten? ... 147
WAS WIR WISSEN ... 150

5.2	Die NATO und die Vereinten Nationen	151
	Die NATO – im Wandel vom „Verteidigungsbündnis" zur „Weltpolizei"?	151
	Die NATO und Russland – auf dem Weg zum neuen Kalten Krieg?	154
	Die Vereinten Nationen – Garant für den Frieden?	157
	Die Vereinten Nationen – zum Scheitern verurteilt?	161
	METHODE: Analyse eines internationalen Konflikts – Syrien	163
	WAS WIR WISSEN	166
	WAS WIR KÖNNEN	167

6 Wahlpflicht 1: Entscheidungen und Konflikte im Unternehmen … 168

- Wie führt man ein Unternehmen? … 170
- Welche Rechtsform braucht ein Unternehmen? … 172
- Konfliktfall Kündigung – die Rolle des Betriebsrates im Unternehmen … 174
- Konfliktfall Lohn – wie verlaufen Tarifverhandlungen? … 176
- Rollenspiel – eine Tarifverhandlung durchführen … 180
- WAS WIR WISSEN … 184
- WAS WIR KÖNNEN … 185

7 Wahlpflicht 2: Leben und Arbeiten in der Europäischen Union … 186

- Leben in Europa – gibt es eine europäische Jugend? … 188
- Arbeiten, zur Schule gehen und Studieren in der Europäischen Union … 190
- WAS WIR WISSEN … 192
- WAS WIR KÖNNEN … 193

8 Wahlpflicht 3: Internationales Recht … 196

- Was sind Menschenrechte? … 198
- Wodurch werden Menschenrechte bedroht? … 201
- Internationales Recht – der „Fall" Germain Katanga … 203
- Internationale Gerichte als Instrumente des Völkerrechts … 205
- WAS WIR WISSEN … 207
- WAS WIR KÖNNEN … 208

9 Wahlpflicht 4: Verwaltungsverfahren und Dienstleistungen … 210

- Verwaltungsverfahren in Sachsen – Fallbeispiel: Anmeldung einer Demonstration … 212
- Verwaltungsverfahren in Deutschland … 214
- Modernisierte Dienstleistungsverwaltung in Sachsen … 216
- WAS WIR WISSEN … 218
- WAS WIR KÖNNEN … 219

Kleines Politiklexikon … 220
Register … 223
Bildnachweis

Zur Arbeit mit dem Buch

Das Schulbuch **Politik & Co.** wurde eigens für den sächsischen Lehrplan entwickelt. Die Konzeption des Unterrichtswerks ermöglicht es Schülerinnen und Schülern, die zentralen Kompetenzen des Faches Gemeinschaftskunde/Rechtserziehung/Wirtschaft zu erwerben. Für Lehrerinnen und Lehrer ist das Buch eine Hilfe, um einen modernen Unterricht zu verwirklichen.

Jedes Kapitel beginnt mit einer **Auftaktdoppelseite**. Eine Materialseite und offene Aufgaben ermöglichen euch eine erste Annäherung an die Inhalte des neuen Kapitels. Dabei könnt ihr auch zeigen, was ihr schon über das Thema wisst. Außerdem hilft euch ein kleiner Einführungstext, einen Überblick zu erhalten. Über welches Wissen und Können ihr am Ende des Kapitels verfügen solltet, könnt ihr unter **„Kompetenzen"** nachlesen.

Aufgebaut sind die einzelnen Unterkapitel ganz einfach: Die Inhalte des Kapitels könnt ihr euch in der Regel auf **Doppelseiten** erarbeiten. Diese Materialien sind immer mit „**M**" gekennzeichnet und durchnummeriert.

Am Ende jeder Unterrichtseinheit ist ein **Aufgabenblock** platziert. Die Aufgaben enthalten immer konkrete Handlungsanweisungen **(Operatoren)**.

Natürlich lernt und arbeitet nicht jeder gleich schnell. Deswegen gibt es in der **Randspalte** oft **Tipps** und **Hilfen** oder auch **Zusatzangebote** zu den einzelnen Aufgaben. Die Symbole **H** und **F** helfen euch bei der Orientierung: Wenn man z. B. auf dem „Schlauch" steht, kann man den Hinweis mit dem Symbol **H** lesen. Wenn du mal deine Aufgabe viel schneller erledigt hast als die anderen, stehen für dich über das Symbol **F** zusätzliche Aufgaben und Herausforderungen bereit.

F = Fordern   **H** = Helfen

Im Unterricht sollt ihr nicht einfach Fakten stur auswendig lernen. Vielmehr geht es darum, dass ihr am Leben in einer Demokratie teilhaben und es aktiv mitgestalten könnt. Ihr lernt im Fach Gemeinschaftskunde/Rechtserziehung/Wirtschaft also gesellschaftliche, politische und wirtschaftliche Fragen und Probleme zu verstehen und zu beurteilen. Um diese Fähigkeiten und Fertigkeiten schrittweise zu erlernen und einzuüben, gibt es im Buch speziell ausgewiesene „**Methodenseiten**".

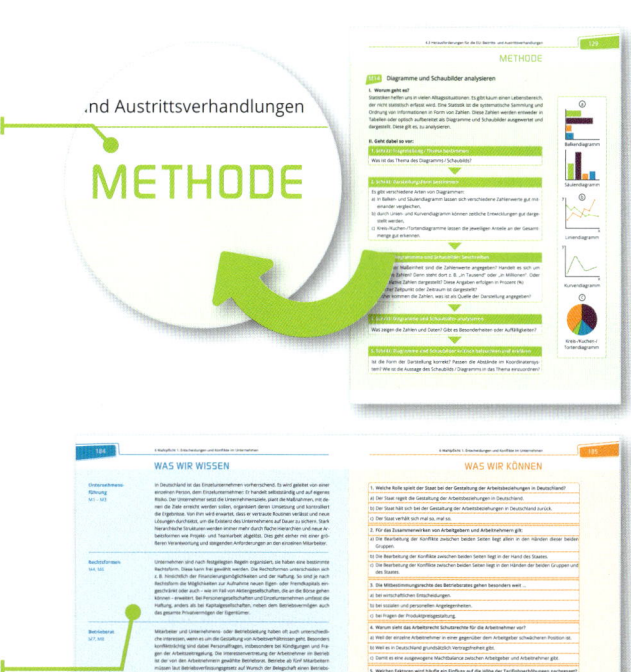

Die Seiten **Was wir wissen** und **Was wir können** schließen jedes (Unter-)Kapitel ab. Hier könnt ihr die wesentlichen Inhalte des vorangegangenen Unterkapitels noch einmal verständlich zusammengefasst nachlesen sowie zeigen, ob ihr die im Kapitelverlauf erworbenen Kompetenzen in einer konkreten Entscheidungssituation sinnvoll anwenden könnt.

Ein **kleines Politiklexikon** zum Nachschlagen wichtiger Grundbegriffe und ein **Register** zum Auffinden von Querverweisen sind wichtige Hilfsmittel und erleichtern das selbstständige Arbeiten mit dem Buch.

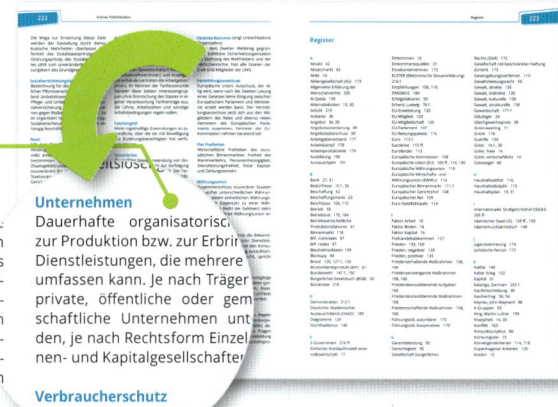

Über **QR-Codes** könnt ihr in verschiedenen Kapiteln **Erklärfilme** zu ausgewählten Themen direkt ansteuern. Diese können außerdem über die Eingabe der Mediencodes im Suchfeld auf www.ccbuchner.de aufgerufen werden.

Hinweise: Materialien ohne Quellenangaben sind vom Bearbeiter verfasst. Aufgrund der besseren Lesbarkeit wird im Folgenden darauf verzichtet, immer beide Geschlechter anzusprechen („Schülerinnen und Schüler"), auch wenn selbstverständlich beide gemeint sind.

Manchmal wird einem die Frage gestellt, welche drei Dinge man auf eine einsame Insel mitnehmen würde. Für Daniel Defoes Helden im berühmten Roman „Robinson Crusoe" (1719) ist diese Frage bitterer Ernst. Der junge Engländer kann sich als einziger Überlebender eines Schiffbruchs auf eine einsame Insel retten.

Nachdem ich mein Gemüt mit der erfreulichen Seite meiner Lage getröstet hatte, [...] schwand meine Freude bald wieder, und ich fand meine Errettung, kurz gesagt, furchtbar, denn ich war durchnässt, hatte keine Kleidung zu wechseln oder irgendetwas Ess- oder Trinkbares [...]. Mit einem Wort, ich hatte nichts bei mir außer einem Messer, einer Tabakspfeife und ein bisschen Tabak in der Dose. Ich ging ungefähr eine Achtelmeile vom Ufer fort, um Trinkwasser zu suchen; zu meiner großen Freude fand ich auch welches, und nachdem ich getrunken hatte, nahm ich ein wenig Tabak in den Mund, um dem Hunger vorzubeugen.

Daniel Defoe, Robinson Crusoe, Erster Teil, München 1981, übersetzt von Lore Krüger, S. 68 ff.

Robinson gelingt es schließlich, das gestrandete Schiff zu erreichen und mithilfe eines Floßes Gegenstände auf die Insel zu transportieren.

Verbraucher und Markt: wirtschaftliches Handeln im privaten Haushalt

Jeden Tag treffen Menschen sehr viele Entscheidungen, die zum großen Bereich des Wirtschaftens, der Ökonomie, gehören. Was kann ich mir vom nächsten Taschengeld leisten? Soll ich sparen oder Geld ausgeben? Welches Produkt soll ich kaufen? Wie alles aus deiner Sicht als Verbraucher zusammenhängt, erfahrt ihr in diesem Kapitel.

KOMPETENZEN

Am Ende des Kapitels solltet ihr Folgendes können:
- erklären, warum wir wirtschaften und grundlegende ökonomische Fachbegriffe anwenden
- erläutern, wie sich Preise auf Märkten bilden
- den Wert des Sparens und Gefahren der Verschuldung beurteilen
- verschiedene Einflüsse auf Kaufentscheidungen kennen und beurteilen
- Möglichkeiten des Verbraucherschutzes beschreiben und dessen Notwendigkeit beurteilen

WAS WISST UND KÖNNT IHR SCHON?

1. Stellt ein Warenmagazin für Robinson zusammen und ordnet die Güter nach ihrer Dringlichkeit.
2. Nennt Bedürfnisse, die sich Robinson wohl nicht erfüllen kann.

1.1 Was heißt Wirtschaften?
Das Grundproblem – knappe Güter und grenzenlose Bedürfnisse

M1 Ich überlegte mir, was ich am dringlichsten brauchte …

[N]achdem ich gründlich darüber nachgedacht hatte, was ich am nötigsten brauchte, holte ich mir zunächst die drei Seemannskisten, die ich aufgebrochen und geleert hatte, und ließ sie auf das Floß hinab; die erste davon füllte ich mit Vorräten, und zwar mit Brot, Reis […]. Nach langem Suchen fand ich die Kiste des Schiffszimmermanns, die tatsächlich eine nützliche Beute und damals wertvoller für mich war als eine Schiffsladung Gold. […] Als nächstes kümmerte ich mich um Waffen und Munition. In der großen Kajüte hingen zwei ausgezeichnete Vogelflinten und zwei Pistolen; diese sicherte ich mir […]. Trotz meiner Annahme, ich hätte die Kajüte so gründlich durchsucht, dass nichts mehr zu finden war, entdeckte ich einen Spind mit Schubladen und in einer davon drei Rasiermesser, eine große Schere sowie 10 oder 12 gute Messer und Gabeln; in einer anderen fand ich ungefähr sechsunddreißig Pfund in Bargeld, einige europäische und brasilianische Münzen sowie spanische Pesos, ein paar in Gold, ein paar in Silber. Ich lächelte innerlich bei dem Anblick des Geldes. „Oh du Rauschmittel", sagte ich laut, „wozu bist du nütze? Es lohnt nicht einmal, dass ich dich vom Boden aufhebe."

Daniel Defoe, Robinson Crusoe, Erster Teil, München 1981, übersetzt von Lore Krüger, S. 68 ff.

M2 Die Rangordnung der menschlichen Bedürfnisse

Selbstverwirklichung (Das Leben in Freiheit selbst gestalten zu können)

Anerkennung (Lob, positive Beachtung, Ruhm)

Gruppenzugehörigkeit (Mitglied einer Gemeinschaft; Beachtung, egal ob positiv oder negativ; Bekanntheit)

Schutz und Sicherheit (gewohnte Umgebung; sicherer Schlafplatz)

Physiologische Grundbedürfnisse (Sauerstoff; Schmerzfreiheit; Wasser; Essen)

Die Stufenleiter der Bedürfnisse wurde vom US-amerikanischen Forscher Abraham Maslow (1908 – 1970) entwickelt.

Die ersten vier Bedürfnisse nennt Maslow auch „Defizitbedürfnisse", da sie ein Gefühl des Mangels hervorrufen und negative Folgen wie z. B. Krankheit zu erwarten sind, wenn diese Bedürfnisse nicht ausreichend befriedigt werden. Wenn ein Bedürfnis erfüllt ist, tritt das nächst höhere an seine Stelle. Je höher das Bedürfnis, desto später in der Entwicklung einer Person entsteht es und desto weniger wichtig ist es für das reine Überleben, denn es kann leichter aufgeschoben werden.

M3 Das ewige „Mehr"

Immer mehr zu wollen, ist ein Phänomen unserer Zeit, ein Spiegelbild unserer Lebensweise, und doch ist es etwas, das selten als Phänomen erkannt wird. Es prägt unser Verhalten, ohne, dass wir es begreifen. Wir nehmen gar nicht wahr, dass dies oft unseren Emotionen und Handlungen vorausgeht.

In unseren Gefühlen und Erfahrungen nimmt das Verlangen nach „Mehr" überhand. Vielleicht gehört dieses Phänomen von Natur aus zum Menschsein. Oft organisieren wir unser Leben rund um dieses Verlangen und messen den Erfolg unseres Lebens daran, wie erfolgreich wir darin sind, uns immer mehr zu verschaffen, von was auch immer wir in einem bestimmten Moment wollen.

Zudem leben wir in der Angst nicht noch mehr zu erreichen. Wenn wir mit der Familie oder mit Freunden sprechen, dreht sich vieles darum, mehr zu bekommen: Wer hat mehr hiervon, wer mehr davon? In den USA wird „Mehr" als kultureller Wert gefeiert. Man will mehr Zimmer in seinem Haus oder einen besser durchtrainierten Körper oder Autos mit mehr PS oder mehr Status, mehr Geld, mehr Kleidung, mehr Bildung – die Liste ist endlos.

Phillipp Moffitt, www.52wege.de/mehr, übersetzt von Peter Brandenburg (30.10.2013)

Eigentlich sollte er in einem Klassenzimmer sitzen. Stattdessen sucht der zehnjährige Jawad Ali täglich im Müll nach etwas Brauchbarem, das er später auf dem Khyber-Bazar in der nordwestpakistanischen Stadt Peschawar verkaufen kann. So trägt er aktiv zum Lebensunterhalt seiner Familie bei, die vor zwei Jahren vor der Gewalt in den angrenzenden afghanischen Stammesgebieten geflohen ist.

AUFGABEN

1. Ordne die Bedürfnisse Robinsons (**M1**) und die Bedürfnisse, die sich aus deinem zusammengestellten Warenmagazin der Kapitelauftaktseite ergeben, den Stufen in **M2** zu.
2. Erläutere, welche Bedürfnisstufen Robinson auf der Insel wohl kaum erklimmen kann (**M1**, **M2**).
3. Robinson (**M1**) hält nicht viel von den Geldstücken, die er findet, obwohl diese auf der Insel rar sind. Erkläre seine Haltung.
4. Überprüfe, ob dein wirtschaftliches Verhalten vom Verlangen nach „Mehr" bestimmt wird (**M3**).
5. Sollen wir unser wirtschaftliches Verhalten vom Verlangen nach „Mehr" ausrichten? Diskutiert diese Frage in der Klasse.

F
Erläutere ausgehend vom Bild und Text in der Randspalte, inwiefern die Lebensumstände die Bedürfnisse und wirtschaftlichen Aktivitäten von Menschen bestimmen.

Wirtschaften heißt entscheiden – wie sollen wir uns bei Knappheit entscheiden?

M4 Warum gibt es von allem immer zu wenig? – Ellas Probleme

Ella ist eine ganz normale Schülerin. Sie geht in die zehnte Klasse des Gymnasiums und hat einen gut gefüllten Stundenplan. Da ist sie froh, dass sie noch ein Instrument spielen kann und auch noch Zeit für ihren Lieblingssport Basketball findet. Aber Ella würde gerne viel mehr machen. Deshalb hat sie einmal aufgeschrieben, was sie noch zusätzlich unternehmen würde und welche Mittel ihr zur Verfügung stehen.

Ellas Pflichtprogramm	Ellas Wunschprogramm	Ellas Mittel (Ressourcen)
• Eine Klarinettenstunde wöchentlich • Dreimal Basketballtraining in der Woche • Eltern im Haushalt helfen • Unterrichtsbesuch • Hausaufgaben machen, auf Klassenarbeiten lernen	• Freunde treffen • Chillen und Chatten • Shoppen • Saxophon lernen • Gesangsunterricht nehmen • Bei einer Musicalaufführung mitmachen • Öfter ausschlafen • Reitstunden nehmen • Einen Chauffeur, der sie zu den Terminen bringt	• Eltern können Klarinettenstunden bezahlen • Eltern können Basketballsport finanzieren • 50 Euro Taschengeld im Monat • Zeit reicht für Pflichtprogramm und eine weitere Aktivität

Nach einer Idee aus: Winand von Petersdorff, Das Geld reicht nie, 2. Aufl., Frankfurt a. M. 2008, S. 9 f.

M5 Wirtschaften heißt entscheiden

Ella hat eine Vielzahl von Bedürfnissen, ihre Mittel zur Erfüllung aller Wünsche (Geld und Zeit) sind jedoch begrenzt. Letztlich geht es allen
5 Menschen wie Ella. Sie können sich nicht alle Wünsche erfüllen. Deshalb müssen wir alle entscheiden, für welche Wünsche wir unsere Mittel (Ressourcen) einsetzen.
10 Gibt es eine Regel dafür, wie wir uns entscheiden? Im wirtschaftlichen Denken besteht die Regel darin, den Nutzen einer Handlung mit den Kosten, welche die Handlung verursacht, zu vergleichen. Ella muss sich 15 evtl. zwischen Basketball und Reiten, zwischen im Haushalt helfen und Shoppen gehen oder zwischen Ausschlafen und Chatten entscheiden. Dabei wird sie die Kosten und 20 den Nutzen der Alternativen abwägen. Entscheidet sie sich für Basketball, sind die Kosten die entgangenen Freuden an Reitstunden, entscheidet sie sich fürs Shoppen mit Freunden, 25 sind die Kosten der Ärger mit den Eltern, entscheidet sie sich fürs Chatten, sind die Kosten der Kampf mit

Kosten
Darunter fallen nicht nur direkte Geldkosten, sondern auch Kosten im übertragenen Sinn, wie z. B. verletzte Gefühle, entgangene Gelegenheiten oder verschwendete Zeit.

Nutzen
Darunter fallen ebenfalls nicht nur direkte in Geld messbare Nutzen, sondern im übertragenen Sinn jeglicher Vorteil, wie z. B. Zeitgewinn, Genuss oder Ansehen.

dem Schlaf während des Unterrichts. Wirtschaftswissenschaftler (Ökonomen) nennen diese Kosten für die Alternativen „Alternativkosten" oder „Opportunitätskosten". Da Menschen nach Auffassung der Ökonomen bestrebt sind, den größtmöglichen Nutzen für sich zu erzielen, werden sie Nutzen und Kosten jeweils vergleichen und die Alternative wählen, bei der der Nutzen im Vergleich zu den Kosten am größten ist.

Alternativkosten
Alternativkosten sind die Kosten, die entstehen, weil die zweitbeste Handlungsmöglichkeit (Opportunität) nicht gewählt wurde. Entscheide ich mich, mit dem Fahrrad statt dem Bus zu fahren, so sind die Alternativkosten: Verzicht auf Bequemlichkeit, Verzicht auf Unterrichtsvorbereitung während der Fahrt, Verzicht auf Zeitersparnis. Entscheide ich mich, mit dem Bus zu fahren und nicht mit dem Fahrrad, so sind die Alternativkosten: Verzicht auf Ersparnis der Fahrtkosten, Verzicht auf körperliche Betätigung, Verzicht auf Unabhängigkeit vom Busfahrplan.

M6 Biofernsehen

Karikatur: Alexei Talimonov / CartoonStock

AUFGABEN

1. Stelle dein Wunschprogramm und deine Ressourcen zusammen (**M4**). Charakterisiere anschließend, ob die Knappheit, der Unterschied zwischen Wünschen und Ressourcen, groß, mittelmäßig oder gering ist.
2. Wähle für Ella eine zusätzliche Aktivität aus. Erkläre, worin jeweils die Alternativkosten bestehen. Vergleicht eure Ergebnisse (**M4**, **M5**).
3. Entwickle eine Lösung für das Problem der Knappheit und diskutiert diese in der Klasse.
4. a) Beschreibe, was in der Karikatur dargestellt ist (**M6**).
   b) Erläutere, was der Karikaturist mit der Karikatur ausdrücken möchte (**M6**).

H ZU AUFGABE 4 b)
Beantworte folgende Fragen zur Karikatur: Welche merkwürdige Entscheidung (Bedürfnisse / Kosten / Nutzen) hat die Person in der Karikatur getroffen? Sieht der Karikaturist diese Entscheidung kritisch? Wenn ja, warum?

F ZU AUFGABE 4 b)
Erläutere, ob sich das in der Karikatur angesprochene Problem lösen lässt.

Wie handelt man wirtschaftlich vernünftig?

M7 Knappheit und das ökonomische Prinzip

Um überleben zu können, braucht der Mensch ausreichend Nahrung, Kleidung, Behausung und Ausbildung. Zur Befriedigung solcher Grundbedürfnisse benötigt der Mensch Güter bzw. Mittel, die ihm von der Natur in der Regel nicht frei, d. h. ausreichend und konsumreif, zur Verfügung gestellt werden. Man spricht deshalb von knappen Gütern. Die Knappheit von Gütern zur Bedürfnisbefriedigung ist der Grund dafür, dass Menschen wirtschaftlich handeln. Im Mittelpunkt des Lebens steht deshalb die Anstrengung, sich Güter zur Bedürfnisbefriedigung zu beschaffen, was nichts anderes ist als eine Umschreibung von menschlicher Arbeit. Da die Güter zur Bedürfnisbefriedigung knapp sind, muss der Mensch sich die vorhandenen Mittel einteilen. Wirtschaften heißt insofern angesichts knapper Güter, eine möglichst optimale Verwendung der vorhandenen Mittel anzustreben. Wir handeln dann nach dem sogenannten „ökonomischen Prinzip". Das ökonomische Prinzip hat zwei Ausprägungen: Wenn wir mit unserem Taschengeld versuchen, möglichst viele Bedürfnisse zu befriedigen, handeln wir nach dem Maximalprinzip. Wenn wir ein Bedürfnis, z. B. den Kauf einer Limonade, mit dem geringsten Mitteleinsatz befriedigen, handeln wir nach dem Minimalprinzip.

In unserer heutigen Gesellschaft spielt neben der Befriedigung der Grund- oder Existenzbedürfnisse eine Vielzahl weiterer Bedürfnisse eine immer wichtigere Rolle. Denken wir an den Wunsch nach modischer Kleidung, schönen Einrichtungsgegenständen, besonderem Essen, Musikhören, Konzerte zu besuchen, Urlaubsreisen zu machen etc. Wenn diese Wünsche nicht erfüllt werden, empfinden wir dies als Mangel. Unser Bestreben ist es, diesen Mangel zu beseitigen, indem wir das Bedürfnis befriedigen. Grundsätzlich empfindet jeder Mensch Bedürfnisse unterschiedlich dringlich. So verwendet ein Jugendlicher sein Taschengeld hauptsächlich für sein Smartphone, während ein anderer ein Großteil seiner Mittel für seinen Lieblingssport ausgibt.

Sauberes Trinkwasser – aus einem ehemals freien Gut ist ein knappes Gut geworden.

Maximalprinizip

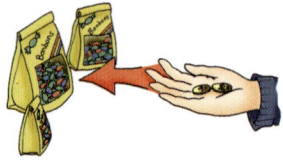

Minimalprinzip

M8 Welche Güter gibt es?

Nur sehr wenige Güter sind unbegrenzt vorhanden, d. h. frei verfügbar. Zu diesen freien Gütern zählen Wind, Sonnenlicht oder Meerwasser. Sie kosten kein Geld.

Im Gegensatz zu den freien Gütern ist die große Mehrheit der Güter, die wir zum Leben brauchen, knapp. Man nennt sie wirtschaftliche Güter, weil ihre Herstellung Kosten verursacht. Sie haben einen Preis. Bei den wirtschaftlichen Gütern gilt es zwischen Sachgütern, Dienstleistungen und Rechten zu unterscheiden. Sachgüter sind dingliche Güter (Waren), die zur Herstellung anderer Güter (Produktionsgüter) benötigt werden oder ge- und verbraucht (Konsumgüter) werden können. Dienstleistungen können wir nicht sehen oder anfassen. Wir nehmen sie in Anspruch, wenn wir zum Frisör gehen oder auf der Bank Geld abheben. Auch für Rechte müssen wir bezahlen, z. B. für das Recht, ein Musikstück aus dem Internet herunterladen und anhören zu dürfen.

M9 Wirtschaftliches Handeln im Alltag

Matthias hat 500 € für seinen Urlaub gespart und sucht nun im Internet nach einem Angebot, das ihm einen möglichst langen Urlaub in einem möglichst weit entfernten Land ermöglicht.

Eine Werft benötigt für die Produktion seiner Schiffe sehr viel Strom, da die meisten Maschinen relativ alt sind. Die Unternehmensleitung beschließt gemeinsam mit den Mitarbeitern, neue Maschinen zu kaufen, die bei gleicher Leistung weniger Strom als die alten Maschinen benötigen.

In einer Jeans-Fabrik werden Bluejeans hergestellt. In der Fertigungsabteilung wird versucht, möglichst viele Jeansteile aus den Stofflagen auszuschneiden. Die unterschiedlichen Teile und Größen werden daher mithilfe eines Computers zu einem optimalen Gesamtschnittbild zusammengestellt.

Die Bahnstrecke zwischen Berlin und München soll zu einem möglichst niedrigen Preis ausgebaut werden, um sie mit einer Höchstgeschwindigkeit von 320 km/h befahrbar zu machen.

AUFGABEN

1. Veranschauliche den Zusammenhang zwischen Knappheit und Handeln nach dem ökonomischen Prinzip durch ein Schaubild (**M7**).
2. Gliedere die einzelnen Güterarten (**M8**) in einer übersichtlichen Struktur (z. B. mithilfe eines Baumdiagramms) und nenne jeweils ein weiteres Beispiel.
3. Erläutere, nach welchem ökonomischen Prinzip in **M9** jeweils gehandelt wird. Finde weitere Beispiele für das Handeln nach dem Maximalprinzip und Minimalprinzip aus deinem Alltag.
4. Zur Wiederholung: Auf Seite 10 ff. hast du erfahren, dass Wirtschaften heißt, sich zwischen verschiedenen Alternativen zu entscheiden. Dabei spielen persönliche Kosten und Nutzeneinschätzungen eine Rolle. Erläutere mögliche Alternativkosten für Matthias in **M9**.

F ZU AUFGABE 2
Auch Dienstleistungen lassen sich nach Konsum- und Produktionsgütern unterscheiden. Finde Beispiele dafür.

Woher stammt das Einkommen von Familien?

M10 Das Einkommen der Familie Muster

Aktie
Wertpapier, das den Anteil an einer Aktiengesellschaft garantiert.

Erklärfilm „Aktien"

Mediencode:
71062-01

Vater Muster arbeitet in der Produktion eines großen Automobilherstellers und bezieht daraus Lohneinkünfte. Außerdem hat er Aktien seiner
5 Firma und erhält daraus einen Anteil an dem erwirtschafteten Gewinn, den man Dividende nennt. Aus seinen Sparguthaben bei seiner Bank bezieht er jedes Jahr Zinseinkünfte.
10 Mutter Muster arbeitet stundenweise in einem Lebensmittelgeschäft und bezieht daraus Lohneinkünfte. Sie hat von ihren Eltern ein Haus vererbt bekommen, welches sie als Geschäftshaus vermietet hat. Daraus bezieht 15 sie jährliche Mieteinkünfte.
Sohn Markus steht kurz vor dem Abitur und jobbt in einem Getränkehandel, Tochter Marion geht in die 8. Klasse und gibt Mitschülern Nachhilfeunterricht. 20
Familie Muster bezieht also Einkünfte aus allen drei volkswirtschaftlichen Produktionsfaktoren: dem Faktor Arbeit, dem Faktor Boden und 25 dem Faktor Kapital.

a) Faktor Arbeit

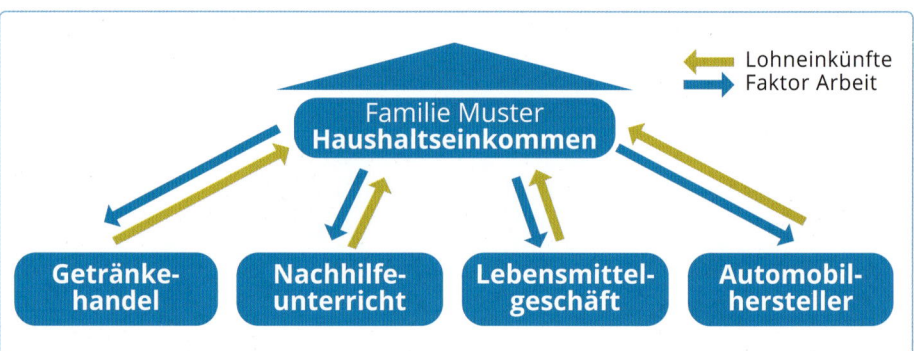

b) Faktor Boden

c) Faktor Kapital

M11 Der Wirtschaftskreislauf

Um die Vielzahl der wirtschaftlichen Verflechtungen in einer Volkswirtschaft überschaubar darzustellen, fasst man die Akteure in einer Wirtschaft zu Sektoren zusammen. Weil z. B. alle Angehörigen der Familie Muster in einem Haushalt leben, wird Familie Muster in einem Sektor Haushalt zusammengefasst. Unternehmen, wie der Automobilproduzent oder das Lebensmittelgeschäft werden im Sektor Unternehmen zusammengefasst. Sowohl Haushalte als auch Unternehmen haben Einnahmen und Ausgaben. Die Einkommen der Haushalte fließen in Konsumausgaben oder werden gespart. Neben den Wirtschaftssektoren Haushalt und Unternehmen fasst man noch den Staat, die Banken und das Ausland zu Wirtschaftseinheiten oder Sektoren zusammen.

Familie Muster gibt einen Teil ihres Haushaltseinkommens für die Beschaffung von Waren und Dienstleistungen aus (Konsumausgaben). Diese Ausgaben sind gleichzeitig Einnahmen der Unternehmen, die Waren und Dienstleistungen auf den Märkten anbieten.

Einfaches Kreislaufmodell einer Volkswirtschaft

Im einfachen Kreislaufmodell wird davon ausgegangen, dass die Haushalte ihr Einkommen vollständig für den Konsum ausgeben und die Unternehmen ihre Gewinne vollständig für Löhne und Gehälter.

AUFGABEN

1. Arbeite aus **M10** heraus, wie sich das Familieneinkommen erhöhen ließe.
2. Erläutere, auf welche Einkommensquellen sich Familie Muster am ehesten verlassen kann (**M10**).
3. a) Überprüfe, inwiefern das Modell des einfachen Wirtschaftskreislaufes (**M11**) von der Realität abweicht (**Randspalte**).
   b) Erweitere das Modell, indem du die Beziehungen von Staat und Banken mit einbeziehst.

H ZU AUFGABE 3 b)
Überlege dir vorab: Welche Leistungen gibt der Staat den Haushalten und Unternehmen, welche Mittel bekommt der Staat dafür von Haushalten und Unternehmen?
Beachte: Banken gewähren Kredite und verwalten Geldvermögen.

Welche Einkommensquellen haben Jugendliche?

M12 Wie viel Taschengeld ist angemessen?

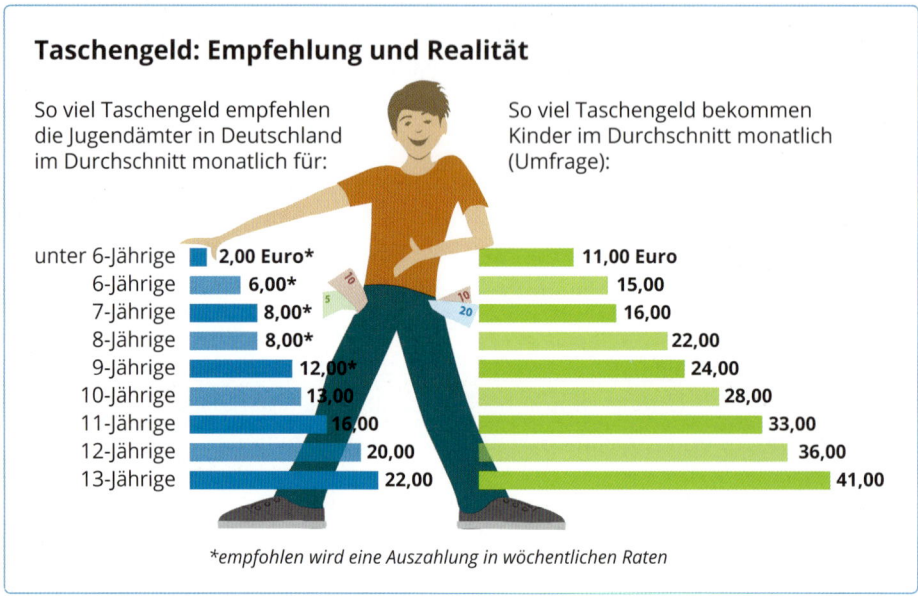

Taschengeld: Empfehlung und Realität

So viel Taschengeld empfehlen die Jugendämter in Deutschland im Durchschnitt monatlich für:

unter 6-Jährige	2,00 Euro*
6-Jährige	6,00*
7-Jährige	8,00*
8-Jährige	8,00*
9-Jährige	12,00*
10-Jährige	13,00
11-Jährige	16,00
12-Jährige	20,00
13-Jährige	22,00

So viel Taschengeld bekommen Kinder im Durchschnitt monatlich (Umfrage):

	11,00 Euro
	15,00
	16,00
	22,00
	24,00
	28,00
	33,00
	36,00
	41,00

*empfohlen wird eine Auszahlung in wöchentlichen Raten

Globus-Grafik 5864; Quelle: Beratungsdienst Geld und Haushalt des Deutschen Sparkassen- und Giroverbands, Egmont Ehapa Verlag (KidsVA); Stand 2013

M13 ... und andere Einnahmequellen?

Taschengeld von den Eltern, die Oma schießt ein paar Euro dazu und zu Geburtstag und Weihnachten gibt's Geldgeschenke von den Verwandten. Im Durchschnitt geben die 13- bis 17-Jährigen 1,8 Geldquellen an. Am häufigsten (91 %) werden die Eltern als Geldquelle genannt. Weit abgeschlagen folgen die Großeltern und andere Verwandte (42 %), das selbstverdiente Geld (40 %) sowie sonstige Einkommensquellen (6 %). Die unterschiedlichen Einnahmequellen von Jugendlichen sorgen dafür, dass das zur freien Verfügung stehende Budget, z. T. spürbar über dem reinen „Taschengeld-Einkommen" liegt.

Nach: www.oeconomix.de, Umgang mit Geld – Einkommen (23.12.2013)

M14 Wofür geben Jugendliche ihr Geld aus?

23,74 Milliarden Euro werden sechs- bis 19-Jährige in diesem Jahr ausgeben. Wir verraten, wofür die Kinder das Geld auf den Kopf hauen.

Die meisten geben ihr Geld für Essen und Getränke aus

Die Kaufkraft von Kindern und Jugendlichen in Deutschland wächst weiter. In diesem Jahr werden sie 23,74 Milliarden Euro ausgeben – das sind satte 1,41 Milliarden Euro mehr als noch 2011. Jungen und Mädchen gleichen sich dabei in ihren Ausgaben an. Während die Jungen 2011 noch 2,59 Milliarden Euro mehr ausgaben als die Mädchen, beträgt die Differenz 2012 nur noch 1,08 Milliarden Euro. Die Mehrheit der Kinder und Jugendlichen gibt ihr Geld für Süßes, Getränke und Fast Food aus.

Fünf Milliarden für Klamotten

Das meiste Geld wird mit großem Abstand für Klamotten und Schmuck ausgegeben. Über fünf Milliarden machen die Kids dafür im Jahr locker. Immerhin noch fast zwei Milliarden Euro lassen sie sich die Mobilität kosten – so viel Geld fließt in die Anschaffung von Fahrrädern, Mopeds, Autos und deren Unterhalt. An dritter Stelle liegen die Ausgaben fürs Telefonieren, die mit Handygebühren, Kosten für SMS und MMS 1,7 Milliarden Euro betragen.

Nach: cst, www.t-online.de, Dafür geben Kinder 2012 ihr Geld aus, 29.10.2012

METHODE

M15 Einen Haushaltsplan erstellen

Um die eigenen Finanzen im Blick zu behalten und nicht in die „Schuldenfalle" zu geraten, empfiehlt sich die Erstellung eines Haushaltsplans. Ergänze die Tabelle um deine persönlichen Geldquellen und Ausgabeposten. Ziehst du von den Einnahmen die Ausgaben ab, erhältst du den Saldo. Ist dieser positiv, hast du einen Überschuss, ist er negativ, ein Defizit.

Zeitraum (z. B. Woche, Monat):			
Einnahmen		**Ausgaben**	
Taschengeld		Süßigkeiten	
Nebenjob		Kino	
Geldgeschenke		Kleidung	
…		…	
		Sparen	
Gesamt		Gesamt	
Einnahmen – Ausgaben (Saldo) =			

H Rechne einmalig erhaltene Geldbeträge und feststehende Ausgabeposten auf die Bezugsgröße deines Haushaltsplans um (Woche / Monat). Hier kannst du auch schätzen.

AUFGABEN

1. Berechne anhand von **M14** um wie viel Prozent die Gesamtausgaben von Jugendlichen im Jahr 2012 im Vergleich zum Jahr 2011 gestiegen sind.
2. Vergleiche deine eigenen Konsumausgaben mit den Angaben in **M14**.
3. Erstelle deinen persönlichen Haushaltsplan (**M15**) über einen Zeitraum von vier Wochen. Halte sämtliche Einnahmen und Ausgaben fest.
4. Sollen Kinder und Jugendliche eher mehr oder weniger Taschengeld als von den Jugendämtern empfohlen bekommen? (**M12**) – Erörtere diese Frage in Form einer Rede.

F Arbeite aus **M12** heraus, um wie viel Prozent jeweils der empfohlene Wert überschritten wird.

Rollenspiel – warum Familie Ege einen Haushaltsplan braucht

M16 Die Wünsche und Bedürfnisse der Familie Ege

Vater Jürgen Ege (39 Jahre) arbeitet für ein mittelständisches Unternehmen in der Finanzbuchhaltung. In seiner Freizeit spielt er Golf und im Winter fährt er gerne Ski. Sein Motto lautet: „Wer hart und viel arbeitet, darf sich auch teure Hobbies leisten!" Jürgen Ege ist es aber auch wichtig, dass die Familie jeden Monat einen gewissen Betrag für die Anschaffung eines neuen Autos zurücklegt, da er derzeit mit einem älteren Auto täglich zur Arbeit pendelt.

Mutter Angelika Ege (37 Jahre) ist bei einer Werbeagentur beschäftigt. Da sie sich außerdem um den Haushalt und die Kinder kümmert, arbeitet sie in Teilzeit. Mit ihrer Familie möchte sie jedes Jahr einen größeren Sommerurlaub verbringen. Deshalb achtet sie genau darauf, dass jeden Monat ein bestimmter Betrag für den Urlaub zur Seite gelegt wird: „Eine Woche Strandurlaub brauche ich auf alle Fälle, um mich von den Alltagsstrapazen des ganzen Jahres zu erholen."

Sohn Leon (14 Jahre) ist eine richtige „Sportskanone": Egal ob Fußball, Tennis, Wasserski oder Judo – Leon ist in jedem Sportverein. Über die Kosten seiner Freizeitgestaltung hat er sich bisher noch keine Gedanken gemacht. Schließlich bezahlen die Eltern seine vielfältigen Aktivitäten. Sein monatliches Taschengeld in Höhe von 50 € benötigt er, um mit seinen Freunden ins Kino oder Eis essen zu gehen.

Sophie ist 12 Jahre alt und Gymnasiastin. Sie bekommt regelmäßig 40 € Taschengeld pro Monat. Darüber hinaus fördern ihre Eltern die Talente ihrer Tochter und bezahlen ihre Ballettstunden und den Musikunterricht. Ihr größter Wunsch ist es, in nächster Zeit mit dem Reiten zu beginnen und Reitstunden zu nehmen.

M17 Die Gehaltsabrechnungen von Herrn und Frau Ege

Sozialversicherung
Ca. 90 % der Bevölkerung sind in der gesetzlichen Sozialversicherung pflicht- oder freiwillig versichert. Sie umfasst die fünf Versicherungszweige Arbeitslosen-, Kranken-, Pflege-, Renten- und Unfallversicherung.

Technology Answers
Industriestraße 14
02625 Bautzen

Jürgen Ege
Lilienweg 14
01877 Bischofswerda

Gehaltsabrechnung September
Bruttogehalt: 3.075,00 €
Steuern: 288,00 €
Sozialversicherungen: 638,00 €

= Nettobezüge: 2.149,00 €
= Überweisungsbetrag: 2.149,00 €

Advertise & Many More
Königsplatz 117
01877 Bischofswerda

Angelika Ege
Lilienweg 14
01877 Bischofswerda

Gehaltsabrechnung September
Bruttogehalt: 2.650,00 €
Steuern: 751,00 €
Sozialversicherungen: 550,00 €

= Nettobezüge: 1.349,00 €
= Überweisungsbetrag: 1.349,00 €

M18 Die monatlichen Ausgaben und Rücklagen der Familie Ege

Zins- und Tilgungsrate für das Einfamilienhaus	900 €
Wasser, Strom, Heizung, Müllentsorgung etc.	300 €
Telefon (Festnetzanschluss und vier Handyverträge), Internet	110 €
Versicherungen (Haftpflicht, Unfall, Hausrat, Brandschutz etc.)	170 €
Lebensmittel, Kosmetika etc.	450 €
Beiträge für Golfclub, Sport- und Musikvereine	500 €
Benzin	240 €
Monatsfahrkarten	60 €
Steuer und Versicherung für 2 Autos	150 €
Taschengeld	90 €
Kleidung	250 €
Tageszeitung	30 €
Ausgaben für die Schule	70 €
Rücklagen für größere Anschaffungen (Auto, Waschmaschine etc.)	200 €
Rücklagen für den Urlaub	250 €
Sonstiges	50 €

Zins
Preis, den der Kreditnehmer dem Kreditgeber (z. B. Banken) für das Überlassen von Geldkapital bezahlen muss.

Tilgung
regelmäßige Rückzahlung eines Kredits in Form von Teilbeträgen

Zinsen + Tilgung =
monatliche Darlehensrate

M19 Tabelle zum Kindergeld

Höhe des Kindergelds ...	2018
für erstes Kind	194 €
für zweites Kind	194 €

AUFGABEN

1. Stelle für die Familie Ege einen Haushaltsplan auf, indem du alle Ausgaben und Rücklagen den Einnahmen gegenüberstellst und berechne den Saldo (**M16 – M19**).
2. Die Werbeagentur, für die Frau Ege arbeitet, muss Insolvenz anmelden. Frau Ege wird überraschend arbeitslos. Die Arbeitsagentur überweist jedoch für ein Jahr Arbeitslosengeld in Höhe von 67 % ihres letzten Nettogehalts (**M17**). Analysiere die neue finanzielle Situation der Familie.
3. Was tun? Der Familienrat berät.
    a) Übernehmt in Vierergruppen jeweils die Rollen der Familienmitglieder. Entwickelt für das folgende Rollenspiel (siehe **Randspalte**) Argumente, um eure finanziellen Interessen in der Familie durchzusetzen.
    b) Einigt euch schließlich auf einen Haushaltsplan, der für alle Familienmitglieder einen möglichst hohen Nutzen ermöglicht.

Spielregeln für das Rollenspiel:
- Jeder Schüler stellt möglichst einen Charakter der Familie Ege dar (**M16**). Die Schüler, die keinen Charakter darstellen, nehmen eine Beobachterposition ein.
- Jeder Schüler entwickelt Argumente, die er anschließend gegenüber den anderen Schülern im Rollenspiel vertritt.
- Im Rollenspiel wird höflich und sachlich miteinander diskutiert.
- Am Ende des Rollenspiels sollte ein einvernehmliches Ergebnis zustande gekommen sein.

Schulden machen – auf Raten in die Pleite?

M20 Mobile Schuldenfalle

Karikatur: Oliver Schopf

Verschuldung und Überschuldung

Verschuldung ist ein normaler wirtschaftlicher Vorgang. Beispielsweise wird zum Kauf einer Immobilie (z. B. Gebäude oder Grundstück) häufig ein Kredit aufgenommen. Reichen die Einnahmen aus, den Kredit plus Zinsen zurückzuzahlen (gesicherte Zahlungsfähigkeit), so ist Verschuldung kein Problem. Überschuldung bedeutet hingegen, dass die verfügbaren Einnahmen nicht mehr ausreichen, um die Schulden zu begleichen (= Zahlungsunfähigkeit). Folgen können teils erhebliche wirtschaftliche Nachteile sein.

Verbraucherinsolvenzverfahren

Das Verbraucherinsolvenzverfahren kann von Personen, die zahlungsunfähig sind oder denen Zahlungsunfähigkeit droht, beantragt werden. In diesem Verfahren werden dem Schuldner strenge Auflagen gemacht und er muss äußerste Haushaltsdisziplin beweisen. Erfüllt er die Auflagen, kann der Schuldner nach sechs Jahren von einem Gericht von seinen Restschulden befreit werden.

M21 Mobile Schuldenfalle

„Eine Zeit lang habe ich den Briefkasten gar nicht mehr aufgemacht. Ich wusste nicht mehr, wo ich anfangen sollte. Ich wusste ja, es wird sowieso
5 nicht weniger." Zu diesem Zeitpunkt hatten sich bereits Schulden von mehreren hundert Euro angesammelt und das, obwohl Hannah regelmäßige Einkünfte hatte: im ersten Ausbil-
10 dungsjahr 600 Euro, im zweiten 700 Euro und schließlich 1.000 Euro netto. Erst seit einigen Monaten ist sie arbeitslos.

Hannah ist in einer normalen Familie
15 aufgewachsen – nichts deutete darauf hin, dass sie einmal Schwierigkeiten mit Geld bekommen würde. Die Trennung der Eltern und der Wegzug der Mutter nach Berlin brachte die erste Krise. „Da hatte mein Va- 20 ter mich nicht mehr unter Kontrolle. Ich bin wohl in die falschen Kreise gekommen. Geld hatte ich, aber ich hab's für die falschen Sachen ausgegeben." Kurz bevor sie 18 wird, wirft 25 der Vater sie aus dem Haus. Hannah hat zum ersten Mal eine eigene Wohnung, die sie mit dem Ausbildungsgehalt finanzieren muss. Für die Miete reicht es meistens gerade, aber am 30 Ende des Monats ist oft kein Geld mehr da. „Ich konnte von Anfang an nicht richtig mit Geld umgehen, ehrlich. Ich hab versucht eine Balance zu halten." Wenn gar kein Geld mehr da 35 war, hat sie sich von Freunden Geld geliehen oder Pfandflaschen zurückgebracht.

Die Übersicht über alle notwendigen Ausgaben zu behalten, ist Hannah nicht gelungen. Dass Miete, Strom, Nebenkosten unumgängliche Ausgaben sind, wusste sie. An Rücklagen für Nachzahlungen bei Strom, Wasser, Müllgebühren hat sie nicht gedacht. Und als schließlich Mahnbriefe eines Inkassounternehmens kommen, verschließt sie einfach die Augen. „Ich bin so'n kleines Schisserle – wenn dann Briefe von der Creditinkasso kamen, habe ich mich nicht mehr gewehrt." Ein teurer Handyvertrag kam hinzu, bei dem sie noch 600 Euro abbezahlen muss. Der Kreislauf hatte begonnen.

Nach: Zentrale Schuldnerberatung Stuttgart, http://zsbstuttgart.de (21.11.2012)

M22 Jugendliche und Schulden

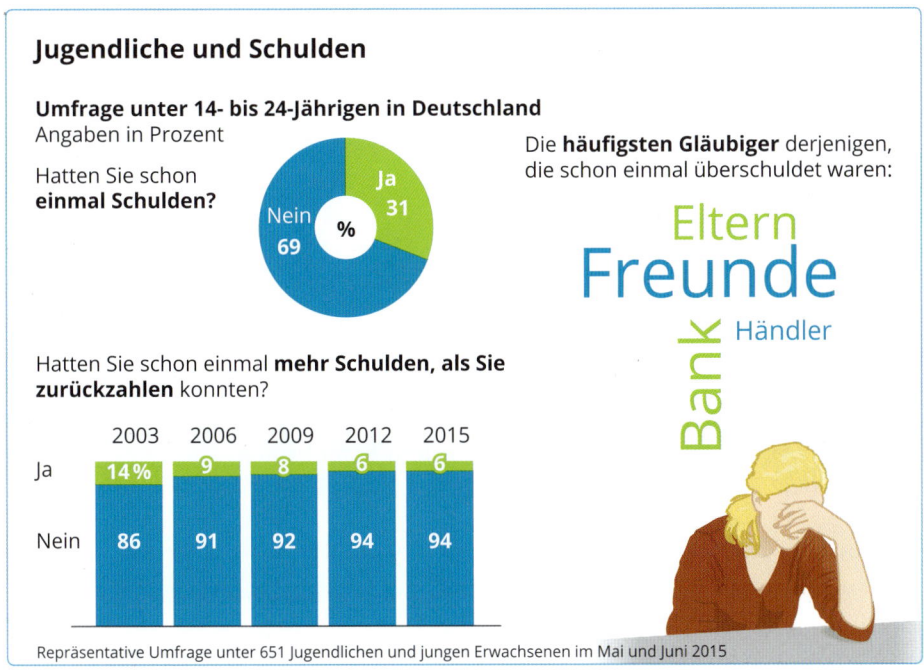

Globus-Grafik 11353; Quelle: GfK, Bankenverband (2016)

M23 Warum verschulden sich Jugendliche?

Gründe für die Verschuldung von Jugendlichen gibt es viele. Hier ist auch das Verhalten der Erwachsenen, insbesondere der Eltern, zu nennen. Kinder erleben, wie ihre Eltern sorglos mit Krediten und Schulden umgehen. In einem solchen Umfeld schrecken Schulden und die damit verbundenen Konsequenzen nicht ab. Erwachsene wie Jugendliche werden täglich zum Kauf von Konsumgütern durch Werbung animiert. Was Nachbarn, Bekannte oder Freunde konsumieren und kaufen, möchte man ebenso haben, weil man glaubt, sonst nicht mithalten zu können und nicht den erwünschten gesellschaftlichen Status zu besitzen (Statusdenken). Gerade bei Jugendlichen übt häufig der Freundes- und Bekanntenkreis versteckt oder offen Druck aus: Wenn man dazu gehören will, muss auch genügend Geld für z. B. Markenklamotten, iPhone, Urlaubsreisen vorhanden sein. Kinder und Jugendliche verlieren leicht den Überblick über ihre finanzielle Situation, weil sie sich ihr Haushaltsbudget nicht ausrechnen und es ihnen die Banken teilweise leicht machen, das Konto zu überziehen oder nach der Volljährigkeit Kredite aufzunehmen. Für viele ist es sehr schwer, aus eigener Kraft aus der Schuldenspirale herauszukommen, weil es in aller Regel nur über Einschränkungen des Konsums und/oder höhere Einnahmen und Einteilung der vorhandenen Geldmittel möglich ist.

Hilfen bieten die Schuldnerberatungsstellen. Die Beratung ist kostenlos. Bei einem Gespräch können Experten die Situation des Schuldners analysieren und mögliche Lösungswege erarbeiten und vorschlagen. Die Berater helfen auch dabei, einen vernünftigen Haushaltsplan zu erstellen.

Schuldner und Gläubiger
Ein Schuldner ist eine Person, die einer anderen Person (dem Gläubiger) etwas schuldet, bzw. ihr gegenüber eine Leistung zu erbringen hat.

M24 Sollen Jugendliche Schulden machen? – ein Streitgespräch

Hannes (15)

Andra (14)

Hannes: Wenn ich etwas dringend brauche, und mein Geld nicht reicht, dann leih ich mir das Geld, oder hole mir das Geld über einen Kredit.

Andra: Dann hast du z. B. ein Handy, was du noch gar nicht bezahlt hast. Das ist ja gar nicht dein Eigentum.

Hannes: Na und? Heute nutzen doch viele Güter, die nur geliehen oder noch nicht bezahlt sind, z. B. Autos oder Wohnungen.

Andra: Aber du musst ja Zinsen für den Kredit bezahlen, sodass dich der Kauf schließlich viel teurer kommt.

Hannes: Dafür kann ich meinen Wunsch gleich erfüllen und muss nicht warten, bis ich irgendwann das Geld zusammengespart habe.

Andra: Und wenn du dir immer mehr Wünsche durch geliehenes Geld erfüllst und die Schuldenlast dich dann irgendwann erdrückt?

Hannes: Hm.

1.1 Was heißt Wirtschaften?

METHODE

M25 Eine Pro-Kontra-Diskussion führen

1. Befürworter
Er trägt Argumente für die Position vor, dass Schulden gut und sinnvoll sind.

2. Gegner
Er trägt Argumente für die Position vor, dass Jugendliche keine Schulden machen sollten.

3. Schiedsrichter
Er achtet auf die Einhaltung der Spielregeln. Er notiert jeweils das überzeugendste Argument jeder Seite auf einem Kärtchen. Er entscheidet, welcher der beiden Kontrahenten überzeugender argumentiert hat und begründet sein Urteil.

Vorbereitung: (ca. 10 Minuten)
Befürworter und Gegner sammeln Argumente für ihre Positionen. Der Schiedsrichter notiert sich eigene Gedanken.

Ablauf: (ca. 10 Minuten)
Befürworter und Gegner tragen abwechselnd jeweils ein Argument vor und versuchen damit den Schiedsrichter zu überzeugen. Man kann dabei auch versuchen, das Gegenargument zu entkräften oder neue Argumente vorzubringen. Anschließend notiert der Schiedsrichter das überzeugendste Argument jeder Seite auf ein Kärtchen.

Urteil:
Der Schiedsrichter fällt schließlich sein Urteil: Wer war mit seinen Argumenten überzeugender? Die Kärtchen können gut sichtbar ausgehängt werden. Anschließend wird eine Streit- oder Positionslinie gebildet. Dabei stellt man sich auf diejenige Seite der Linie, die der eigenen Meinung entspricht. Dadurch wird die Urteilsbildung der Klasse verdeutlicht:

Die Positionslinie

⇐ z. B.: Schulden machen ist sinnvoll.   z. B.: Schulden machen sollte vermieden werden. ⇒

AUFGABEN

1. Erkläre anhand von **M20** und **M21**, was es bedeutet, in eine „Schuldenfalle" zu geraten.
2. Analysiere die Verschuldung Jugendlicher (**M22**).
3. Fasse die Ursachen für die Überschuldung Jugendlicher in einer Liste zusammen (**M20 – M24**).
4. Spielt das Streitgespräch zwischen Hannes und Andra nach den Vorgaben der Methode Pro-Kontra-Diskussion innerhalb eurer Klasse nach und setzt die Diskussion weiter fort. Entscheidet euch anschließend für eine Position im Streitgespräch und begründet eure Entscheidung. Platziert euch dementsprechend auf einer Positionslinie in eurem Klassenzimmer (**M24**, **M25**).

Welche Aufgaben übernehmen Banken im Kreditgeschäft?

M26 Banken werben um Jugendliche

> Hier informieren!
> Jetzt kostenloses Konto holen!

M27 Banken werben um Jugendliche

Fast alle Verbraucher verfügen heute über ein Girokonto. Da Gehalts- und Lohnzahlungen, Sozialleistungen und Renten ausschließlich unbar vorgenommen werden, ist ein Girokonto für alle Berufstätigen und für jeden Empfänger von Sozialleistungen praktisch Pflicht. Zudem werden auch alle anderen Zahlungsvorgänge im Alltag zunehmend mit Kreditkarten, also unbar, vorgenommen. Wenn in Zukunft mit dem Smartphone im Supermarkt bezahlt wird, geht dies nur über eigene Girokonten.

Für die Eröffnung eines Girokontos existieren allerdings einige Einschränkungen: In der Regel sind Bankgeschäfte für Kinder und Jugendliche ohne das Einverständnis der Eltern nicht möglich. Jugendliche bekommen grundsätzlich keinen Kredit, d. h. auch das Konto darf nicht überzogen werden (Dispositionskredit). Eine Kreditkarte im üblichen Sinn bekommen Jugendliche ebenfalls nicht. Einige Banken bieten dafür aufladbare Kreditkarten, sogenannte Prepaid-Kreditkarten an. Das Girokonto für Jugendliche ist in der Regel kostenlos. Selbst Banken, die für das Girokonto normalerweise Gebühren verlangen, streichen diese Kosten für Kinder und Jugendliche.

M28 Die Rolle der Banken

Für unerfahrene Bankkunden dürfte das überraschend sein: Sie bringen Geld zur Bank und zahlen es auf ihr Konto ein. Aber ihr Geld bleibt dort gar nicht liegen. Es wird zwar in Büchern und auf dem Kontoauszug vermerkt, dass der Kunde einen Betrag auf sein Konto eingezahlt hat. Aber das Geld wird gleich weiter verliehen. Die Bank arbeitet damit und macht mit dem Geld Geschäfte [...]. Es kann sich sogar zufällig Folgendes ergeben: Ein Arbeiter zahlt einen 100-Euro-Schein auf sein Konto ein. Die Bank verleiht den Schein an den Chef des Arbeiters. Der Chef gibt ihn später dem Arbeiter, der ihn wieder auf sein Girokonto einbezahlt. Das Girokonto des Arbeiters wächst, die Schulden des Chefs wachsen und die Bank macht gute Geschäfte. Und das alles mit einem einzigen 100-Euro-Schein. [...] Eine der wichtigsten Tätigkeiten der Bank ist das Kreditgeschäft – so nennt man es, wenn Banken Geld verleihen und dafür einen Zins nehmen. Der Zins ist der Preis, den die Banken für das Geldverleihen verlangen: Ein Kunde bekommt beispielsweise 100 Euro von der Bank für ein Jahr geliehen und muss dann 110 Euro zurückzahlen. Die Differenz zwischen dem geliehenen und dem zurückzuzahlenden Geld ist der Zins. Er ist der Grund, weswegen die Vergabe von Krediten für die Bank ein Geschäft ist. [...] Wenn gewöhnliche Banken Geld brauchen, holen sie sich die Scheine bei der Zentralbank auf Kredit.

Winand von Petersdorff, Das Geld reicht nie, 2. Aufl., Frankfurt a. M. 2008, S. 97, 106

AUFGABEN

1. Sollen Jugendliche ein eigenes Girokonto haben? Beurteile diese Frage aus deiner persönlichen Sicht und begründe deine Meinung.
2. Erläutere das Kreditgeschäft einer Bank (**M28**).
3. Berechne:
   a) Enzo zahlt am 1. Januar 500 Euro auf sein Sparkonto ein. Er legt das Geld für drei Jahre fest bei der Bank an. Im 1. Jahr erhält er 2 %, im 2. Jahr 2,5 % und im 3. Jahr 3 % Zinsen. Wie hoch ist sein Guthaben jeweils am Jahresende?
   b) Julia (18) möchte sich einen gebrauchten Kleinwagen kaufen. Sie nimmt von ihrer Bank für ein Jahr einen Kredit in Höhe von 5.000 Euro auf. Die Bank berechnet dafür Zinsen in Höhe von 164 Euro. Berechne die monatliche Rate (Tilgung + Zins).

Welchen Nutzen hat Sparen?

M29 Das Sparverhalten Jugendlicher

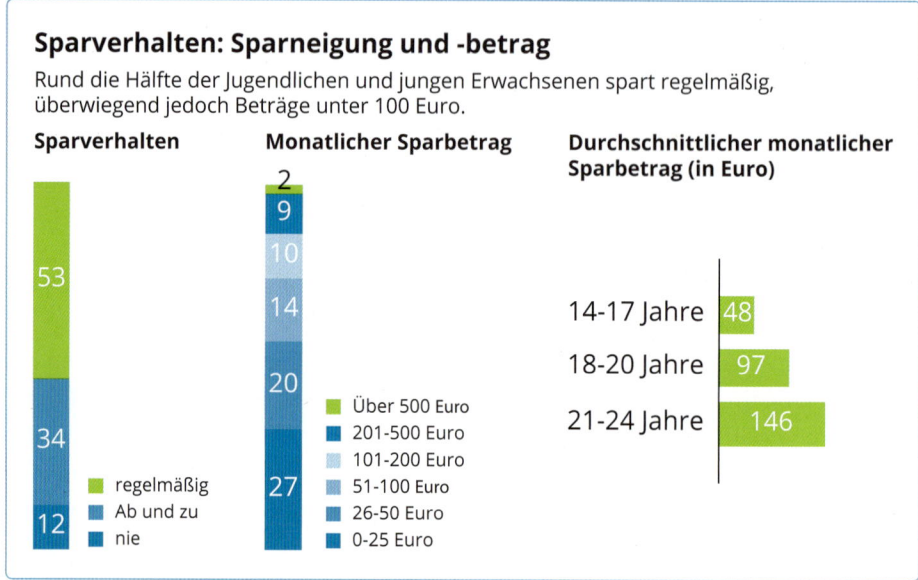

Sparverhalten: Sparneigung und -betrag
Rund die Hälfte der Jugendlichen und jungen Erwachsenen spart regelmäßig, überwiegend jedoch Beträge unter 100 Euro.

Quelle: Bankenverband; Stand Juni 2012

M30 Warum sollte man sparen?

Sparen bedeutet: „Verzicht auf die Verwendung von Einkommen für gegenwärtigen Konsum von Geld zugunsten zukünftigen Konsums oder langfristiger Vermögensbildung", so beschreibt der Brockhaus den Begriff Sparen.

Mehr als 75 % aller Jugendlichen sparen einen Teil ihres Geldes auf einem Sparbuch, Taschengeldkonto oder einem Girokonto. Diese Jugendlichen legen ihr Geld auf die Bank, weil sie dafür Zinsen bekommen, das heißt ihr Geld vermehrt sich im Laufe der Zeit. Ihr Geldbetrag zu Hause in einer Spardose wäre nach 1, 2, 5 oder 10 Jahren zwar noch gleich hoch, wegen der Preissteigerungen wahrscheinlich aber weniger wert.

Man gibt das Geld schneller aus, wenn es griffbereit zu Haus liegt, als wenn man noch zur Bank rennen muss. Im zweiten Falle überlegt man sich die Ausgabe noch länger und genauer.

Da sieht man, dass es sich lohnt, Geld auf der Bank anzulegen, auch wenn man vielleicht nicht so sehr viel Zinsen bekommt. Der Zinssatz verändert sich im Laufe der Zeit und hängt von der Europäischen Zentralbank ab. Wenn man Geld spart, kann man sich später vielleicht mal etwas Größeres leisten, was ohne diesen Weg nicht zustande gekommen wäre oder man kann für etwas bestimmtes Sparen, z. B. für einen Autoführerschein. Stellt euch mal vor, ihr müsstet plötzlich eine hohe Summe an Geld zahlen (z. B. eine Strafe). Woher bekommt

---

Brockhaus
mehrbändiges Nachschlagewerk (Enzyklopädie)

Erklärfilm „Leitzins"

Mediencode:
71062-02

ihr das Geld? Wie könnt ihr eure Schulden bezahlen? In solchen Notfällen ist das Sparen auch sehr nützlich. Außerdem kommt man durch das Sparen nicht so schnell in Geldnot und fühlt sich dadurch sicherer in der Zukunft.

Das Sparen Jugendlicher ist auch eine gute Übung für das weitere Leben, weil man später mit eigenem Einkommen und eigener Wohnung mit seinem Geld gut haushalten können sollte.

Schülervortrag Klasse 8 zum Nutzen des Sparens

M31 Wie lege ich mein Geld gut an?

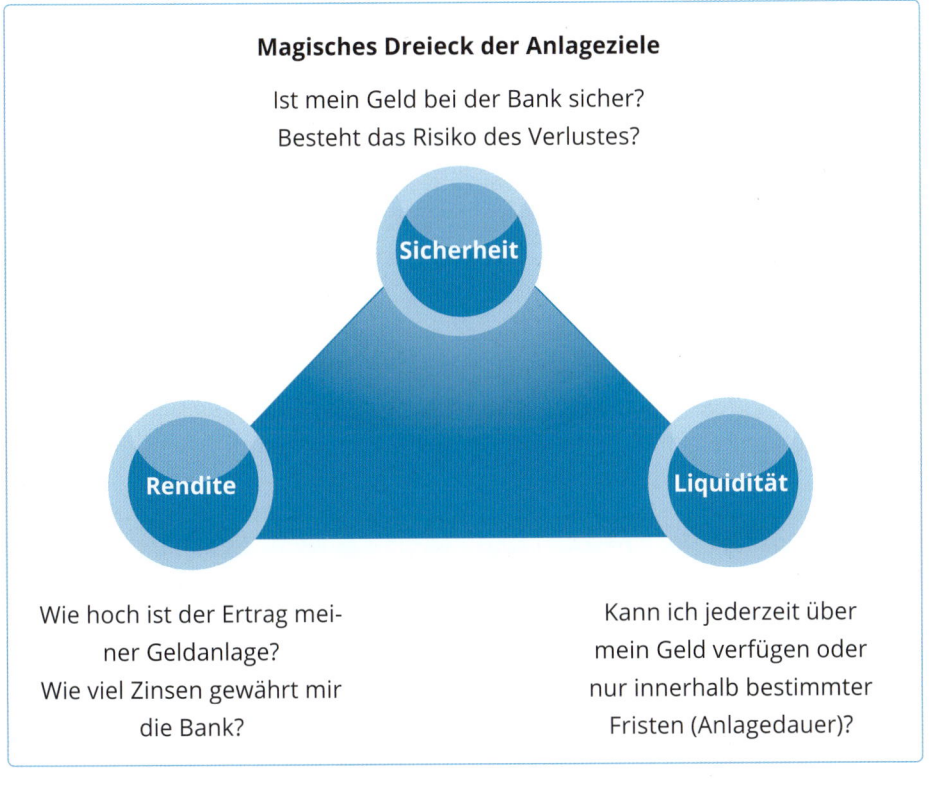

Magisches Dreieck der Anlageziele

Ist mein Geld bei der Bank sicher?
Besteht das Risiko des Verlustes?

Sicherheit

Rendite

Liquidität

Wie hoch ist der Ertrag meiner Geldanlage?
Wie viel Zinsen gewährt mir die Bank?

Kann ich jederzeit über mein Geld verfügen oder nur innerhalb bestimmter Fristen (Anlagedauer)?

Liquidität
Zahlungsfähigkeit

AUFGABEN

1. Beschreibe das Sparverhalten Jugendlicher und vergleiche es mit deinem persönlichen Sparverhalten (**M29**).
2. Gib die im Schülervortrag genannten Gründe wieder, die für das Sparen sprechen, und ordne sie nach ihrer Wichtigkeit (**M30**). Ergänze gegebenenfalls weitere Gründe.
3. Führt in der Klasse eine Diskussion darüber, ob Jugendliche sparen sollten.
4. Beurteile folgende Anlageformen nach den Kriterien Sicherheit, Rendite, Liquidität (**M31**): Sparbuch, Sparschwein, Girokonto, Festgeldanlage (vier Jahre).

WAS WIR WISSEN

Knappheit und Bedürfnisse
M2 – M4, M7

Auf der Erde stehen die Bedürfnisse der Menschen in einem Spannungsverhältnis zu den vorhandenen Gütern und Mitteln. Es herrscht Knappheit an Gütern angesichts einer unbegrenzten Zahl von Bedürfnissen. Deshalb muss der Einzelne wirtschaftlich handeln. Bei Robinson geht es ums Überleben, deshalb bestimmen die Grund- und Sicherheitsbedürfnisse sein Handeln. Erst wenn diese Bedürfnisse befriedigt sind, wird Robinson sein Handeln auf darauf aufbauende Bedürfnisse, wie z. B. soziale Bedürfnisse, richten.

Wirtschaftliches Entscheiden
M5

Wirtschaftliche Entscheidungen bestehen in einer Abwägung der Kosten und des Nutzens von Handlungsalternativen. Für jede Entscheidung lassen sich Alternativkosten (Opportunitätskosten) finden. Diese bestehen aus dem entgangenen Nutzen der zweitbesten Handlungsmöglichkeit.

Ökonomisches Prinzip
M7

Wirtschaften heißt allgemein, die vorhandenen Mittel zur Bedürfnisbefriedigung möglichst wirksam (effizient) einzusetzen (ökonomisches Prinzip). Der Verbraucher kann sich bei seinen wirtschaftlichen Entscheidungen an zwei unterschiedlichen Ausprägungen des Wirtschaftlichkeitsprinzips orientieren: Beim Minimalprinzip steht die Sparsamkeit im Vordergrund: Mit möglichst wenig Mitteln soll ein bestimmter Ertrag erreicht werden. Beim Maximalprinzip geht es um die Ergiebigkeit: Mit vorgegebenen Mitteln soll ein möglichst hoher Ertrag erreicht werden.

Güter
M8

Neben Bedürfnissen lassen sich auch Güter untergliedern. So unterscheidet man Güter u. a. nach ihrer Gegenständlichkeit: Sachgüter haben materiellen Charakter. Dienstleistungen hingegen haben immateriellen Charakter. Güter lassen sich außerdem nach ihrem Verwendungszweck unterscheiden: Konsumgüter werden vom Verbraucher gekauft und selbst verbraucht bzw. verwendet. Investitionsgüter dienen hingegen der Produktion von anderen Gütern.

WAS WIR WISSEN

Um sich einen Überblick über die vielschichtigen Vorgänge einer Volkswirtschaft zu verschaffen, fasst man die wirtschaftlich Handelnden modellhaft zu Wirtschaftssektoren zusammen: z. B. werden Einzelne oder zusammenlebende Menschen, die eine Wirtschaftsgemeinschaft bilden, als private Haushalte bezeichnet. Zwischen Haushalten und Unternehmen fließen Geld- und Güterströme. Die Haushalte beziehen Erwerbseinkommen dadurch, dass sie den Unternehmen den Produktionsfaktor Arbeit zur Verfügung stellen. Daneben können sie weitere Einkommen aus Boden und Kapital-, Miet- und Zinseinkünfte beziehen.

Wirtschaftskreislauf und Einkommensquellen
M10 – M13

In einem Haushaltsplan werden die Einnahmen den Ausgaben gegenübergestellt. Er dient dazu, sich einen Überblick über die finanzielle Lage zu verschaffen.

Haushaltsplan
M15

Wer seine Ausgaben nicht mit den Einnahmen bestreiten kann, hat die Möglichkeit, z. B. bei einer Bank einen Kredit aufzunehmen. Ein Kredit ist „geliehenes Geld", das man nach einer vereinbarten Frist wieder zurückzahlen muss. Außerdem muss man für einen Kredit z. T. hohe Zinsen bezahlen. Immer mehr Jugendliche haben bereits Schulden, die große Belastungen für die Zukunft bedeuten, weil sie in der Regel dazu führen, dass der Schuldner seine Ausgaben einschränken oder seine Einnahmen durch zusätzliche Arbeit steigern muss. Problematisch ist, wenn die Einnahmen dauerhaft nicht ausreichen, die Schulden zurückzuzahlen. Dann droht die Überschuldung. Sparen bedeutet, auf Konsum zu verzichten, und ermöglicht finanzielle Handlungsspielräume und mehr Sicherheit für die Zukunft. Dabei stehen ihnen verschiedene Anlagemöglichkeiten zur Verfügung. Während die einen vergleichsweise sicher sind, dafür aber kaum rentabel, versprechen andere hohe Erträge bei großem Risiko. Der Anleger muss meist zwischen folgenden Kriterien entscheiden: Sicherheit, Rentabilität und Liquidität. Diese Kriterien werden als das magische Dreieck der Geldanlage bezeichnet, stehen allerdings in einem Spannungsverhältnis zueinander.

Schulden machen und Sparen
M21 – M23
M29 – M31

Banken übernehmen im Wirtschaftsgeschehen wichtige Aufgaben: Sie wickeln Zahlungsvorgänge über Konten ab, machen Angebote für Geldanlagen und Kredite und beraten über alle Geldangelegenheiten.

Banken
M28

1.2 Konsum unter der Lupe – was das Konsumverhalten beeinflusst

Was soll ich kaufen?

M1 Was ist entscheidend beim Smartphonekauf?

Derzeit gibt es in Deutschland mehr Handys und Smartphones als Bundesbürger. Das bedeutet, dass viele Deutsche nicht nur ein, sondern gleich mehrere Mobiltelefone besitzen. Doch was sind die wichtigsten Auswahlkriterien beim Kauf eines neuen Smartphones?
www.inside-handy.de (20.4.2010)

Die Top 10 Smartphone-Kaufkriterien

Kriterium	Android	iOS	Windows
Akkulaufzeit	56%	49%	53%
Benutzerfreundlichkeit	33%	39%	38%
Betriebssystem	37%	32%	40%
berührungsempfindlicher Bildschirm	34%	34%	37%
Bildschirmgröße	37%	22%	34%
Mobilfunknetz	27%	30%	20%
Marke	25%	32%	25%
Gewicht/Größe	25%	21%	24%
Kameraauflösung	25%	19%	23%
Internetgeschwindigkeit	23%	22%	22%

Nach: Francisco Jeronimo, https://twitter.com, übersetzt von der Redaktion, 12.5.2014

AUFGABEN

1. Werte die in **M1** genannten Auswahlkriterien für einen Smartphonekauf aus.
2. Bildet Viererteams. Diskutiert innerhalb der Teams, welche (weiteren) Kaufkriterien euch persönlich wichtig sind.

METHODE

M2 Webquest – wie kann ich mich im Internet gezielt informieren?

Fall 1

Dein Onkel will sich zum ersten Mal überhaupt ein Smartphone zulegen. Er hat keine Ahnung von all den technischen Details, schon gar keinen Überblick über die unterschiedlichen Tarife. Hilfe suchend wendet er sich an dich. Du empfiehlst ihm ein passendes Modell und einen geeigneten Tarif. Erläutere deinen Vorschlag in einem kurzen, aber anschaulichen Brief, dem noch eine illustrierte Seite beigefügt ist, damit der Onkel sich das Gerät und alle wichtigen Details wirklich vorstellen kann.

Fall 2

Dein Freund kennt sich schon ganz gut aus mit Smartphones aus. Er hat zur Konfirmation Geld geschenkt bekommen und möchte sich endlich ein Smartphone kaufen. Er muss allerdings seine Eltern noch von dem Gerät und dem Tarif überzeugen. Sucht ein geeignetes Gerät für ihn aus und macht einen Tarifvorschlag anhand eines selbst gestalteten Prospekts, den er dann auch seinen Eltern zeigen kann.

Arbeitsschritte bei einem Webquest

1. Arbeitet zu zweit oder zu dritt an einem Rechner.
2. Diskutiert zunächst, nach welchen Gesichtspunkten ihr die Smartphone-Angebote untersuchen wollt. Achtet darauf, dass ihr möglichst viele relevante Gesichtspunkte erfasst. Versetzt euch in die Perspektive eures Adressaten. Berücksichtigt dabei, welche Bedürfnisse, welche Erfahrungen und Vorkenntnisse, welche finanziellen Möglichkeiten die Person jeweils haben könnte. Überlegt euch, wozu die jeweilige Person das Smartphone benötigt oder wie sie es nutzen will. Entscheidet danach, welche Ausstattung jeweils notwendig oder geeignet sein könnte.
3. Recherchiert auf den angegebenen Seiten (siehe Quellen) die erforderlichen Informationen.
4. Erstellt einen arbeitsteiligen Zeitplan, damit ihr den Arbeitsprozess übersichtlich strukturieren und jederzeit verfolgen könnt.
5. Achtet darauf, dass ihr die zeitlichen Vorgaben einhaltet.
6. Gestaltet nun den Brief oder den Prospekt (wahlweise auch eine PowerPoint-Präsentation oder ein Plakat). Achtet darauf, dass ihr den Adressaten von eurem Vorschlag überzeugen wollt.
7. Vergleicht eure Ergebnisse und diskutiert über die unterschiedlichen Vorschläge.
8. Ermittelt jeweils einen Top-Vorschlag. Orientiert euch bei der Auswahl an den Bewertungskriterien.

Quellen

Allgemeine Infos zu Handys

www.checked4you.de (Verbraucherzentrale NRW)
www.handywissen.info (Landesstelle Kinder- und Jugendschutz Sachsen-Anhalt e.V.)
www.handysektor.de (Landesanstalt für Medien NRW)

Testberichte/Vergleiche

www.inside-handy.de/handyvergleich
www.chip.de/handy
www.geizkragen.de
www.preisvergleich.de
www.blitztarif.de
www.handytarife.de
www.testberichte.de
www.test.de
www.oekotest.de

Bewertung der Ergebnisse

1. Wie weit sind die gestellten Aufgaben inhaltlich gelöst worden?
   - die Aufgaben/Probleme wurden nicht oder falsch gelöst
   - die Lösungen weisen noch Lücken auf
   - die Aufgaben wurden vollständig gelöst
2. Wie ist die Präsentation der Ergebnisse zu bewerten?
   - technischer Anspruch der Präsentation
   - inhaltliche Qualität und Strukturierung
   - Design, Layout, grafische und mediengerechte Darstellung
   - mündliche Kommentierung

Das Marktmodell – bestimmt der Preis den Kauf?

M3 Die Märkte – der Markt

Pferdemarkt um 1900

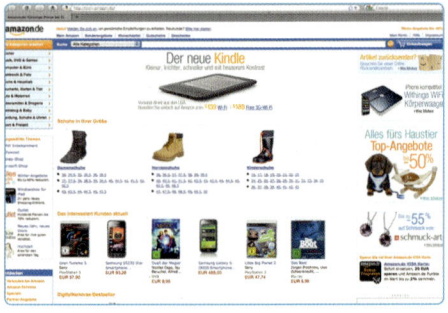

Virtueller Marktplatz

Börse in Frankfurt

Flohmarkt

Märkte sind eine der erstaunlichsten Entwicklungen der Menschheit. Es gab sie zu allen Zeiten und überall auf der Welt. Niemand hat jemals das Prinzip des Marktes „erfunden", die Menschen entwickelten es unbewusst, indem sie einfach ihren eigenen Bedürfnissen nachgingen. Es funktionierte auf den Wochenmärkten im Mittelalter nicht anders als auf den Basaren der arabischen Städte, auf Flohmärkten oder an den modernen Börsen: Wer etwas anzubieten hat, möchte dieses möglichst teuer verkaufen, wer etwas braucht, will dafür möglichst wenig bezahlen.

Nach: Nikolaus Piper, Geschichte der Wirtschaft, Weinheim u. a. 2002, S. 52

M4 Das Angebot – wieso sind die Regale im Supermarkt so voll?

In Deutschland entscheidet keine Regierung, kein Parlament und kein Beamter über die Sortimente im Supermarkt. Die Entscheidung trifft der Supermarktbesitzer. Er sorgt für genug Brot, Marmelade und Tiefkühlpizza. Die Entscheidung fällt er, weil er sich davon etwas verspricht: Er glaubt, die Waren verkaufen zu können und damit Geld zu verdienen. Der Supermarktbesitzer muss dazu die Ware zunächst selbst einkaufen. Er kauft Marmelade zum Beispiel für 1 Euro das Glas ein und verkauft sie für 1,69 Euro. 69 Cent bleiben also erst einmal für ihn. Wenn er am Tag

30 Marmeladengläser verkauft, summiert sich das zu rund 20 Euro. […] Geld bleibt für den Supermarkt-Chef unter einer Bedingung übrig: Er verkauft die Produkte teurer, als er sie einkauft. Der Kaufmann will Gewinn machen, und zwar möglichst viel davon: Gewinn ist der Rest, der übrig bleibt, wenn er von seinen gesamten Einnahmen seine gesamten Ausgaben abzieht. Kürzer gesagt: Gewinn gleich Einnahmen minus Ausgaben. Ausgaben hat er nicht nur, weil er die Marmelade selbst beim Großhändler oder bei der Marmeladenfabrik einkaufen muss. Er muss auch seine Kassiererinnen bezahlen, den Strom für Licht und Heizung, die Preisetikettiermaschine und die Scannerkasse. Der Chef hat deshalb ein Ziel: Er will seine Preise für Marmelade und alle anderen Produkte so hoch setzen, dass für ihn möglichst viel Gewinn übrig bleibt. […]

Ökonomen glauben, dass die Menschen von Grund auf eigennützig sind. Und sie nehmen an, dass dieser Eigennutz eine der Hauptursachen ist, warum ein Markt funktioniert: Der Kaufmann will viel Geld für sich und seine Familie einnehmen. Deswegen sucht er Produkte – Schokoladenriegel oder Tütensuppen, Zahnpasta oder Spaghetti –, die andere Menschen haben wollen. Er stellt sie ins Regal und bietet sie ihnen zum Verkauf an. Ganz schlicht ausgedrückt: Sein Egoismus macht die Regale voll. […] Tütensuppen verkaufen ist für den Kaufmann nützlicher als Tütensuppen verschenken. Das bedeutet nicht, dass Menschen im Weltbild der Ökonomen kaltherzig sind. Denn der Nutzen des einen ist nicht unbedingt der Schaden des anderen. Im Gegenteil: Der Händler liefert Tütensuppen, weil er auf mein Geld scharf ist. Ich gebe ihm mein Geld, weil ich auf seine Tütensuppen scharf bin. Beide, ich und er, sind wir nach dem Geschäft ein Stück zufriedener.

Winand von Petersdorff, Das Geld reicht nie, 2. Aufl., Frankfurt 2008, S. 16 – 20

M5 Die Nachfrage – wie man Egoisten zähmt

Im Frühjahr 2007 tourte die Sängerin Beyoncé Knowles durch Deutschland. In vier Städten machte sie Station. Die Hallen fassten zehntausende Plätze. Die Karten kosteten zwischen 50 und 90 Euro. Das ist viel Geld für die zumeist 12 bis 16 Jahre alten Besucher. Trotzdem waren die Konzerte schnell ausverkauft.

Wie begehrt die Karten waren, zeigte sich im Internetauktionshaus Ebay, wo 70-Euro-Karten für 100 Euro gehandelt wurden. Vor der Frankfurter Festhalle standen am Konzerttag Leute, die ihre Karten für 150 bis 250 Euro weiter verkaufen wollten.

Die Karten waren knapp. Und mehr gab es nicht. Deshalb wetteiferten die Leute um die wenigen Karten, die noch da waren. Jeder versuchte, dem Kartenbesitzer mehr Geld zu bieten als die anderen. So stieg der Preis der Karte. Sie ging schließlich an den, der am meisten dafür bot.

Die Regel dazu lautet: Übersteigt die Nachfrage (nach Karten) das Angebot (an Karten), dann steigt der Preis solange, bis die überzähligen Nachfrager abgesprungen sind und die Nachfrage (nach Karten) gleich dem Angebot (nach Karten) ist.

Wenn doch alle Beyoncé lieben, hätte sie möglicherweise die Tickets für ihre Konzerte noch teurer machen können, um mehr Geld zu verdienen. Warum hat sie das nicht gemacht? [...]

Wird Beyoncé zu teuer, verlieren selbst große Anhänger das Interesse an ihr. Denn sie wollen trotzdem weiter nicht aufs Handytelefonieren verzichten und trotzdem weiter ab und zu mal ins Kino gehen können. Die Freiheit der 1981 geborenen Sängerin, Tickets teuer zu machen, wird begrenzt durch das Taschengeld ihrer treuen Kunden. [...]

Grundsätzlich steht Beyoncé aber trotzdem vor folgendem Zwiespalt: Verlangt sie zu viel Geld für das Ticket, bricht ihr das Publikum weg. Verlangt sie zu wenig Geld, bricht ihr der Gewinn weg. Beyoncé muss genauso praktisch denken wie ein Bäcker oder ein Kaufmann. Das tut sie auch.

Offensichtlich hängen Preis und Nachfrage (Kaufwunsch) zusammen. Kunden kaufen etwas, wenn sie es haben wollen und wenn sie Geld dafür locker machen können. Der Anbieter hingegen setzt den Preis hoch genug, damit für ihn Gewinn bleibt, und so hoch wie gerade möglich, ohne Kunden abzuschrecken. Er will für sich das Beste herausholen: viel Gewinn.

Der Trost aus diesem Mechanismus lautet: Wir Kunden sind Verkäufern, Sängern und anderen Anbietern nicht hilflos ausgeliefert. Sie müssen aus Eigennutz unsere Wünsche und unsere Zahlungsbereitschaft ergründen und respektieren, damit sie nicht auf ihrer Ware sitzen bleiben.

Winand von Petersdorff, Das Geld reicht nie, 2. Aufl., Frankfurt a. M. 2008, S. 20 – 23

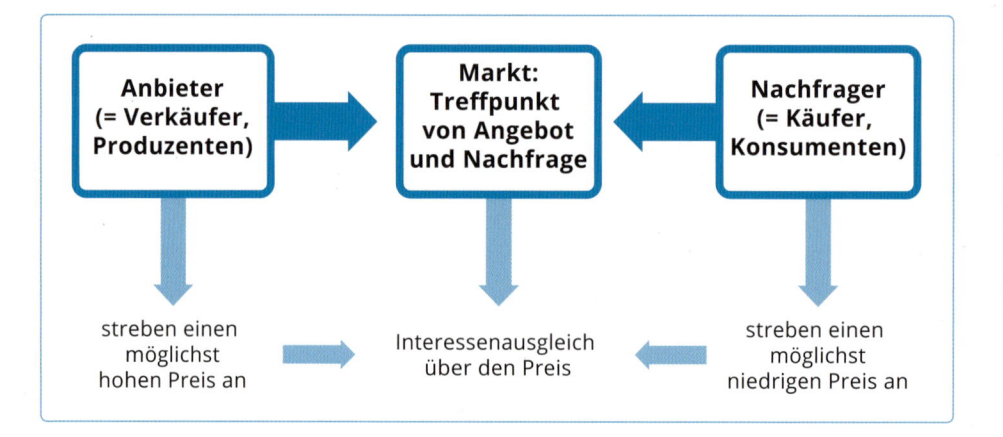

```
Anbieter                  Markt:                 Nachfrager
(= Verkäufer,  →    Treffpunkt von Angebot   ←   (= Käufer,
Produzenten)          und Nachfrage              Konsumenten)
      ↓                       ↓                        ↓
streben einen          Interessenausgleich      streben einen
möglichst        →        über den Preis    ←    möglichst
hohen Preis an                                   niedrigen Preis an
```

AUFGABEN

1. Vergleiche die abgebildeten Märkte. Was haben sie gemeinsam, was unterscheidet sie (**M3**)?
2. Erkläre, warum die Regale in Supermärkten so gut gefüllt sind und welche Rolle der Eigennutz der Menschen dabei spielt (**M4**).
3. Erläutere, wie sich Preise bilden und welche Funktion sie haben (**M4**, **M5**).

METHODE

M6 Preisbildung im Modell: „Preis-Mengen-Diagramm"

Ein paar Worte zur Methode

Ja, es gibt nichts Praktischeres als eine gute Theorie. Jedes Weltbild, jede Analyse folgt einer Theorie oder einem Modell. Anders könnte man die Realität nicht erfassen. Uns fehlte einfach die Handlungsgrundlage. Aber warum? Weil die Welt so „komplex" ist, dass zu ihrem auch nur annähernden Verständnis eine – oft erschreckend – vereinfachte Darstellung nötig ist. [...] Es ist deshalb unsinnig, ein Modell zu kritisieren, weil es zu einfach und nicht „realistisch" genug sei. Modelle sind naturgemäß nicht realistisch, und kein Ökonom ist so blind, das nicht zu sehen. Er überlegt sich ja gerade eine Theorie, um jene Phänomene, die zu komplex für unsere Hirne sind, in ihrem Kern zu erfassen; von daher auch die zwingende Notwendigkeit, sich eine vereinfachte, „unrealistische" Darstellung dieser Phänomene auszudenken. Nach dieser Methode arbeiteten schon die Wissenschaftler im Mittelalter. Physiker verwenden extrem vereinfachte Modelle von Atomen, Wirtschaftswissenschaftler benutzen nicht weniger vereinfachte Modelle von Märkten.

Daraus lässt sich allerdings nicht ableiten, dass alle Theorien gleichermaßen gültig sind. Es gilt auch nicht, Modelle zu konstruieren, die so einfach sind, dass sie absurd werden. Oder, um es mit Paul Valery zu sagen: „Was einfach ist, ist falsch, was komplex ist, ist nicht brauchbar." Eine Theorie sollte so gestaltet sein, dass darin alle unwichtigen Aspekte eines Phänomens unbeachtet bleiben. Das zu erreichen ist nicht nur eine Wissenschaft, sondern auch eine Kunst.

André Fourcans, Die Welt der Wirtschaft, 4. Aufl., Frankfurt 1999, übersetzt von Sabine Schwenk, S. 19 f.

Preisbildung unter der Lupe

Um das Prinzip der Preisbildung zu verstehen, bedient man sich eines Modells. In diesem Modell wird angenommen, dass sich Angebot und Nachfrage unabhängig voneinander bilden. Betrachten wir also zunächst die Nachfrageseite:
Für Schüler und Lehrer einer Schule soll ein Mittagessen angeboten werden. Jeden Donnerstag sollen Gemüseburger verkauft werden. Lehrer und Schüler stellen die Nachfrage auf dem Gemüseburgermarkt dar. Natürlich unterscheiden sich die Nachfrager: Manche haben mehr, manche weniger Hunger, einige haben mehr Geld für den Mittagstisch zur Verfügung als andere, nicht alle mögen Gemüseburger, für viele ist es ihr Leibgericht. Wie könnte sich also die Nachfrage nach den Bratlingen entwickeln? Nehmen wir an, 100 Schüler und Lehrer wären bereit, 3 € für ihren Gemüseburger auszugeben. Bei einem niedrigeren Preis von 2 € wären schon weitere 100 Schüler und Lehrer geneigt, den Mittagssnack zu kaufen. Nochmals 100 Schüler und Lehrer würden die Burger nachfragen, wenn der Preis dafür nur 1 € betragen würde.

Es ist einleuchtend, dass die Schüler und Lehrer, die bereit gewesen wären, 2 oder 3 € für den vegetarischen Burger auszugeben, auch für 1 € kaufen würden. Sie freuen sich lediglich, dass sie ihn so günstig bekommen. Wie man erkennen

METHODE

kann, ist die Nachfrage bei einem niedrigen Preis höher. Umgekehrt ist die Nachfrage geringer, wenn der Preis hoch ist. Deshalb addiert sich die Nachfrage der einzelnen Käufer mit abnehmendem Preis. Im Modell spricht man von der aggregierten (zusammengefassten) Nachfrage. Sie lässt sich grafisch so darstellen:

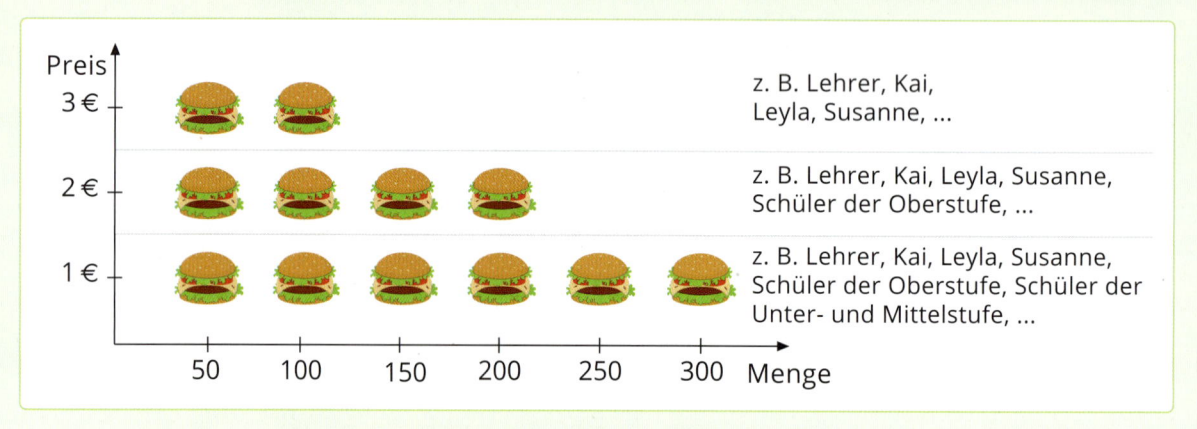

Ein gezeichneter Burger steht für 50 „echte" Burger.

Bei 3 €: z. B. Lehrer, Kai, Leyla, Susanne, ...
Bei 2 €: z. B. Lehrer, Kai, Leyla, Susanne, Schüler der Oberstufe, ...
Bei 1 €: z. B. Lehrer, Kai, Leyla, Susanne, Schüler der Oberstufe, Schüler der Unter- und Mittelstufe, ...

Betrachten wir nun die Angebotsseite: Hausmeister, Eltern und ein Catering-Service wären bereit, die Gemüseburger anzubieten. Der Hausmeister, so nehmen wir an, könnte mit seiner Frau 100 vegetarische Bratlinge für 1 € verkaufen. Die Eltern könnten zusammen 100 Gemüseburger für 2 € anbieten, da ihr Herstellungsaufwand etwas größer wäre. Sie müssten sich abstimmen, wer wie viele Burger produziert, und den Transport zur Schule organisieren. Der Catering-Service mit hohen Personalkosten könnte weitere 100 Burger für 3 € anbieten. Selbstverständlich würden Hausmeister und Eltern auch für 3 € ihre Gemüseburger anbieten können. Hier addiert sich also das Angebot bei steigendem Preis. Man spricht vom aggregierten (zusammengefassten) Angebot. Je höher der Preis, desto größer ist die angebotene Menge. Je niedriger der Preis, desto geringer das Angebot, weil nur wenige Anbieter in der Lage sind, zu diesem Preis zu produzieren. Anbieter, die bei einem niedrigeren Preis nicht mehr gewinnbringend produzieren können, werden einfach vom Markt verdrängt. Die Angebotsseite im Beispiel lässt sich grafisch so darstellen:

Bei 3 €: Eltern, Hausmeister und Catering-Service
Bei 2 €: Eltern und Hausmeister
Bei 1 €: Hausmeister

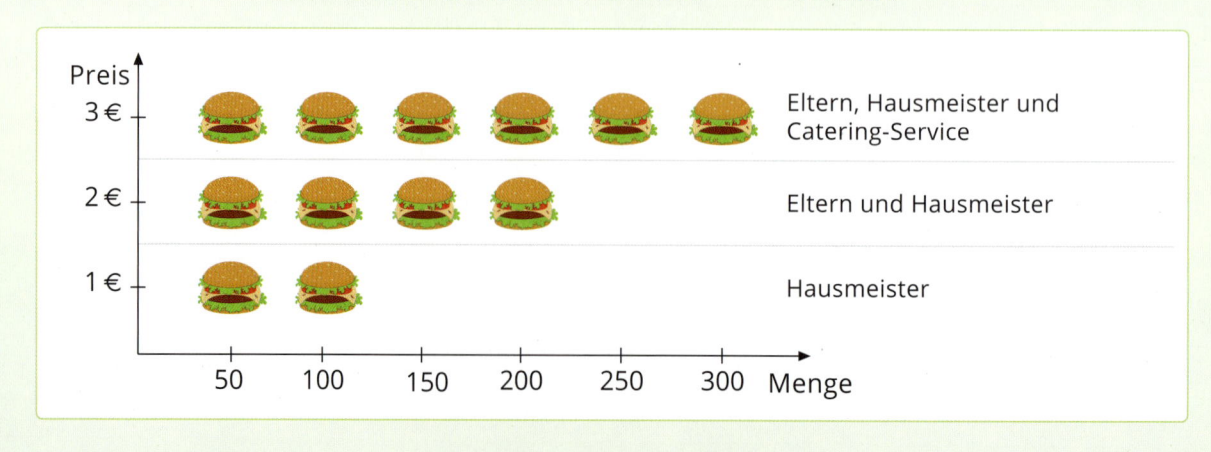

METHODE

Ungleichgewichte von Angebot und Nachfrage

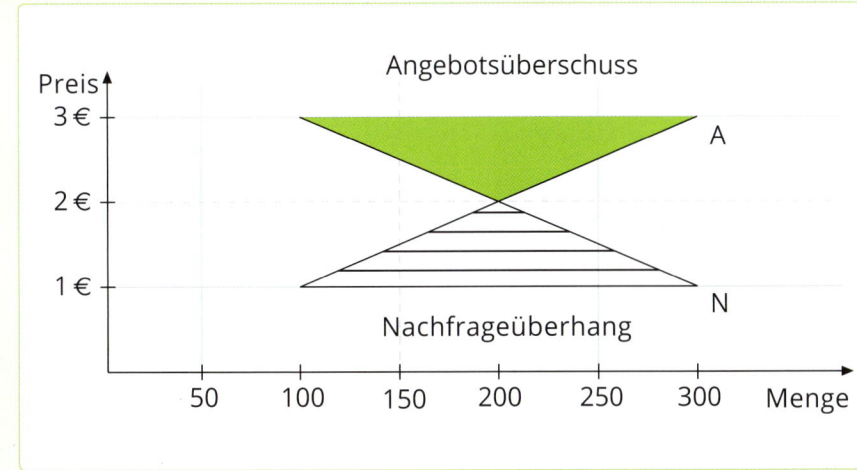

Ist der von den Anbietern festgesetze Preis höher als der Gleichgewichtspreis, so kommt es zu einer Nachfragelücke bzw. zu einem Angebotsüberschuss. Ist der Preis niedriger als der Gleichgewichtspreis, so kommt es zu einem Nachfrageüberhang.

Zum Preis von 3 € pro Gemüseburger beträgt die Nachfrage in der Schulkantine nur 100 Stück, angeboten würden jedoch 300 Burger. Die Differenz bezeichnet man als Angebotsüberschuss. Konkret bleiben diese Burger einfach übrig. Da sie nicht haltbar sind, werden die Anbieter sich überlegen, ob sie ihre Preispolitik (oder ihre Mengenpolitik) ändern. Sobald aber klar ist, dass diese Menge nur zu einem erheblich niedrigeren Preis verkäuflich ist, wird sich der Catering-Service zurückziehen. Für weniger als 3 €/Stück kann er seine Kosten nicht mehr decken. Das Angebot geht zurück, es bleiben Eltern und Hausmeister, die den Gemüseburger auch für einen Verkaufspreis von 2 € rentabel produzieren können.

Aufgaben

1. Übertrage die Werte und zeichne die Nachfragekurve (Liniendiagramm) und die Angebotskurve (Liniendiagramm) in ein Koordinatensystem ein (**M6**).
2. Der Gleichgewichtspreis ist der Preis, zu dem sich die beiden Geraden schneiden. Hier ist der Umsatz (Menge x Preis) am höchsten. Bestimme den Gleichgewichtspreis und berechne den Höchstumsatz.
3. Fasst in Gruppenarbeit in einer Tabelle zusammen, von welchen Faktoren die Bereitschaft, Gemüseburger zu kaufen und zu verkaufen, abhängig ist (**M6**).
4. Überprüfe, ob die von dir zusammengestellten Einflussfaktoren auf Angebot und Nachfrage auch allgemein gelten.

F Erkläre anhand der Grafik, was man unter einem Angebotsüberschuss bzw. Nachfrageüberhang versteht (**M6**).

Brauchen wir Werbung?

M7 Die teuerste Werbung der Welt

Ausgewählte Werbeslogans

> NICHTS IST UNMÖGLICH.

> HAVE A BREAK, HAVE A ...

> ... MACHT KINDER FROH UND ERWACHSENE EBENSO.

> NICHT IMMER, ABER IMMER ÖFTER.

> VORSPRUNG DURCH TECHNIK.

> QUADRATISCH, PRAKTISCH, GUT.

> DIE SCHÖNSTEN PAUSEN SIND LILA.

> ... UND DER HUNGER IST GEGESSEN.

Wenn am Sonntagabend [...] das Super Bowl-Finale zwischen den New England Patriots und den New York Giants ausgetragen wird, werden Hunderte Millionen Zuschauer vor den Fernsehern sitzen und Football gucken. Fast genauso wichtig wie das Gerangel und Gekicke beim überdimensionierten Rasen-Schach ist der Werbeblock in der Halbzeitpause. Großkonzerne zahlen Millionen, um dort Werbung schalten zu dürfen. Die Half Break des Super Bowls sind die teuersten Werbesekunden der Welt. 30 Sekunden kosten in diesem Jahr rund 3,5 Millionen Dollar.

I. d. R. produzieren Unternehmen extra für diese Pause originelle Werbefilme. So hat [bspw. VW] im vergangenen Jahr einen Spot drehen lassen, in dem ein kleiner Junge als Darth Vader verkleidet versucht, magische Kräfte zu entwickeln – vergeblich. Erst der neue VW-Passat nimmt mit dem Steppke Kontakt auf, nachdem der Vater des Jungen per Fernbedienung das Blinklicht aktiviert. Feierten in der Vergangenheit die Super Bowl-Filmchen tatsächlich ihre Premiere immer erst in der Halbzeitpause, gehen in diesem Jahr viele Unternehmen dazu über, ihre Spots zumindest in Ausschnitten wenige Tage vor dem Spektakel bei Youtube hochzuladen. Mit Erfolg. Die Werbeclips werden millionenfach geklickt.

Nach: Christoph Giesen, Süddeutsche Zeitung, 6.2.2012

M8 Transfer-Coup perfekt: Lionel Messi wechselt zu EA SPORTS

Lionel Messi im Trikot des FC Barcelona

Electronic Arts gab heute die Verpflichtung des weltbesten Fußballers bekannt: Lionel Messi, Argentiniens Ballvirtuose und Superstar des FC Barcelona wird ab sofort zum langfristigen globalen Gesicht der gesamten EA SPORTS FIFA-Reihe. Der Weltfußballer der Jahre 2009 und 2010 wird demnach bereits im März 2012 sein Debüt im Jersey von EA SPORTS feiern können: Als Coverstar des neuen FIFA Street.

Dass EA SPORTS mit Lionel Messi einen der größten Ballzauberer dieser Zeit zu seinem Fußballbotschafter macht, ist nicht nur ein Zeichen der großen Verbundenheit zum Sport, sondern mit Blick auf die Leistungen beider Seiten auch kein Zufall.

„Unsere FIFA-Serie ist weltweit die Nummer eins der Sport-Videospiele, und Lionel Messi ist die weltweite Nummer eins der Fußballspieler – dass wir uns nun zusammentun, ist also eine echte Partnerschaft der Superstars", so Matt Bilbey, [...] Geschäftsführer [...] bei EA SPORTS. „Mit Messi haben wir nun den weltbesten und aufregendsten Spieler im Team. Er wird uns dabei helfen, unsere führende Rolle auf dem globalen Markt auf Jahre hinaus zu sichern."

Nach: www.ea.com, 24.11.2011

M9 Warum gibt es Werbung?

Wir begegnen Werbung überall: Auf Bahnhöfen, in Einkaufszentren, an Bushaltestellen und Plakatwänden, in Schaufenstern und als bunte Inszenierung auf den Straßen. Aber nicht nur außer Haus, auch in den Familien begegnen wir ihr, denn Zeitungen und Zeitschriften, Radio, Fernsehen und das Internet sind ihre wichtigsten Träger.

Warum gibt es Werbung? Ganz allgemein dient Werbung dazu, die Verkaufszahlen eines Produktes zu steigern. Der Kunde soll über neue Produkte und deren Eigenschaften informiert und motiviert werden, sich näher mit dem Produkt auseinanderzusetzen und es schließlich zu kaufen. Dazu muss die Werbung den Kunden zunächst auf das Produkt aufmerksam machen, d. h. der Umworbene muss die Werbung zunächst hören oder sehen. Die Werbebotschaft, also die Grundaussage der Werbung, soll dem Umworbenen im Gedächtnis bleiben. Aufgrund der Werbung soll ein Kaufwunsch entstehen, weil der Umworbene mit der Ware positive Gefühle verbindet, die durch die Werbung vermittelt werden. Gute Werbung ist deshalb in der Regel nicht langweilig.

Nicht zu vergessen ist, dass Werbung ein wichtiger Wirtschaftszweig ist, in dem deutschlandweit rund 900.000 Menschen arbeiten und der viele attraktive Berufsfelder bietet. Außerdem finanzieren sich die Medien zu einem nicht geringen Teil durch Werbeeinnahmen.

M10 Werbung im Internet – das große Geschäft?

Die dominierende Werbeform im Internet sind **Banner**, die auf Websites eingeblendet werden und mittels Klick zum beworbenen Angebot führen. Ähnlich wie im Fernsehen, Radio und in der Presse werden Banner in einem Umfeld platziert, das zur gewünschten Zielgruppe passt. Damit Banner nicht übersehen werden, sind Pop-ups als spezielle Präsentationsform entstanden. Es handelt sich um Werbung, die sich in einem zusätzlichen Browserfenster öffnet und die eigentliche Website überlagert.

Um Onlinewerbung effektiver zu machen, können Banner mittels **Re-Targeting** mit Werbebotschaften belegt werden, die (vermutlich) zum aktuellen Besucher der Website passen. Hat man bereits Artikel im Onlineshop X angeklickt oder Hotels beim Reiseportal Y gesucht, ist es wahrscheinlich, dass anschließend der Onlineshop X mit den angeklickten Artikeln oder das Reiseportal Y mit Hotels in der gesuchten Stadt als Banner beworben werden. Denn mittels Re-Targeting werden Internetnutzer mit Werbung erneut auf Angebote hingewiesen, die sie bereits interessiert haben. Eine weitergehende Form dieser Internet-Werbung ist die **personalisierte Werbung**. Dazu gehören **Keyword Advertising** (Verknüpfung von Suchbegriffen in Suchmaschinen mit Bannerwerbung) oder **verhaltensbasierte Werbung** (Analyse des individuellen Surfverhaltens im Internet und Zuordnung des Nutzers zu einer bestimmten Zielgruppe mit gemeinsamen Konsuminteressen). Diese Form der Internet-Werbung wird besonders ergiebig in den sozialen Netzwerken betrieben, weil die Nutzer darin viele persönliche Daten preisgeben.

Computerspiele werden zunehmend als Präsentationsfläche für Werbung genutzt, um vor allem junge Menschen zu erreichen. Bei **In-Game-Werbung** verschmelzen Spielwelten und Anzeigen miteinander. Beispielsweise binden Sport-Games echte Bandenwerbung und Strategie-Games echte Produkte in den Spielverlauf ein. Besonders Onlinespiele setzen auf Werbung, weil sie sich nicht durch Verkäufe und nur teilweise über Gebühren oder Abonnements finanzieren.

Nach: Christina Quast, Grimme-Institut Gesellschaft für Medien, Bildung und Kultur mbH, Oktober 2011

M11 Werbung – zwei Meinungen

Tarek (16)
Werbung informiert einen darüber, was gerade „hip" und „cool" ist. Damit können wir uns einen guten Überblick über das Marktangebot verschaffen. Werbung fördert den Wettbewerb der Anbieter. Sie ist oft schön und originell gemacht und die Sprüche sind manchmal sehr lustig, sodass wir gut unterhalten werden. Die Werbebranche bietet zahlreiche interessante Arbeitsplätze und durch die Einnahmen aus Werbung finanzieren sich zahlreiche Medien. Viele Arbeitsplätze können deshalb erhalten oder neu geschaffen werden.

Ariane (15)
Werbung setzt einen unter Druck, weil sie einem das Gefühl gibt, blöd zu sein, wenn man ihr nicht folgt. Sie will einem vorschreiben, was schön oder gut für einen ist. Werbung wurde erfunden, um Menschen Dinge anzudrehen, die sie eigentlich nicht brauchen oder wollen. Werbung versucht uns also zu manipulieren. Die Werbung gaukelt uns eine heile Welt vor und weckt bei uns Illusionen. Unternehmen schlagen die Kosten für Werbung auf die Produktpreise drauf, sodass die Produkte teurer werden.

AUFGABEN

1. Ordnet die Werbeslogans in der **Randspalte** den einzelnen Produkten/Unternehmen zu. Nenne weitere Slogans, die du kennst.
2. Überprüfe, ob die Werbemacher ihre Ziele mit den Slogans bei dir erreicht haben.
3. Begründe die hohen Investitionen von Unternehmen in Werbung (**M7**).
4. Erläutere, wieso EA SPORTS gerade Lionel Messi für seine Werbekampagne ausgewählt hat (**M8**).
5. Was spricht für, was spricht gegen Werbung? Diskutiert in der Klasse (**M9 – M11**).

Umweltschutz – ein wichtiger Aspekt der Kaufentscheidung?

M12 Wenn viele Menschen …

„Wir wissen, dass der weiße Mann unsere Art nicht versteht. Er behandelt seine Mutter, die Erde, und seinen Bruder, den Himmel, wie Dinge zum Kaufen und Plündern, zum Verkaufen wie Schafe oder glänzende Perlen. Sein Hunger wird die Erde verschlingen und nichts zurücklassen als eine Wüste."
(Häuptling Seattle[1])

„Die Navajo-Indianer kamen mit 263 Gegenständen in ihrem Leben aus; wir haben heute 10.000 in unseren Haushalten, 100.000 im Warenangebot und dieses Angebot nimmt ständig zu."
(Alan During)

„Es ist genug da zur Befriedigung jedermanns Bedürfnisse, nicht jedoch zur Befriedigung jedermanns Gier."
(Mahatma Gandhi)

„Viele kleine Leute an vielen kleinen Orten, die viele kleine Schritte tun, können das Gesicht der Welt verändern."
(Afrikanisches Sprichwort)

M13 Weltreise einer Jeans

Um gute Gebrauchs-, Trage- und Pflegeeigenschaften zu erreichen, sind für eine Jeans viele Bearbeitungsschritte nötig. Die Baumwolle für die Herstellung einer Jeans wird in Kasachstan von Hand oder mit der Maschine geerntet. Anschließend wird die Baumwolle nach China versandt und dort mit schweizer Maschinen gesponnen, auf den Philippinen wird die Baumwolle mit blauem Farbstoff aus Deutschland gefärbt. In Polen wird sie mit deutschen Maschinen verwebt. Anschließend wird der Stoff nach Marseille transportiert, Washinglabel und Innenfutter stammen aus Frankreich, Knöpfe und Nieten aus Italien. Alle Zutaten werden nun erneut auf die Philippinen geflogen und dort zusammengenäht. Schnittmuster und Design stammen aus Deutschland. In Griechenland erfolgt noch die abschließende Bearbeitung der Jeans mit Bimssteinen, um ihr das typische Aussehen zu geben. Die fertige Jeans wird nach Deutschland transportiert und dort verkauft. Wenn sie nicht mehr getragen wird, kommt sie oft in die Altkleidersammlung. In Betrieben in den Niederlanden werden die Kleidungsstücke sortiert. Die Secondhand-Jeans wird nun eventuell auf dem afrikanischen Kontinent wieder verkauft und erneut getragen.

Dieter Simon, Eine Welt in der Schule, Heft 3/ September 2001, S. 3

[1] Adaption einer Rede, die Häuptling Seattle 1855 an den Präsidenten der Vereinigten Staaten gerichtet haben soll. Der Text ist eine freie Bearbeitung eines Redetextes, der erstmalig publiziert wurde im „Seattle Sunday Star" 1887 und später auch in der „Washington Historical Quaterly" erschienen ist. Die deutschen Rechte liegen bei der Dedo Weigert Film GmbH, München.

Primärproduktion, Baumwolle: hoher Landschaftsverbrauch durch Baumwollanbau, hoher Einsatz von Insektiziden, Herbiziden und Entlaubungsmitteln, Einsatz von Konservierungsstoffen bei Transport und Lagerung von Baumwolle, hoher Wasserbedarf mit ökologisch negativen Folgen, Düngemitteleinsatz (Nitrifizierung des Bodens)

Produktion von Fasern, Garnen, Flächengebilden: Energiebedarf beim Spinnen und Weben, Einsatz von Hilfsmitteln, die bei nachfolgenden Verarbeitungsschritten zu Emissionen führen, Staub- und Lärmbelästigungen, textile Abfälle

Veredelung: Einsatz großer Mengen an Textilhilfs- und Ausrüstungmaterialien, Emissionen in die Umweltkompartimente Wasser und Luft, hoher Energieverbrauch, hoher Wasserbedarf, Klärschlammanfall

Gebrauch: mögliche schädliche Wirkungen der Textilchemikalien auf den Verbraucher, Einsatz von Wasch- und Reinigungsmitteln, Verteilung ökologisch relevanter Stoffe durch Auswaschung (diffuser Eintrag in das Abwasser), Einsatz ökotoxischer Stoffe bei der chemischen Reinigung, hoher Energieeinsatz für die Jeanspflege (Waschen, Trocknen, Bügeln)

Entsorgung: Beanspruchung von Deponieraum, Emissionen bei Müllverbrennung und Deponie

M14 Belastungen durch die Produktionskette

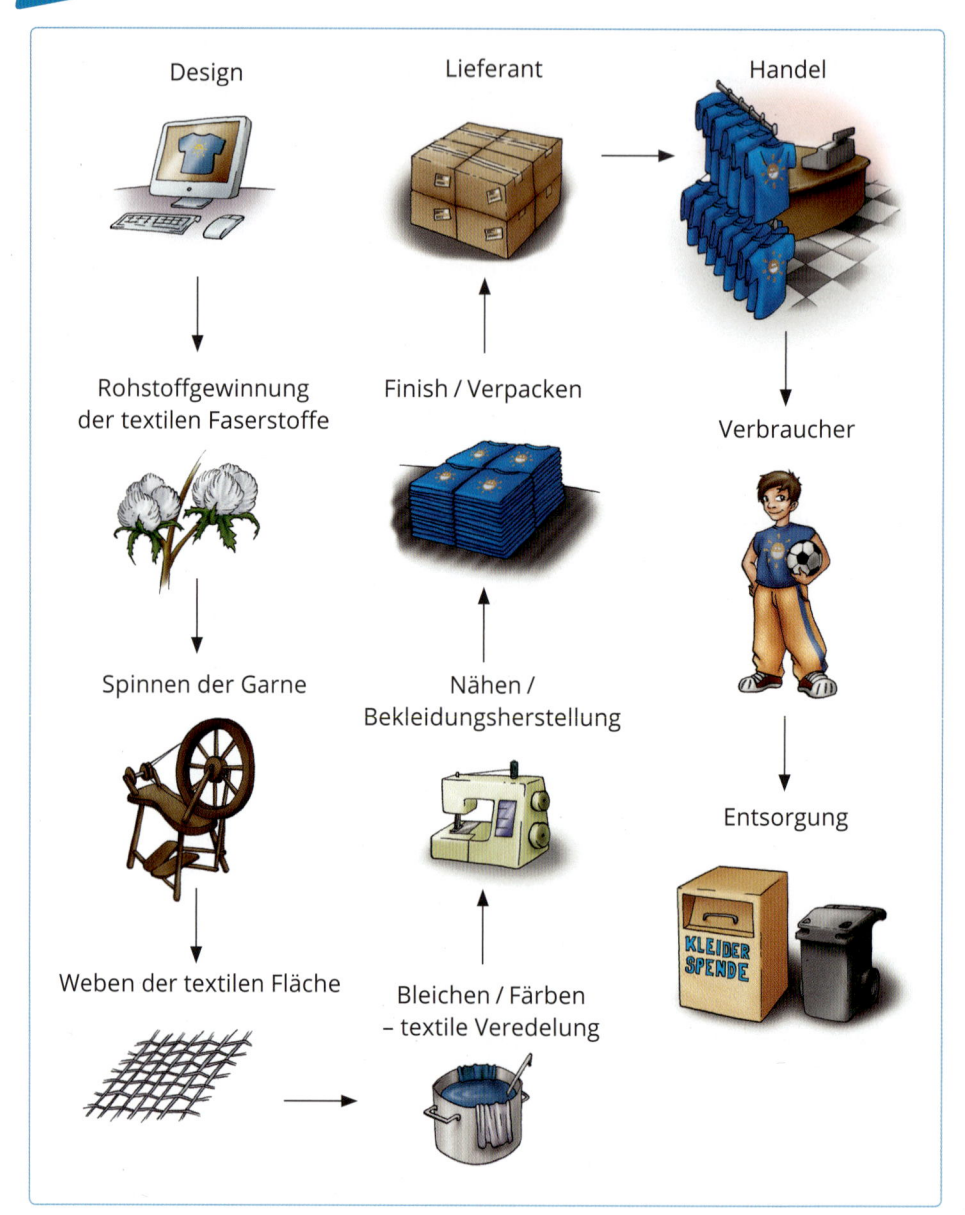

Design → Rohstoffgewinnung der textilen Faserstoffe → Spinnen der Garne → Weben der textilen Fläche → Bleichen / Färben – textile Veredelung → Nähen / Bekleidungsherstellung → Finish / Verpacken → Lieferant → Handel → Verbraucher → Entsorgung

Nach: www.fair-zieht-an.de (6.3.2011)

AUFGABEN

1. Verteilt vier Plakate mit jeweils einem Zitat im Klassenraum. Wählt ein Zitat aus, welches euch gefällt, und charakterisiert, was die Zitate mit dem Thema Konsum zu tun haben (**M12**).
2. Fasse die Umweltbelastungen bei der Herstellung einer Jeans zusammen (**M13**, **M14**).
3. Entwickelt Möglichkeiten der Verringerung von Umweltbelastungen bei der Jeansproduktion und beurteilt gemeinsam deren Eignung (**M14**).

WAS WIR WISSEN

Die Kaufentscheidung
M1

In die Entscheidung für den Kauf eines bestimmten Produkts fließen unterschiedliche Aspekte ein. Der Preis hat häufig den größten Einfluss auf die Kaufentscheidung. Wer etwas benötigt, will dafür möglichst wenig bezahlen. Ist aber die nachgefragte Menge größer als die angebotene, so steigt der Preis. Ist die angebotene Menge größer als die nachgefragte, dann sinkt der Preis. Der Gleichgewichtspreis ist der Preis, zu dem der größte Güterumsatz erfolgt. Entscheidend für die Preisbildung sind außerdem für den Produzenten die Produktionskosten und für den Konsumenten das Einkommen, über das er verfügt.

Preise
M4 – M6

Werbung
M7 – M11

Werbung ist fester Bestandteil unseres täglichen Lebens. Ziel jeder Werbung ist, wie der Name schon sagt, für ein Produkt zu werben, sodass es vom Kunden gekauft wird und Umsatz und Ertrag der Unternehmen steigen. Werbung informiert deshalb über die Eigenschaften des beworbenen Produkts und verschafft dem Konsumenten so einen Überblick über die angebotenen Güter.
Zu beachten gilt jedoch, dass über ausgefeilte Strategien häufig „künstliche" Bedürfnisse erzeugt, Preise verschleiert und die Nachteile eines Produktes verheimlicht werden. Der Konsument bezahlt die Werbung letztlich über höhere Produktpreise.

Umweltschutz
M12 – M14

Jegliche Produktion und damit jeglicher Konsum haben Auswirkungen auf die Umwelt. So wurde ermittelt, dass eine Jeans auf ihrem Weg bis zum Verkauf Tausende von Kilometern zurücklegt. Dies hat einen immensen Ressourcenverbrauch zur Folge. Für die Produktion werden außerdem viele umweltschädliche Chemikalien verwendet. Diese durch Transport und Produktion bedingten Umweltbelastungen werden auch als „ökologischer Rucksack" eines Produktes bezeichnet.
Was kann der Konsument zum nachhaltigen Wirtschaften beitragen? Die Konsumenten können durch ihren Kauf oder Nichtkauf letztlich darüber entscheiden, was produziert wird. Entschließen sie sich zum Kauf ökologisch vertretbarer Produkte, werden auch solche produziert (Kauf als „Stimmabgabe"). In der Realität haben jedoch häufig andere Kaufkriterien (Preis, Prestige) Vorrang. Darüber hinaus ist es auch für den ökologisch aufgeklärten Konsumenten oft schwierig, genügend zuverlässige Informationen über die Umweltverträglichkeit von Produkten zu erhalten.

1.3 Verbraucherschutz – wo können wir uns informieren?
Wie kann sich der Verbraucher informieren?

M1 Wie schützt das Recht den Konsumenten?

Sarah (15)
Der Kunde bestimmt, was, in welcher Qualität, zu welchem Preis von wem angeboten wird – der Kunde lenkt somit die Produktion. Der Kauf ist gleichsam eine Stimmabgabe für das beste Produkt. Der Kunde ist eigenständig, vernünftig und hat einen guten Überblick über den Markt.

Usain (14)
Die kaum zu überschauende Warenvielfalt, die technologisch immer anspruchsvolleren Produkte und unterschiedliche Qualitäten erschweren eine vernünftige (rationale) Kaufentscheidung des Verbrauchers. Werbespezialisten arbeiten mit undurchschaubaren Tricks, um den Verbraucher zum Kauf zu verführen. Der einzelne Verbraucher ist zu schwach, um Einfluss auf die Hersteller und deren Produkte auszuüben.

M2 Wie wird der Verbraucher gesehen? Unterschiedliche Leitbilder

Verbraucherpolitik bezeichnet alle staatlichen Maßnahmen, die dazu dienen, die Marktposition der Konsumenten gegenüber den Produzenten, Händlern und Dienstleistungsanbietern zu stärken. Die wichtigsten Handlungsfelder sind: Verbraucherinformation und Werbung, Wettbewerb, Preisgestaltung und Vertragsbedingungen, Qualität und Sicherheit der Produkte (z. B. Warentests), die Regelung der Konsumentenkredite, Rechtsberatung und Durchsetzung der Verbraucherrechte.

Der mündige Verbraucher
Das Verbraucherleitbild des mündigen Verbrauchers betrachtet den Verbraucher als grundsätzlich kompetent, informiert und in der Lage, sein Verhalten und seine Bedürfnisse kritisch zu reflektieren. Ein solcher Verbraucher kann Eigenverantwortung übernehmen und benötigt weniger staatlichen Schutz. Die Chancengleichheit von Verbrauchern und Anbietern wird unterstellt. Konsumenten- und Produzenteninteressen werden als gleichrangig gesehen. Der Staat hat lediglich die Aufgabe, die Rahmenbedingungen für ein sozialverträgliches Marktgeschehen zu schaffen, den Verbraucher in seinem Handeln zu schützen, aber nicht zu bevormunden. Der Verbraucher hat die Möglichkeit (einzeln oder organisiert), seine Interessen zu äußern und auf das Marktgeschehen durch Abwanderung, Widerspruch oder Loyalität Einfluss zu nehmen (Konsumentensouveränität).

Der unmündige Verbraucher
Dem gegenüber steht das Bild eines unmündigen, weil überlasteten, zeitknappen, inkompetenten, uninteressierten Verbrauchers, dessen Konsumentscheidungen eher impulsiv und emotional sind als vernünftig und wohl informiert. Nach dieser Auffassung gibt es Situationen auf dem Markt, in denen Verbraucher sich nicht selbst schützen können oder

überfordert sind. Dieser Schutzbedarf beruh auf der Grundlage, dass Verbraucher gegenüber den Herstellern und Vertreibern von Waren und gegenüber Dienstleistungsanbietern unterlegen sind (Produzentensouveränität), das heißt infolge geringerer Fachkenntnis, Information, Ressourcen und/oder Erfahrung benachteiligt werden können. Anliegen und Aufgabe des Verbraucherschutzes ist es, dieses Ungleichgewicht sinnvoll auszugleichen und dem Verbraucherinteresse gegenüber der Anbieterseite zu einer angemessenen Durchsetzung zu verhelfen.

M3 Was verschafft dem Konsumenten den Durchblick?

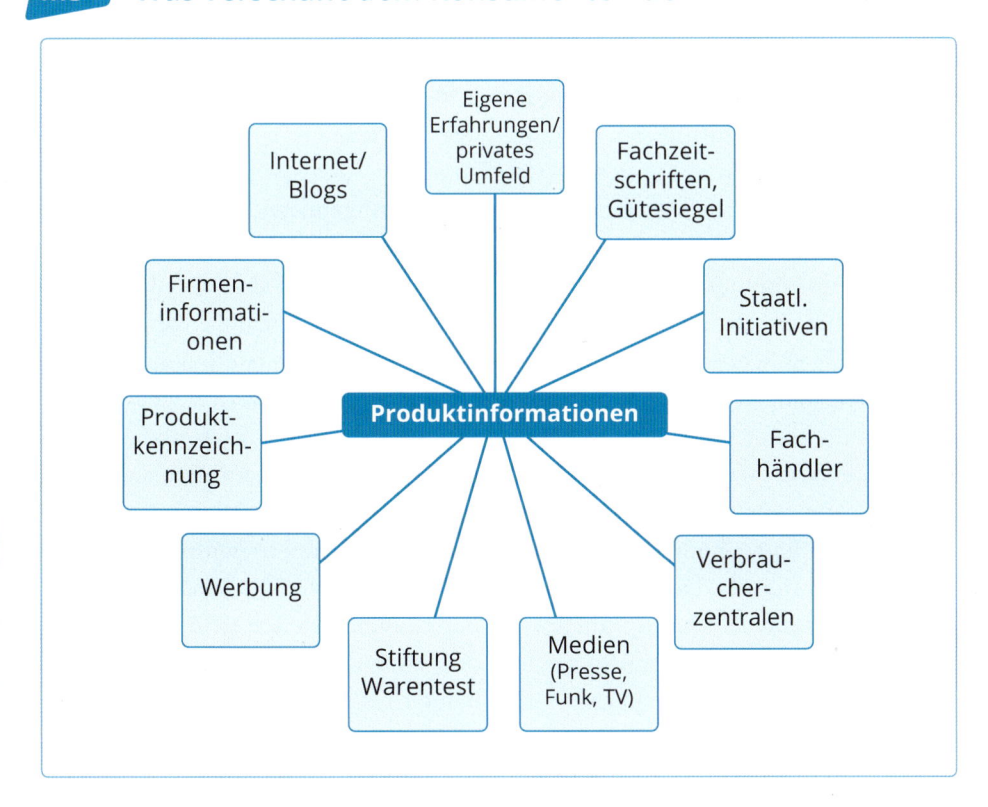

Produktinformationen:
- Eigene Erfahrungen/privates Umfeld
- Internet/Blogs
- Fachzeitschriften, Gütesiegel
- Firmeninformationen
- Staatl. Initiativen
- Produktkennzeichnung
- Fachhändler
- Werbung
- Verbraucherzentralen
- Stiftung Warentest
- Medien (Presse, Funk, TV)

Verbraucherzentralen
Jedes der 16 Bundesländer hat eine Verbraucherzentrale (Sachsen: *www.verbraucherzentrale-sachsen.de*). Die Verbraucherzentralen bieten Beratung zu sehr vielen Verbraucherfragen, wie z. B. zu den Themen Finanzen, Ernährung und Ökologie.

M4 Die Kennzeichnungspflicht von Lebensmitteln

Die Kennzeichnung von Lebensmitteln ist ein wichtiges Instrument der Verbraucherinformation. Das Lebensmittelkennzeichnungsrecht ist auf EU-Ebene bereits weitgehend harmonisiert. Die Regelungen stellen auf eine Grundkennzeichnung ab (wie Verkehrsbezeichnung, Angabe des Herstellers, Verpackers oder Verkäufers, Zutatenverzeichnis, Haltbarkeitsdatum, Füllmenge und Alkoholgehalt sowie unter bestimmten Voraussetzungen die Menge einzelner Zutaten). Sie gilt nicht für den Verkauf loser Ware. Neben der vorgeschriebenen Grundkennzeichnung bestehen weitere zahlreiche spezielle Kennzeichnungsregelungen (wie für Milcherzeugnisse, Öle und Fette, Wein, Fleisch und Fleischerzeugnisse).

M5 Wie zuverlässig sind Gütesiegel?

Ausgewählte Produktsiegel

Tipp
Unter www.iporex.com findet sich ein internationales Verzeichnis von Bio-Produzenten und -Händlern, die von Fleisch bis Ahornzucker alles im Angebot haben.
Unter www.utopia.de finden sich Informationen über nachhaltig und nur scheinbar nachhaltig erzeugte Produkte und ihre Produzenten.
Unter www.oeko.de findet man einen Überblick über aktuelle Probleme bei ökologischer Produktion.

suggerieren
einreden, einflüstern

Sie sind sechseckig oder rund, grün, blau oder bunt. Sie prangen auf vielen Produkten und sollen den Verbraucher über Anbau- und Produktionsbedingungen informieren. Es gibt sie für biologische und konventionelle Lebensmittel, für Holz aus nachhaltigem Anbau, für Textilien, die unter fairen Bedingungen hergestellt werden, für Fische die umweltgerecht gefangen werden. Und es werden immer mehr [...].

Ignorieren können Verbraucher beim Einkauf getrost wohlklingende Aufschriften wie „aus kontrolliertem Anbau", „unabhängig kontrolliert" oder aus „nachhaltiger" Landwirtschaft, mit denen Hersteller häufig auf ihre konventionellen Lebensmittel aufmerksam machen. Sie suggerieren dem Konsumenten nur den Kauf gesunder Lebensmittel. Tatsächlich betreiben die Verkäufer damit einen gewaltigen Etikettenschwindel, genauso wie bei Formulierungen wie „umweltschonendem Anbau" oder „unter unabhängiger Kontrolle". So ausgezeichnete Lebensmittel sind keine Biowaren, mögen die Verpackungen auch grüne Weiden und glückliche Kühe zeigen. [...]

Ein wirkliches Gütesiegel, das rein für die umweltverträgliche Herstellung, beispielsweise von Lebensmitteln steht, gibt es bislang überhaupt nicht. Es gibt zwar die beiden Bezeichnungen „Bio" und „Öko", die durch EU-Rechtsvorschriften geschützt sind und dafür stehen, dass Hersteller bei der Produktion auf bestimmte Dinge achten. „Beispielsweise auf schädliche Düngemittel oder Gentechnik verzichten", sagt Buschmann von der Verbraucherzentrale in NRW. „Bio" und „Öko" helfen dem Verbraucher besonders, um feststellen zu können, ob ein Produkt für ihn gesund ist. Weniger aussagekräftig sind die Siegel, wenn es um die umweltschonende Herstellung der Waren geht. Naturbelassen gibt es wohl nur in der Werbung. Statt 300 Zusatzstoffe wie bei konventionellen sind bei Ökoprodukten nur 47 erlaubt. Dazu zählen jedoch auch umstrittene Produkte wie Carrageen (E407). Es wird gerne bei der Milchverarbeitung eingesetzt, um zu verhindern, dass die Milch einen Rahm bildet. Carrageen wird aus Rotalge gewonnen und führte bei Tierversuchen mit Nagern unter anderem zu Darmgeschwüren sowie zu einer Beeinflussung des Immunsystems. [...]

90 Prozent der Verbraucher wünschen sich laut einer Studie des Bundesumweltministeriums ein einziges produktübergreifendes Zeichen, an dem man sich orientieren kann.

Caspar Dohmen, Stuttgarter Zeitung, 30.12.2010

M6 Stiftung Warentest und ADAC testen E-Bikes

Bei einem Test der Zeitschrift von Stiftung Warentest mit dem ADAC schnitten neben billigen auch teure E-Bikes mangelhaft ab. [...]

Die 15 getesteten E-Bikes hatten alle einen bequemen tiefen Einstieg und kosten zwischen 900 und 3.300 Euro. Sieben erhielten das Prädikat "gut", fünf fielen mit "mangelhaft" durch.

Der Testsieger Flyer B8.1 (Note 1,7) war das teuerste Pedelec im Feld (3.300 Euro), ihm bescheinigten die Prüfer neben einem guten Fahrverhalten, dass es auch ohne Motor gut zu bewegen sei.

Dass ein hoher Preis aber keine hohe Qualität garantiert, bewies neben anderen das Stevens E-Courier Forma (2.700 Euro), das wegen mangelhafter Bremsen und Schwächen bei der Fahrstabilität mit Gepäck mit "mangelhaft" beurteilt wurde.
Ebenfalls fielen die Billig-Räder von Aldi Nord (Hansa Alu-City-Elektrorad, 900 Euro) und Fischer (Alu-Elektro-Citybike ECU 1603, 1.200 Euro) durch, Kriterien waren unter anderem schlechte Bremsen, unausgewogener Antrieb oder gebrochene Teile. Ein gutes Preis-Leistungs-Verhältnis bescheinigten die Tester dem Decathlon/Riverside City Nexus (1.800 Euro). Die Tester empfehlen jedem Pedelec-Käufer eine ausgedehnte Probefahrt, am besten mit der Menge an Gepäck, die üblicherweise bei einer Radtour mitgenommen werden soll.
Ein Blick in die technischen Daten ist dabei auch wichtig: Im Test fiel auf, dass das vom Anbieter angegebene Gesamtgewicht – also Fahrrad, plus Fahrer und Gepäck – teilweise recht niedrig ist. Wer öfter mal mit gefüllten Satteltaschen unterwegs ist, sollte hierauf besonders achten.
Erste Kritik am Test

Hanne Schweitzer/SP-X/t-online.de, www.t-online.de, 25.6.2016

Stiftung Warentest
Die Stiftung Warentest ist eine deutsche Verbraucherschutzorganisation, die mit dem Anspruch der Unabhängigkeit Waren und Dienstleistungen verschiedener Anbieter untersucht und vergleicht. Die Ergebnisse der Warentests, Dienstleistungsuntersuchungen und Verbraucherinformationen werden z. B. im Internet, in Zeitschriften, Sonderheften, Ratgebern oder Jahrbüchern veröffentlicht (*www.test.de*).

STIFTUNG WARENTEST
GUT (1,9)
test
www.test.de

AUFGABEN

1. Diskutiert, welcher Auffassung von der Stellung des Konsumenten ihr spontan zustimmen würdet (**M1**, **M2**).
2. Mit welchen Informationsquellen für den Verbraucher (**M3**) hast du schon Erfahrungen gemacht? Berichte darüber und nenne jeweils Beispiele.
3. Entwickle ausgehend von **M5** einen Katalog von Bedingungen, die erfüllt sein müssen, wenn Gütesiegel dem Verbraucher nützen sollen.
4. Die Siegel in **M5** geben dem Käufer zusätzliche Informationen über ein Produkt. Recherchiert weitere Siegel und sammelt Informationen dazu: Wofür stehen die Siegel, wer vergibt sie, welche Kriterien muss ein Produkt erfüllen, um das Siegel zu erhalten? Beurteilt abschließend, ob das Siegel für den Verbraucher nützlich ist.
5. Arbeite aus **M6** heraus, nach welchen Kriterien die E-Bikes getestet wurden.
6. Bildet Gruppen. Wählt ein Produkt, das ihr testen wollt, und entwickelt geeignete Kriterien für euren Test.

Wie schützt das Recht beim Kauf?

M7 Laptopkauf mit Hindernissen

Gewährleistungsrechte sind nicht gleich Garantieleistungen
Gewährleistungsrechte (Frist: zwei Jahre) sind gesetzlich geregelt und können nicht entzogen werden. Eine Garantie ist hingegen eine freiwillige vertragliche Zusage des Verkäufers und ergänzt damit die Gewährleistungsrechte. Hat der Händler eine Garantie gegeben, so haftet er dafür, dass die gekaufte Sache auch funktioniert. Dies gilt ebenfalls für verschleißbedingte Mängel, die nach den gesetzlichen Gewährleistungsregeln keine Käuferansprüche begründen.

Die 18-jährige Mia hat im PC-Fachgeschäft „Xenia" einen Laptop gekauft. Allerdings stürzt dieser selbst bei der Verwendung gängiger Programme
5 ständig ab. Sie bringt es daher zu „Xenia" zurück. „Diesen Laptop habe ich vorigen Monat als Sonderangebot bei Ihnen gekauft – und bereits jetzt funktioniert er nicht mehr!", wendet sich Mia
10 an den Händler, Herrn Peze. „Was fehlt denn?", hakt Peze in überraschtem Ton nach. „Immer, wenn ich eine CD einlegen will, stürzt der Rechner ab und es geht nichts mehr". Herr Peze erin-
15 nert sich: Der Laptop stammte aus einer Lieferung, bei der es Probleme mit den Laufwerken gab. Listig bietet Herr Peze Mia an: „Ich werde es gerne für Sie einschicken – das dauert aber zwei Wochen und die Reparatur kostet Sie 20 ca. 40 €!" Mia reißt langsam der Geduldsfaden. „Wie bitte? – Ich will umgehend ein neues Gerät von Ihnen." „Aber junge Frau, nun übertreiben Sie doch nicht", erwidert Peze in herablas- 25 sendem Ton, „wir können doch auch nichts für solche Fehler! Und wie Sie wissen, war das ein sehr günstiges Gerät, da müssen Sie schon mit kleineren Problemen rechnen. Vielleicht haben ja 30 auch Sie den Fehler verursacht. Sie nutzen das Gerät ja nun schon einige Wochen! Übrigens sehen unsere Vertragsbedingungen ausdrücklich vor, dass bei Sonderangeboten keine volle Gewähr- 35 leistung übernommen werden kann…"

M8 Vertragstypische Pflichten beim Kaufvertrag

Bürgerliches Gesetzbuch (BGB)
Es enthält die wichtigsten Regelungen, die das Zusammenleben der Bürger betreffen, z. B. zum Kaufvertrag, Familienrecht, Erbrecht.

Pflichten aus einem Kaufvertrag (§ 433 BGB)
Übergabe und Übereignung der Kaufsache frei von Sach- oder Rechtsmängeln
Kaufvertrag
Abnahme der gekauften Sache
Zahlung des vereinbarten Kaufpreises

Verkäufer — **Käufer**

Rechtsmangel
In §§ 435, 437 BGB geregelt. Demnach muss der Verkäufer dem Käufer die Sache oder das verkaufte Recht frei von Rechtsmängeln verschaffen. Ein Rechtsmangel liegt vor, wenn ein Dritter aufgrund privaten oder öffentlichen Rechts das Eigentum, den Besitz oder den Gebrauch der Sache oder des Rechts beeinträchtigen kann.

M9 Wie ist geregelt, wenn die Kaufsache einen Mangel hat?

Nach § 437 BGB kann der Käufer bei Mängeln vom Verkäufer verlangen:
- Nacherfüllung innerhalb angemessener Frist: Beseitigung des Mangels
5   durch Reparatur (Nachbesserung) oder Lieferung einer mangelfreien Ware (Ersatzlieferung).
- Wird die Nacherfüllung verweigert oder schlägt sie fehl: Rücktritt vom Vertrag (Rückgabe der Sache, 10 Erstattung des Kaufpreises) oder Minderung des Kaufpreises (Mangel nicht schwerwiegend).
- Schadensersatz, wenn z. B. durch die mangelhafte Sache ein Schaden 15 entstanden ist.

§ 438 BGB regelt die Verjährungsfristen für den Verbrauchsgüterkauf. Danach gilt eine Frist von 2 Jahren, innerhalb derer die Ansprüche geltend gemacht werden müssen. Allerdings geht nach 6 Monaten die Beweislast vom Verkäufer auf den Käufer über (§ 476 BGB).

Beispiel für einen Rechtsmangel
An gestohlenen Gegenständen kann man kein Eigentum erwerben; verkauft also ein Dieb einen Gegenstand, dann ist dieser mit einem Rechtsmangel behaftet und der Käufer kann kein Eigentum daran erwerben. Er muss die Sache an den Bestohlenen zurückgeben und sich vom Dieb seinen entstandenen Schaden ersetzen lassen.

Sachmangel
Ein Sachmangel liegt vor, wenn eine Sache bei Übergabe nicht die vertraglich vereinbarte oder übliche Beschaffenheit hat oder sich nicht für die vertraglich vorausgesetzte oder gewöhnliche Verwendung eignet.

M10 Hannah und das neue Kleid

Hannah hat sich ein neues Kleid gekauft. Stolz zeigt sie es ihrer Freundin. Nach einer abfälligen Bemerkung über die Farbe gefällt Hannah das Kleid plötzlich nicht mehr. Kann sie es zum Händler zurückbringen? Kundenfreundliche Händler nehmen i. d. R. Ware innerhalb einer bestimmten Frist (meist 14 Tage) zurück, wenn sie nicht benutzt ist. Dies ist eine freiwillige Leistung, rechtlich verpflichtet sind die Händler dazu nicht. Meist erhält man gegen Vorlage des Kassenbons einen Gutschein über den Kaufpreis, manche Händler zahlen aber auch den Kaufpreis wieder aus. Bei reduzierter Ware ist der Umtausch oft ausgeschlossen.

M11 Rechte beim Onlinekauf

Da der Kunde das Produkt beim Kauf im Internet nur am Bildschirm sieht und es nicht konkret testen kann, räumt ihm der Gesetzgeber in § 355 BGB ein Widerrufs- und Rückgaberecht von 14 Tagen ein, ohne dass der Kunde einen bestimmten Grund dafür angeben muss. Dabei reicht es aber nicht aus, die Ware kommentarlos zurückzusenden. Eine eindeutige Erklärung, ist notwendig (z. B. „Hiermit widerrufe ich den Kauf des am 15.1.2018 bestellten Smartphones"). Wurde der Käufer bei der Bestellung nicht über sein Widerrufsrecht informiert, ist 12 Monate und 14 Tage nach Erhalt der Ware Zeit, um den Kauf rückgängig zu machen (§ 356 Abs. 3 BGB). Der Händler ist verpflichtet, den Kaufpreis zurückzuerstatten, sobald Sie die bestellte Ware nachweislich zurückgeschickt haben. Die Rücksendekosten muss der Käufer übernehmen, es sei denn, der Händler hätte sich bereit erklärt, diese Versandkosten zu übernehmen.

AUFGABEN

1. a) Fasse alle geäußerten Forderungen bzw. Argumente aus **M7** zusammen.
   b) Schreibe einen Brief an den Computerhändler, indem du ihm die rechtliche Problematik darlegst und ihn dazu aufforderst, entsprechend der gesetzlichen Regelungen zu handeln (**M7 – M9**).
2. Erkläre, wie sich das in **M10** beschriebene Umtauschrecht von den Rechten des Käufers bei Sachmängeln unterscheidet.
3. Arbeite aus **M11** die besonderen Rechte beim Onlinekauf heraus.

Betrüger im Internet – wie kann man sich schützen?

M12 Bildschirm an, Gehirn aus

Etwa 45 Millionen Menschen nutzen in Deutschland das Internet zum Einkauf. Ein Großteil davon besucht die Seiten bekannter Portale, wie ebay oder Amazon. Aber viele Computer-Nutzer werden im Internet verführt, belogen und betrogen – wenn sie nicht aufpassen. Ob Model-Casting, Ahnenforschung, Intelligenztest, Führerscheintest, Routenplaner oder Lehrstellensuche: Der Einfallsreichtum der Anbieter nimmt kein Ende. Hinter scheinbar kostenlosen Seiten oder Kleinanzeigen stecken im Kleingedruckten oft teure Dienste oder Abonnements mit mehrjähriger Laufzeit. „Bei manchen Käufern schaltet sich vor dem Bildschirm der gesunde Menschenverstand ab", sagt Jutta Gurkmann vom Bundesverband der Verbraucherzentralen.

M13 Betrug im Internet – die Fälle

Schwarz und verlockend schimmerte der Sportwagen auf dem Bild im Internet. Der 21-jährige Bernd war begeistert. Ein Anbieter hatte den neuen Audi TT ins Netz gestellt, für 6.000 Euro. Der Wagen müsse schnell verkauft werden, schrieb der Mann. Ihm stehe ein Scheidungsprozess bevor, er wolle verhindern, dass die künftige Ex-Frau das Auto bekomme. Wer als Erster den Betrag auf ein Konto in London überweise, erhalte den Zuschlag. Bernd leuchtete das ein und das Auto wollte er schon lange. Also überwies er 6.000 Euro. Er war nicht der einzige, der dem Unbekannten Geld überwies – das Fahrzeug erhielt aber keiner.

Fragwürdige Rechnungen verschickte das Internetportal „top-of-software.de" der Antassia GmbH. Die Masche war stets gleich: Naomi, 15, hatte auf der Seite nach kostenlosen Programmen wie „OpenOffice", „Adobe Flash Player" oder nach Virenschutzprogrammen gesucht. Nach mehreren Klicks kam sie zu einer Anmeldeseite. Neben einer Eingabemaske für persönliche Daten fand sich dort ein kaum erkennbarer Hinweis auf Kosten in Höhe von 96 Euro und eine Laufzeit von einem Jahr. In der Annahme, die geforderten Daten seien lediglich für den kostenlosen Download der Software nötig, übersah sie diese Klausel. Die Rechnung und auch die Mahnung vom Rechtsanwalt kamen per E-Mail.

Sogenannte Live- und Cent-Auktionen sind der neueste Trend im Internet. Der entscheidende Unterschied zu üblichen Einkaufs- und Versteigerungsportalen wie etwa ebay: Während bei den Internet-Klassikern das Bieten kostenlos ist, kassieren die Neulinge für jedes Gebot ab: mal 10 Cent, meistens jedoch 50 Cent. So wurde der 18-jährige Sven zum Beispiel verführt, aufs angepeilte Produkt nicht nur einmal, sondern zehn- oder auch 100-mal zu steigern. Investiert hatte er 250 Euro – und ging dennoch leer aus.

M14 In die Falle getappt – welche Rechte hat man?

Was sagen Gerichte zum Versuch, Menschen mit Abo-Fallen und Vertragsfallen im Internet um ihr Geld zu bringen? Verträge können schriftlich, mündlich oder auch durch sogenanntes schlüssiges Verhalten (z. B. Einsteigen in ein Taxi) geschlossen werden. Im Internet können Verträge auch per E-Mail oder durch Anklicken von Buttons zustande kommen. Voraussetzung für einen gültigen Vertrag ist allerdings, dass der Empfänger die Erklärung als ein Vertragsangebot verstehen darf. Dazu muss der Anbieter eine Reihe von Informationspflichten erfüllen. Zum Beispiel müssen die Allgemeinen Geschäftsbedingungen gut einsehbar sein. Im Streitfall muss der Dienste-Anbieter den Abschluss eines Vertrages beweisen. Wenn er auf seiner Seite nur versteckt auf die Kostenpflicht hingewiesen, ansonsten aber mehrfach mit „gratis" geworben hat, darf er nicht davon ausgehen, dass der Verbraucher mit der Anmeldung ein kostenpflichtiges Abo eingehen wollte. So hat das Amtsgericht Gummersbach in einem Urteil klargestellt: „Es kann dem Verbraucher nicht zugemutet werden, versteckten Hinweisen auf eine Vergütungspflicht nachzugehen und erst nach Anklicken mehrerer Internetseiten das zu zahlende Entgelt, das immerhin einen Hauptbestandteil des Dienstvertrags darstellt, zu ermitteln. Die zu zahlende Vergütung muss vielmehr bereits bei Beginn des Registrierungsvorgangs klar und eindeutig erkennbar sein."

Heiko Rittelmeier, www.computerbetrug.de (12.1.2011)

M15 Tipps gegen Internetabzocker

Du bekommst zunächst Rechnungen und Mahnungen. Zahlst du nicht, erhältst du Post von einem Inkassounternehmen, manchmal auch von Anwälten. Darin wird dir mit einer Strafanzeige gedroht und du wirst bedrängt, die Kosten zu zahlen. Teilweise fügen Inkassounternehmen ihrer Zahlungsaufforderung einen auf dich zugeschnittenen Klageentwurf bei. Das soll dich verunsichern und einschüchtern. Vor Zwangsvollstreckungen brauchst du keine Angst zu haben. Voraussetzung hierfür ist ein sogenannter Titel (Urteil, Mahnbescheid) und diesen haben die Abzocker in der Regel nicht. Wichtig! Unterschreibe nie eine Ratenzahlung, auch nicht verbunden mit einem Schuldanerkenntnis. Wirf weder Mahnungen, die per Mail kommen, noch Briefe weg. Wende dich an deine Verbraucherzentrale oder einen Anwalt.

Kathrin Körber, Tipps gegen Internetabzocker, Verbraucherzentrale Niedersachsen e. V., o. J. (gekürzt)

AUFGABEN

1. „Bei manchen Käufern schaltet sich vor dem Bildschirm der gesunde Menschenverstand ab." – Erkläre, warum Konsumenten im Internet so sorglos einkaufen (**M12**).
2. Bildet Beraterteams und beratet Bernd, Naomi und Sven hinsichtlich der Rechtslage (**M13**, **M14**).
3. Entwickelt allgemeine Verhaltensregeln für einen sicheren Umgang mit dem Internet und gestaltet damit eine Broschüre für Verbraucher (**M15**).

WAS WIR WISSEN

König Kunde
M1, M2

Das Leitbild vom Kunden als König sieht den Verbraucher mit der Freiheit ausgestattet, das für ihn beste Produkt auswählen zu können. Mit seiner „Stimmabgabe" kann er die Produktion in seinem Sinne lenken. Voraussetzungen für diese Souveränität und Macht der Konsumenten sind, dass der Verbraucher nach dem ökonomischen Prinzip handelt, dass er eine vollständige Übersicht über den Markt hat (Markttransparenz) und eine Konkurrenzsituation der Anbieter besteht. In der Wirklichkeit sind diese Voraussetzungen jedoch nur selten gegeben. Die Warenvielfalt, mannigfaltige Produktmerkmale, die unterschiedliche Qualität der Produkte und immer ausgefeiltere Manipulationstechniken der Werbestrategen erschweren eine rationale Kaufentscheidung.

Verbraucherschutz
M3 – M6

Mit Verbraucherpolitik bezeichnet man alle politischen und verbandlichen Aktivitäten und rechtlichen Maßnahmen, die dazu dienen, die Marktposition der Konsumenten gegenüber den Produzenten, Händlern und Dienstleistungsanbietern zu verbessern. So stärken eine Fülle rechtlicher Regelungen die Stellung des Verbrauchers gegenüber den Herstellern (z. B. Gewährleistungsrecht, Fernabsatzgesetz, Kennzeichnungspflichten).
Eine Vielzahl ergänzender Produktinformationen soll den Konsumenten eine überlegte Kaufentscheidung unabhängig von einseitigen Anbieterinformationen ermöglichen. Wichtige Informationsquellen sind z. B. Verbraucherberatungsstellen, Warentest-Organisationen, Produktsiegel uvm.

Rechte des Käufers
M8 – M11,
M14, M15

Täglich werden zahllose Kaufverträge geschlossen. Ein Kaufvertrag begründet Rechte und Pflichten für den Verkäufer (Übereignung der mangelfreien Sache) und den Käufer (Zahlung des Kaufpreises). Liegt ein Sachmangel vor, so hat der Käufer innerhalb von zwei Jahren Anspruch auf Nacherfüllung, d. h. er erhält nach seiner Wahl entweder eine neue, mangelfreie Ware (Ersatzlieferung) oder die Sache wird repariert (Nachbesserung). Schlägt die Nacherfüllung fehl, so kann der Käufer bei erheblichen Mängeln vom Vertrag zurücktreten. Bei einem unerheblichen Mangel ist auch eine Minderung des Kaufpreises möglich.

WAS WIR KÖNNEN

Simulation einer Kaufhandlung

Bei einer bewussten und überlegten Kaufentscheidung sind viele Kriterien zu beachten. Mithilfe einer Tabelle (Entscheidungsmatrix) können die Motive für die Wahl eines bestimmten Produkts besser verdeutlicht werden. Dazu müssen zunächst die für die Entscheidung bedeutsamen Kriterien ausgewählt werden (z. B. Preis, Qualität, Umweltverträglichkeit …). Für jedes Produkt sind allerdings andere Kriterien wichtig. Für jede Alternative (Produkt A, Produkt B, Produkt C …) gibt es eine Spalte in der Tabelle. In die Spalte einer Alternative wird bei jeder Merkmalsausprägung die Bewertung mit Punkten (von 1 bis 5) eingetragen, wobei 1 die schlechteste, 5 die beste Bewertung ist. Anschließend werden die Bewertungen der Kriterien jeder Alternative addiert. Am besten schneidet die Alternative mit der höchsten Summe der Bewertungen ab. Zur Vertiefung: Die einzelnen Kriterien können zusätzlich gewichtet werden. Dabei werden jedem Kriterium Prozentzahlen (z. B. Preis = 30 %) zugewiesen und mit den Bewertungen multipliziert. Die Summe der Gewichtungen muss 100 % betragen.

Beispiel für eine einfache Matrix:

	MP3-Player A	MP3-Player B	MP3-Player C
Preis	5	3	3
Display	5	4	2
Design/Marke	4	3	5
Speicher	3	5	1
Akkulaufzeit	3	2	2
Summe	20	17	13

Beispiel für eine Gewichtung:

Mia hat viel Geld und viele Lieder. Sie gewichtet ihre Kriterien so: Preis 10 %, Display 10 %, Design 20 %, Speicher 40 %, Akku 20 %. Für sie wäre mit 370 Punkten Player B die Wahl.

Aufgaben

1. Erstellt in Gruppen für ein Produkt eurer Wahl eine Entscheidungsmatrix.
2. Begründet eure Auswahl an Kriterien und die Vergabe der Bewertungen.
3. Stellt eure Entscheidung in der Klasse vor.

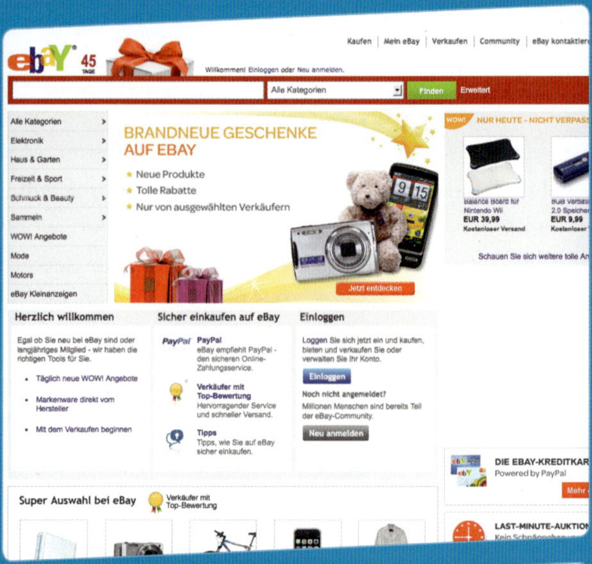
ebay
Kaufen
Mein eBay
Verkaufen
Community
Alle Kategorien
Finden
Erweitert
Alle Kategorien
Elektronik
Haus & Garten
Freizeit & Sport
Schmuck & Beauty
Sammeln
WOW! Angebote
Mode
Motors
eBay Kleinanzeigen
BRANDNEUE GESCHENKE AUF EBAY
Neue Produkte
Tolle Rabatte
Nur von ausgewählten Verkäufern
Jetzt entdecken
Herzlich willkommen
Sicher einkaufen auf eBay
Einloggen
PayPal
Verkäufer mit Top-Bewertung
Tipps
Einloggen
Noch nicht angemeldet?
Neu anmelden
Super Auswahl bei eBay
DIE EBAY-KREDITKAR
Powered by PayPal
LAST-MINUTE-AUKTIO

vodafone
Service
Hier ist alles drin: Mobilfunk, Festnetz, Internet und HD-TV in einem
vodafone

Unternehmen im Wirtschaftsgeschehen

Warum gibt es T-Shirts für drei Euro und T-Shirts für 100 Euro? Und warum werden überhaupt T-Shirts hergestellt? Unternehmer entdecken Marktlücken und bieten Produkte an, die die Kunden wollen. Aber wir funktioniert ein Unternehmen? Welche Schritte müssen beachtet werden, um von der Idee bis zum fertigen Produkt zu gelangen?

KOMPETENZEN

Am Ende des Kapitels solltet ihr Folgendes können:
- Erfolgsfaktoren für eine Unternehmensgründung nennen
- betriebliche Grundfunktionen erläutern
- unterschiedliche Unternehmensziele voneinander unterscheiden
- ein Unternehmensziel am Beispiel eines Unternehmensleitbildes erläutern

WAS WISST UND KÖNNT IHR SCHON?

Ordnet die folgenden Begriffe den Bildern zu und begründet eure Auswahl: Wettbewerb, Preisbildung, Markt, Angebot, Nachfrage, Produktion, Konsum. Einem Bild können mehrere Begriffe zugeordnet werden.

Wie wird man Existenzgründer?

M1 Junge Gründer

Hugo: „Hallo Rudi, gut, dass ich dich treffe. Vielleicht hast du es ja schon gehört, ich habe die Idee, ein Geschäft für Fahrradreparaturen zu eröffnen. Da gibt es viel zu tun, und ich dachte, vielleicht könnten wir uns zusammentun?"

Rudi: „Mensch, das ist ja toll. Das wusste ich noch gar nicht. Hast du dir das auch gut überlegt? So als Selbständiger hat man ja doch viel zu tun."

Hugo: „Ja, das stimmt schon. Aber ich möchte doch ganz gerne mein eigener Chef sein. Und vor allem: Ich möchte gerne, dass so richtig Knete rüberkommt."

Rudi: „Und wo willst du das Geschäft aufmachen?"

Hugo: „Och, da hatte ich wirklich Glück mit den Geschäftsräumen. Die liegen ganz dicht bei meiner Wohnung, in der Goethestraße."

Rudi: „Was, da redest du von Glück? In der Straße gibt es doch schon längst ein Fahrradgeschäft. Das bedeutet doch Konkurrenz für dich. Und außerdem ist das doch auch ziemlich weit ab vom Schuss. Meinst du etwa, dass da überhaupt genug Kunden hinfinden, wenn es so weit weg ist?"

Hugo: „Einerseits hast du Recht. Aber auf der anderen Seite: Ich habe schon viele Leute klagen hören, dass die dort nur am Verkaufen interessiert sind. Wenn's danach Probleme mit dem Rad gibt, wird der Kunde eher im Stich gelassen. Ich sehe da also durchaus eine Chance."

Rudi: „Hm, stimmt auch wieder. Ich sehe, du hast dir schon deine Gedanken gemacht. Aber bevor ich mitmache, müssen wir doch noch ein paar Dinge klären. Zum Beispiel: Wie kommen wir denn zu unserem Material? Das kostet doch auch etwas. Woher sollen wir das Geld nehmen? Und wie teilen wir es zwischen uns auf, wenn wir überhaupt einen Gewinn machen?"

Hugo: „Jetzt sei mal nicht zu ängstlich. Schließlich ist doch dein Vater bei der Bank. Der kann uns bestimmt Tipps geben, wie wir geschickt an das nötige Startkapital kommen können. Außerdem habe ich ja auch etwas gespart ..."

Rudi: „Gut, gut. Aber so hundertprozentig bin ich noch nicht überzeugt: Dürfen wir das denn überhaupt, so mir nichts dir nichts ein Geschäft aufmachen? Wen können wir denn da fragen?"

Nach einer Idee des Instituts für Ökonomische Bildung, Oldenburg

M2 Erfolgsfaktoren für Existenzgründer

Persönliche Voraussetzungen
Bereitschaft, 50 – 60 Stunden in der Woche zu arbeiten und zunächst auf Freizeit und Urlaub zu verzichten; Optimismus, Weitblick und den Glauben an sich selbst.

Erfolgversprechende Geschäftsidee
Die Geschäftsidee muss eigene Stärken und Schwächen berücksichtigen und die Markt- und Konkurrenzsituation im Auge behalten. Entscheidend ist die Orientierung an den Kundenwünschen.

Unternehmenskonzept
Das Unternehmenskonzept zeigt bereits im Vorfeld, wo Stärken und Schwächen der geplanten Existenzgründung liegen. Erfolgreiche Gründer passen deshalb die Planungen laufend den neuesten Entwicklungen an.

Finanz- und Liquiditätsplanung
Die Einnahmen und Ausgaben des Betriebes müssen sorgfältig geplant und permanent überwacht werden. Zu berücksichtigen ist eine entsprechende Anlaufphase, so kann auf finanzielle Engpässe schnell reagiert werden.

Marketing
Sie kennen Ihren Markt, die Konkurrenz und die Wünsche Ihrer Kunden. Sie haben eine klare Preispolitik und wissen, wie Sie das Interesse Ihrer Kunden wecken können.

Erkennen von Marktlücken
Auch in traditionellen und gesättigten Märkten können Marktnischen aufgespürt werden. Freundlicher Umgang mit Kunden, gute Beratung und ein umfangreiches Serviceangebot sind letztlich auch Marktnischen und Erfolgsfaktoren für viele Existenzgründer.

Personal
Ein Betrieb braucht motivierte Mitarbeiter. Erfolgsfaktoren sind deshalb: regelmäßige Informationen an die Mitarbeiter, Delegation von Aufgaben und eine an der Leistung orientierte Bezahlung.

Nach: Handwerkskammer Region Stuttgart, o. J.

Unternehmen
sind rechtliche Wirtschaftseinheiten zur Produktion von Gütern oder Erbringung von Dienstleistungen. Sie können aus mehreren Betrieben bestehen.
Beispiel: Daimler Aktiengesellschaft, Zentrale in Stuttgart.

Betriebe
sind die an einen Standort gebundenen Teile eines Unternehmens.
Beispiel: Betriebe der Daimler AG in Deutschland, wie z. B. die Werke in Bremen, Rastatt und Sindelfingen.

AUFGABEN

1. Bildet Zweiergruppen in der Klasse und führt den Dialog aus **M1** fort. Wendet dabei die Erfolgsfaktoren aus **M2** für Existenzgründer an.
2. Fasst eure Ergebnisse aus Aufgabe 1 in einer Mindmap zusammen.
3. Beurteilt abschließend die Erfolgschancen von Hugos Fahrradladen, indem ihr Chancen und Risiken gegenüberstellt.
4. Unter http://www.fuer-gruender.de/wissen/geschaeftsidee-finden/geschaeftsidee-beispiele/ findet sich eine Datenbank für Geschäftsideen. Wähle eine Idee aus und begründe, warum du sie für überzeugend hältst.

Was braucht man zum Produzieren?

M3 Hugo und Rudi – was brauchen sie?

Hugo und Rudi wollen ihre Idee in die Tat umsetzen. Sie überlegen, was sie brauchen, damit ihr Fahrradgeschäft funktionieren kann. Zunächst brauchen die beiden einen Geschäftsraum, in dem sie die neuen Fahrräder ausstellen und vor den Augen des Kunden Fahrräder reparieren können. Dieser Geschäftsraum und eine alte Garage, die sie als Lager nutzen, sind der Standortboden, den Hugo und Rudi zur Produktion ihrer Dienstleistung dringend benötigen.

Daneben brauchen sie ein Telefon und eine Registrierkasse, außerdem Werkzeuge und Einrichtungen, um die Fahrräder reparieren zu können. Diese Dinge stellen ihr Sachkapital dar. Um dieses Sachkapital zu erwerben und außerdem die Fahrräder beim Großhändler einkaufen zu können, müssen Hugo und Rudi ihr erspartes Geld und einen Kredit von der Bank verwenden. Sie brauchen also Geldkapital.

Entscheidend für den wirtschaftlichen Erfolg der beiden ist neben dem Kapital natürlich ihre Arbeitskraft. Dazu gehören eine Vielzahl von Fähigkeiten, z. B. die höfliche und zugewandte Art, mit den Kunden umzugehen, das handwerkliche Geschick, ein defektes Rad in kurzer Zeit zu reparieren usw. Arbeit, Boden und Kapital – ohne diese Produktionsfaktoren würde der Fahrradladen nicht existieren können.

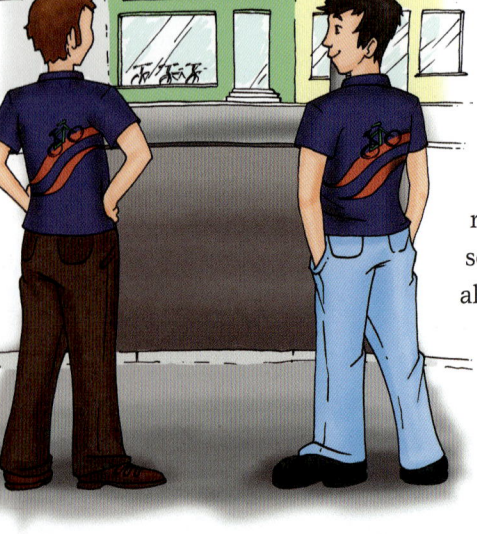

Hugo   *Rudi*

M4 Die Produktionsfaktoren

Bezieht man sich auf die Wirtschaft als Ganzes (Volkswirtschaft), so werden diese Produktionsfaktoren unterschieden:

Volkswirtschaftliche Produktionsfaktoren		
Arbeit	**Boden**	**Kapital**
– leitende Arbeit – ausführende Arbeit	– Anbauboden (Landwirtschaft) – Abbauboden (Rohstoffe) – Standortboden (für Betriebsstätten)	– Geldkapital (Kredit) – Sachkapital (Maschinen)

Bezieht man sich auf die Güterproduktion im Betrieb, so wird folgende Einteilung der Produktionsfaktoren vorgenommen:

Betriebswirtschaftliche Produktionsfaktoren			
Betriebsmittel,	**Werkstoffe**	**Arbeitsleistungen,**	**Informationen,**
die im Umsatzprozess genutzt, aber nicht verbraucht werden (z. B. Maschinen, Gebäude).	(Roh-, Hilfs-, Betriebsstoffe), Halb- und Fertigprodukte, die in das hergestellte Produkt eingehen.	d. h. die von Menschen im Unternehmen zu erbringenden Leistungen.	die für ein zielgerichtetes wirtschaftliches Handeln notwendig sind (z. B. über die Bedürfnisse der Konsumenten).

M5 Wie entsteht Kapital?

Robinson Crusoe wird als einziger Überlebender nach einem Schiffsunglück auf eine einsame, unbewohnte Insel verschlagen. Er verfügt
5 zunächst nur über die beiden Produktionsfaktoren Boden und Arbeit. Um seinen Lebensunterhalt zu sichern, fängt er Fische mit der Hand, eine Arbeit, die mithilfe eines Fang-
10 netzes ergiebiger wäre. Dies weiß er auf Grund seiner Lebenserfahrung. Deshalb beschließt er, eine Zeitlang weniger zu essen und einen Teil der Nahrungsmittel aufzubewahren, um
15 über sie verfügen zu können, wenn er seine Arbeitskraft zur Herstellung des Fangnetzes einsetzt. Volkswirtschaftlich entsteht durch die Herstellung des Fangnetzes ein Produktionsgut, es wird Realkapital gebildet. 20 Robinson Crusoe leistet vorübergehend Konsumverzicht (= Sparen), und verwendet die dadurch frei gewordenen Mittel (seine Arbeitszeit) für die Herstellung eines Produkti- 25 onsgutes (= Investieren = Kapitalbildung). Mithilfe des Netzes benötigt er zukünftig weniger Zeit um seine Fische zu fangen. Die gewonnene Zeit kann er nutzen, um zusätzliche Kon- 30 sum- oder Produktionsgüter herzustellen. Sein Lebensstandard steigt.

Hans-Jürgen Albers, u. a., Volkswirtschaftlehre, Haan-Gruiten 2013, 10. Auflage, S. 25

Realkapital
Produktionsausrüstung (= Sachkapital)

AUFGABEN

1. Überprüfe, welche betriebswirtschaftlichen Produktionsfaktoren Hugo und Rudi für ihren Fahrradladen benötigen und nenne jeweils ein Beispiel (**M3, M4**).
2. Boden und Arbeit werden als „ursprüngliche" Produktionsfaktoren bezeichnet. Erkläre, warum man Kapital auch als „abgeleiteten" Produktionsfaktor bezeichnet (**M5**).
3. In der betriebswirtschaftlichen und häufig auch volkswirtschaftlichen Einteilung werden Informationen als eigener Produktionsfaktor genannt. Erläutere, warum Informationen wichtig für die Produktion sind (**M3 – M5**).

Wie arbeitet ein Unternehmen?

M6 Das Beispiel einer Fahrradfabrik

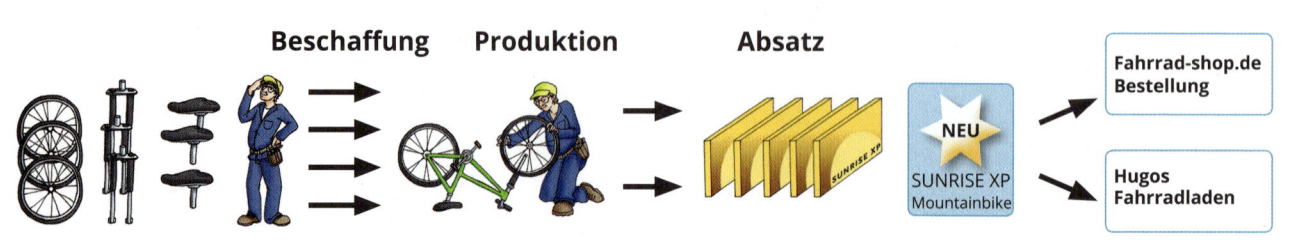

Beschaffung → Produktion → Absatz → Fahrrad-shop.de Bestellung / Hugos Fahrradladen (NEU SUNRISE XP Mountainbike)

Für die Produktion muss ein Betrieb die notwendigen Vorprodukte, Arbeitskräfte und Betriebsmittel beschaffen. Erst dann kann damit ein
5 neues Produkt erstellt werden. Dieses wird auf dem Markt verkauft. Mit dem eingenommenen Geld wird die weitere Produktion finanziert. Werfen wir einen Blick in eine Fahr-
10 radfabrik:
Für die Fertigung von Fahrrädern muss eine große Anzahl an Teilen zugekauft, das heißt beschafft, werden: Schwerpunkte sind Gabeln sowie
15 Lenker, Sattel, Rahmenrohre, Felgenprofile, Reifen, Naben und Speichendraht. Außerdem werden die entsprechenden Maschinen benötigt, um die Teile zusammenzusetzen. Auch sind
20 Facharbeiter nötig, die die Maschinen bedienen und Teile montieren können. Probleme bei der **Beschaffung** können darin bestehen, dass benötigte Teile in unzureichender
25 Menge oder Qualität geliefert werden oder nur schwer zu beschaffen sind. Deshalb muss die Lagerhaltung entsprechend organisiert werden.
Produktion bedeutet die Herstel-
30 lung des Produkts Fahrrad. Der Produktionsprozess besteht in der Verbindung von Betriebsmitteln und Werkstoffen durch Arbeitskräf-te. Hier findet die eigentliche Wertschöpfung statt, denn hier entsteht 35 das neue Produkt. Der Produktionsprozess kann in einzelne Produktionsabschnitte zerlegt sein, die auf verschiedene Produktionsstätten verteilt sein können (zum Beispiel End- 40 montage, Rahmenbau, Laufradfertigung). Fertig montierte Fahrräder werden anschließend ins Fertigwarenlager überstellt. Dort werden sie zu Lieferungen zusammengestellt 45 und für den Versand an den Händler vorbereitet.
Die produzierten Güter, hier die Fahrräder, müssen am Markt verkauft werden. Die Fahrräder werden an re- 50 gionale Großabnehmer oder direkt an die Kunden verkauft. Hierfür betreibt die Fahrradfabrik eigene Marketingaktivitäten, um den **Absatz** zu steigern. Dazu gehören die Produkt- 55 gestaltung (Design, Qualität, Ausstattung), Werbung und Preisgestaltung. Ziel ist die Steigerung beziehungsweise Erhaltung der Attraktivität des Unternehmens, um bestehende Kunden 60 zu binden und neue Kunden zu gewinnen.
Übergeordnete Funktionen im Betrieb sind die **Leitung und Verwaltung** und die **Finanzierung** des Un- 65 ternehmens.

M7 Beschaffungs- und Absatzmarkt

Jedes Unternehmen ist von zwei Seiten mit dem Wirtschaftskreislauf verbunden, und zwar mit den Beschaffungs- und den Absatzmärkten.

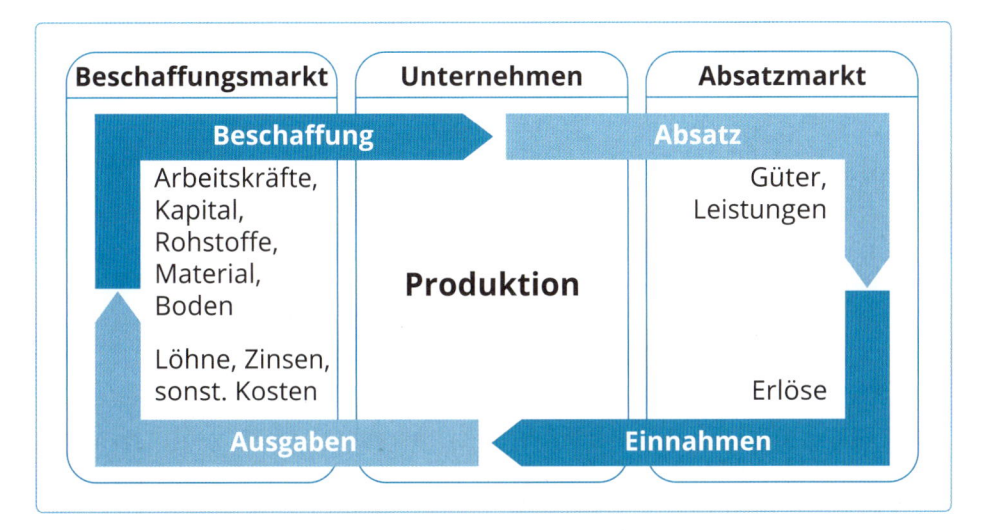

Beschaffungsmarkt	Unternehmen	Absatzmarkt
Beschaffung →		**Absatz**
Arbeitskräfte, Kapital, Rohstoffe, Material, Boden	**Produktion**	Güter, Leistungen
Löhne, Zinsen, sonst. Kosten		Erlöse
Ausgaben	←	**Einnahmen**

M8 Die moderne Fahrradproduktion

Das Fahrrad für Vitali Klitschko lehnt an der Wand eines kleinen Werkstattraums in Raubling bei Rosenheim. Was sofort auffällt, ist seine Größe. Doch das wirklich Besondere ist seine Bauart, die es so teuer werden lässt wie einen Kleinwagen. Es handelt sich um ein maßgefertigtes Mountainbike. Sein kolossaler Karbonrahmen wiegt kaum mehr als ein Profirennrad – und doch ist es dafür ausgelegt, den Körperkräften eines Zwei-Meter-Mannes standzuhalten [...]. Der gelernte Boxer ist inzwischen Bürgermeister von Kiew und als solcher zu beschäftigt, um sein Supervelo abzuholen. Im vorigen Sommer bestellte er das Individualmodell von Corratec, entworfen und hergestellt von Mauro Sannino, einem 70-jährigen Halbgott der Rahmenbauszene, seit elf Jahren im Dienst des oberbayerischen Fahrradproduzenten. [...] Die Preise der Raublinger Maßräder liegen bei bis zu 10.000 Euro [...]. Wenn [Deutschland] etwas gründlich aufgegeben hat, dann seine Fahrradindustrie. In nennenswerter Stückzahl kommen Zweiräder heute entweder komplett aus Asien, oder sie werden hierzulande nur noch zusammengebaut. [...] Lediglich bei zentralen Komponenten wie Bremsen, Schaltungen oder Dynamos ist ein Unternehmen aus einem Hochlohnindustrieland führend. Nur handelt es sich dabei nicht um Deutschland, sondern um Japan. Der Name des Unternehmens steht auf Bauteilen der allermeisten Fahrräder, die heute auf der Welt unterwegs sind. Als Shozo Shimano vor 47 Jahren dem Stuttgarter Kaufmann Paul Lange die Vertretung für Deutschland und Österreich übergab, bestand das Produktprogramm

Vitali Klitschko (geb. 1971), ehemaliger ukrainischer Profiboxer und aktueller Bürgermeister der Stadt Kiew

SRAM-„Torpedo"-Nabe; Angelehnt an die legendäre Sachs-Dreigang-Nabe, produziert SRAM eine umschaltbare Nabe.

der Japaner lediglich aus einem Nabengetriebe mit drei Gängen und einer Kettenschaltung mit vier Gängen. Damals beherrschte das altdeutsche Unternehmen Fichtel & Sachs noch den Markt der Standardräder, der italienische Komponentenhersteller Campagnolo den Rennzirkus. Heute umfasst das zentrale Hochregallager von Lange in Stuttgart Bad Cannstatt 9.000 Quadratmeter und reicht längst nicht mehr aus. Die Paul Lange & Co. OHG erweitert laufend den Hallenkomplex. Es ist das größte Shimano-Vertriebszentrum außerhalb Japans. Etwa zehn Millionen Teile gehen jährlich von hier aus in den Handel [...]. Und was ist aus Fichtel & Sachs geworden? Das Unternehmen war einst der Großmeister der Nabenschaltung, die Torpedo-Dreigang-Mechanik Grundausstattung von Radlergenerationen. Etwa 70 Millionen der fränkischen Schaltwerke wurden von 1924 an etwa 70 Jahre lang gebaut. Shimano beendete die Torpedo-Ära Mitte der Neunziger mit einem Volltreffer: Ein geschmeidiges Siebenganggetriebe namens Nexus setzte fortan den Standard. Fichtel & Sachs hatte bereits das Interesse am Fahrradgeschäft verloren und die Sparte abgestoßen. Sie landete 1997 bei dem Unternehmen SRAM aus Chicago [...]. Unter anderem ließ SRAM am Sachs-Standort Schweinfurt eine neue Fabrik für Nabenschaltungen errichten. Doch die Shimano-Modelle waren meist billiger und besser. Vor vier Jahren verlagerte SRAM die Produktion nach Asien. In Schweinfurt verblieb allein die Entwicklungsabteilung. Etwa 80 Ingenieure, die ihre Ideen an die Fabriken in Fernost kabeln, sind die letzten Statthalter des fränkischen Torpedo-Mythos. Entwicklungschef Bernhard Johanni [...] hat noch bei Sachs angefangen. Mit seinen Leuten hat er für SRAM unter anderem eine neue Nabengeneration entwickelt, die sauber schaltet. Besonders stolz ist er auf seine jüngste Innovation bei Kettenschaltungen: einen hinteren Zahnkranz mit elf Übersetzungen, aus einem Stück gefräst und extrem leicht. Johanni hält das Ding feierlich hoch und blickt durch das löchrige Gebilde. Es sieht ein bisschen aus wie eine Kunstschnitzerei. [...] Eine weitere Hightechfirma, die im Fahrradbau eine Nische gefunden hat, befindet sich am Nordrand von Kassel. Das Unternehmen von Bernhard Rohloff fertigt die nach ihm benannte 14-Gang-Nabenschaltung, die als beste der Welt gilt. Shimano persönlich soll auf einer Fahrradmesse gefragt haben: „Herr Rohloff, wie machen Sie das?" Das patentgeschützte Zahnräderwerk zählt zu den Mirakeln der jüngeren Fahrradmechanik. Rohloffs Nabengetriebe deckt ein Übersetzungsspektrum ab wie die Kettenschaltungen von Profis, hält enormen Drehmomenten stand und wiegt mit 1,7 Kilogramm ein Pfund weniger als eine Achtgangnabe von SRAM. [...] Die Firma [...] ist ein mikroskopisches Muster, wie Fahrradindustrie in Deutschland noch funktionieren kann: als Entwicklungslabor für Serienprodukte, die später in Fernost hergestellt werden – und gleichzeitig als Produzent von Luxusgütern made in Germany.

Christina Wüst, Zauber der Pedalkraft, in: Der Spiegel, 28/2014, 7.7.2014

M9 Absatz: der Marketing-Mix

Ein Unternehmen muss nicht nur gute Produkte herstellen, es muss sie auch verkaufen. Die Marketingmaßnahmen, die dem Konsumenten am meisten auffallen, stammen aus dem Bereich der Werbung. Tatsächlich sind es aber sehr vielfältige Maßnahmen, die das Unternehmen einsetzt, um seine Kunden zu erreichen. Diese Maßnahmen werden oft in vier Bereiche eingeteilt – entsprechend der englischen Bezeichnungen in die „4 P" des Marketing. In allen vier Bereichen sind zahlreiche Entscheidungen zu treffen, die auch für die anderen Bereiche relevant sind. Es würde keinen Sinn machen, nur eine dieser Maßnahmen einzusetzen, z. B. nur auf eine aufwändige Fernsehwerbung zu vertrauen, ohne diese durch andere Maßnahmen zu unterstützen, wie z. B. eine entsprechende Produktgestaltung. Da diese Maßnahmen gut aufeinander abgestimmt – also gut „gemischt" – sein müssen, spricht man auch vom „Marketing-Mix". Bei allen Maßnahmen ist die erwartete Wirkung mit den durch die Maßnahme verursachten Kosten in Bezug zu setzen. Entscheidend für die Wirkung einer Marketingmaßnahme ist unter anderem, ob es ihr gelingt, die richtige Zielgruppe anzusprechen. Dies ist besonders wichtig bei Produkten, die für jugendliche Konsumenten bestimmt sind.

P Product
Produktpolitik
Wie wird das Produkt gestaltet? (Design, Funktionen etc.)
Wie ist die Verpackung gestaltet?
Ist das Produkt in ein Sortiment eingebettet („Marke")?
Welcher Produktname ist geeignet?

P Place
Distributionspolitik
Wie gelangt das Produkt zum Kunden? (Vertrieb über Einzelhandel, Großhandel, Internet, Vertreter, ...)
Wie wird das Ladenlokal gestaltet?

P Price
Konditionenpolitik
Wie hoch ist der Preis?
(Anpassung an die Konkurrenz, Deckung der Stückkosten)
Gibt es Sonderpreise für bestimmte Kundengruppen?
Wie werden Rabatte gestaltet?

P Promotion
Kommunikationspolitik
Welches Werbekonzept verspricht am meisten Erfolg (Medien, Botschaft, Budget)
Wie kann das Image des Unternehmens verbessert werden?
(Public Relations, z. B. Sponsoring, Zusammenarbeit mit Schulen)

Marketing-Mix

AUFGABEN

1. Beschreibe für ein Fahrradgeschäft, welche Schwierigkeiten in den Bereichen Beschaffung, Produktion und Absatz auftreten könnten (**M6**, **M7**).
2. Gib wieder, wie der weltweite Fahrradmarkt heute organisiert ist und was das für den Produktionsstandort Deutschland bedeutet (**M8**).
3. Bildet Gruppen. Sucht euch aus **M9** ein Marketinginstrument aus und entwickelt für einen Fahrradladen eine geeignete Maßnahme aus einem der Bereiche.

F ZU AUFGABE 3
Entwickelt eine weitere Maßnahme aus einem anderen Bereich.

Profit als einziges Unternehmensziel?

M10 Welche Ziele sollte ein Unternehmen verfolgen?

Erich Harsch (Vorsitzender der dm-Geschäftsführung): „Unser Ziel heißt Entwicklung, [...] Wachstum ist dann möglicherweise die Folge. [...] Es geht nicht darum, den Gewinn zu maximieren, sondern den Kundennutzen."

Erich Harsch

Milton Friedman (Wirtschaftsnobelpreisträger): „Die einzige soziale Verantwortung des Unternehmens ist es, seine Gewinne zu steigern."

Erich Harsch im Interview mit Bernd Freytag, www.faz.net, 15.4.2011 und New York Times Magazine, 09/1970

Milton Friedman

M11 Die Ziele des Unternehmens

Die unterschiedlichsten Gruppen, zu denen die Unternehmenseigentümer, die Manager, die Arbeitnehmer, die Lieferanten, die Kunden und die Konkurrenten, die Fremdkapitalgeber, aber auch der Staat und die Öffentlichkeit zählen, tragen ihre Interessen und Erwartungen an die Unternehmen heran. Während die Eigentümer und Kapitalgeber an einem möglichst hohen Gewinn und damit an einer möglichst hohen Verzinsung ihres eingesetzten Kapitals interessiert sind, strebt das Management gegebenenfalls nach mehr Macht und einer Ausweitung seiner Gestaltungsspielräume. Die Mitarbeiter sind vor allem an einer sicheren und leistungsbezogenen Entlohnung sowie an guten Arbeitsbedingungen interessiert. Die Kunden erwarten qualitativ hochwertige Produkte zu möglichst günstigen Preisen. Der Staat und die Öffentlichkeit hoffen auf die Erhaltung oder Schaffung von Arbeitsplätzen und ein hohes Steueraufkommen. Diese unterschiedlichen Erwartungen und Interessen gilt es, in Einklang zu bringen. Die Unternehmensziele dienen dabei als Orientierungsgrundlage für alle unternehmerischen Entscheidungen.

M12 Unternehmensleitbild – das Beispiel der Drogeriekette dm

„So wie ich mit meinen Mitarbeitern umgehe, so gehen sie mit den Kunden um." Diese einfache [...] Erkenntnis liegt der Arbeitsgemeinschaft dm-drogerie markt zugrunde. Sie beinhaltet die ständige Herausforderung, das Unternehmen so zu gestalten, dass die Konsumbedürfnisse der Kunden veredelt werden, die zusammenarbeitenden Menschen Entwicklungsmöglichkeiten erhalten und dm als Gemeinschaft vorbildlich in seinem Umfeld wirkt. Dazu ist es erforderlich, die Eigentümlichkeit jedes Menschen anzuerkennen und mit den individuellen Wesenszügen der Beteiligten umzugehen.

dm-Kundengrundsätze

Wir wollen uns beim Konsumenten – dem Wettbewerb gegenüber – mit allen geeigneten Marketinginstrumenten profilieren, um eine bewusst einkaufende Stammkundschaft zu gewinnen, deren Bedürfnisse wir mit unserem Waren-, Produkt- und Dienstleistungsangebot veredeln.

Sich die Probleme des Konsumenten zu Eigen machen

dm-Mitarbeitergrundsätze

Wir wollen allen Mitarbeitern helfen, Umfang und Struktur unseres Unternehmens zu erkennen und jedem die Gewissheit geben, in seiner Aufgabe objektiv wahrgenommen zu werden.

Transparenz und Geradlinigkeit

Wir wollen allen Mitarbeitern die Möglichkeit geben, gemeinsam voneinander zu lernen, einander als Menschen zu begegnen, die Individualität des anderen anzuerkennen, um die Voraussetzungen zu schaffen, sich selbst zu erkennen und entwickeln zu wollen und sich mit den gestellten Aufgaben verbinden zu können.

Bereitschaft zur Zusammenarbeit in Gruppen

dm-Partnergrundsätze

Wir wollen mit unseren Partnern eine langfristige, zuverlässige und faire Zusammenarbeit pflegen, damit für sie erkennbar wird, dass wir ein Partner sind, mit dem sie ihre Zielsetzungen verwirklichen können.

Erkennen seines Wesens; Anerkennen seiner Eigentümlichkeit

Nach: © www.dm.de, Grundsätze: Einander begegnen und voneinander lernen, www.dm.de (23.2.2016)

> „dm beliebtester Händler der Bundesbürger!"
>
> Studie der Unternehmensberatung OC&C (Proposition Index 2013)

M13 Eine Dimension mehr

Im Januar 2012 meldete Schlecker, Langzeit-Champion der Drogerieketten, Insolvenz an. Der Konkurrent dm steht blendend da. Warum?

Die Preise

Die kleinteilige Filialstruktur erhöhte die Stückkosten, und so schnitt Schlecker im Preisvergleich mit dm [...] regelmäßig schlecht ab. Konkurrenzfähig waren bei Schlecker allenfalls Sonderangebote, die zusätzliche Kunden in die Märkte locken sollten. Ähnlich wie die großen Elektronikmarkt-Ketten behauptete Schlecker nur, billig zu sein. De facto konnten die Kostenoptimierer beim Preis nicht mithalten. Die Rechnung ging für Schlecker nur so lange auf, wie seine Kunden noch die Preise der alten, familiengeführten Drogerien im Hinterkopf hatten. Seit Jahren aber vergleichen die Verbraucher eher mit Supermärkten wie [...] Aldi – oder eben mit dm [...].

Lange Jahre warb dm mit dem Slogan „Große Marken, kleine Preise" und erhob damit von Anfang an den Anspruch, [...] billiger als die Konkurrenz zu sein. Dabei griff der Drogerie-Discounter in den Anfangsjahren auch auf handelsübliche Methoden wie Rabattaktionen oder Lockvogel-Angebote zurück. Ende der Achtzigerjahre wurde die Strategie geändert. Götz Werner spricht von der Entdeckung der „vierten Dimension". Zu den üblichen drei Dimensionen – die richtige Ware zum richtigen Preis am richtigen

Ort – kam ein weicher Faktor. Werner baute die konsumkritische Haltung der Öko- und Friedensbewegung in sein Geschäftsmodell ein. Der Slogan hieß fortan: „Hier bin ich Mensch, hier kauf ich ein." So wurde dm zu einem der ersten Unternehmen, die sich durch einen moralischen Mehrwert vom Wettbewerb absetzen wollen – allerdings ohne dabei den Anspruch auf Preisführerschaft aufzugeben.

Die praktische Schlussfolgerung war: Schluss mit den üblichen Mätzchen, die aufgeklärte Verbraucher als unehrlich empfinden – dm führte den sog. Dauertiefpreis ein. Die selbst gesetzte Regel lautete, dass ein Preis vier Monate nicht erhöht werden darf. Damit fällt die Option weg, laufend mit Preissenkungen zu werben, die in Wahrheit keine sind. Im Wettbewerb gegen Schlecker scheint diese Strategie aufgegangen zu sein. […]

Die Filialen

Ein Besuch in den meisten Schlecker-Filialen ist wie eine Zeitreise in die Anfänge des Hard-Discounts. Grobe Metallregale säumen enge Gänge. Das Mobiliar hat oft Gebrauchsspuren aus mehreren Jahrzehnten. Bildet sich vorn eine Schlange, wirkt gleich der halbe Laden wie lahmgelegt. Zwar wurden in den Monaten vor der Insolvenz einige Hundert Filialen modernisiert. Doch dieses Umdenken kam zu spät […]. Möglichst viel Ware auf kleinem Raum ist ebenso out wie ein ausgedünntes Sortiment. […] dm hat besonders seit Ende der Achtzigerjahre kontinuierlich daran gearbeitet, dass sich die Kunden in den Filialen wohlfühlen. Weniger ist wie so oft mehr. Regale stehen häufig schräg. Das ist zwar von der Raumaufteilung nicht ganz so effektiv, macht den Raum aber übersichtlicher und verkürzt Laufwege. Eine Vorgabe für die Innenarchitekten lautet: Jeder Gang muss so breit sein, dass zwei Kinderwagen aneinander vorbeikommen. Lichtdesigner komponieren Effekte, die an Wellness-Einrichtungen erinnern. […]. Aus Kundensicht resultiert aus der Größe ein weiterer Vorteil: Selbst bei gleichem Personalschlüssel findet sich in einer dm-Filiale fast immer eine Verkäuferin oder ein Verkäufer mit Zeit für Beratung.

Schlecker-Filialen sind oft nur mit einer Person besetzt. Sitzt sie gerade nicht an der Kasse, muss sie Regale auffüllen. Wünscht ein Kunde Beratung, wartet oft schon jemand an der Kasse.

Thomas Ramge, Eine Dimension mehr, in: Brandeins Wirtschaftsmagazin 4/2012, S. 100 – 105

F ZU AUFGABE 1
Überlegt, welche weiteren Ziele ein Unternehmen haben sollte und sortiert diese anschließend nach Wichtigkeit (z. B. mithilfe einer Punktabfrage).

Radialdiagramm

AUFGABEN

1. Stellt ausgehend von den Aussagen in **M10** dar, welche Ziele ein Unternehmen haben sollte.
2. Entwirf ein Radialdiagramm, welches darstellt, welche Gruppen am Unternehmen interessiert sind. Formuliere auf den Ästen die einzelnen Interessen (**M11**).
3. Analysiere das Leitbild deiner Schule auf wichtige Ziele hin und vergleiche sie mit den Zielen des Unternehmens dm (**M12**).
4. Arbeite die unterschiedlichen Leitbilder von Schlecker und dm heraus und ergänze so deine Ergebnisse aus Aufgabe 3 (**M13**).
5. Entwickle je eine Frage an die Geschäftsführer (**M13**).

Nachhaltigkeit als Unternehmensziel?

M14 Vom Kokon zum fairen Nachthemd

Der grüne Hügel duftet nach blühenden Sträuchern und Kräutern. Eine kleine Herde brauner Kühe wandert durch einen Wald aus 700.000 Maulbeerbäumen, der hier seit 1996 gepflanzt wurde: Seidenraupen lieben Maulbeerblätter. Gesetzt wurden auch 5.000 Obst- und andere Bäume, die Nistplätze und Beschattung bieten – und eine spürbare Verbesserung der Boden-, Wasser- und Luftqualität brachten. „Saba" heißt das Paradies auf 70 Hektar. Die weltweit erste Farm zur Herstellung biodynamischer Seide liegt 150 Kilometer nördlich der boomenden 14-Millionen-Metropole Chengdu.

„Auf dem Hügel war ja nichts", erinnert sich Julius Obermaier, 78. Der Berater in Sachen biologisch-dynamischer Landwirtschaft reist seit vielen Jahren rund um die Welt und leistet lokalen Demeter-Projekten Geburtshilfe. In China war es Mitte der 1990er-Jahre soweit. Auf Anfrage des Schweizer Unternehmens Alkena – bis zu einem Eigentümerwechsel kürzlich Namensgeber der Seidenraupenfarm und des Konfektionsbetriebs – kam der Experte vom badischen Salem in die chinesische Provinz Sichuan. Heute werden auf der Saba-Farm im Lauf eines Jahres fünf Millionen Kokons gewonnen – jeder Kokon gibt mehr als einen Kilometer hauchdünnen Seidenfaden. Vor dem Verpuppen futtern die Seidenraupen insgesamt 900.000 Kilogramm Maulbeerblätter. Auf der Seidenraupenfarm arbeiten ganzjährig sechs Mitarbeiter und saisonal bis zu 200 Menschen aus der Region. Für Obermaier ist Saba längst „ein Projekt, das landesweit Ausstrahlung hat". „Das ist der organische Kompost, und hier stellen wir die Präparate her", sagt Betriebsleiter Zhao Xing-Yuan beim Rundgang. An die Zeit mit Julius Obermaier erinnert sich der 40-Jährige noch gut. 2004 war der Chinese dann auf Gegenbesuch in Deutschland, lernte auf einem Demeter-Hof am Bodensee, wie biologisch-dynamische Landwirtschaft funktioniert. Mit dem Kieselpräparat 501 wird die Pflanzenphysiologie verbessert, erklärt er. Gesunde Maulbeerblätter sind eine wichtige Voraussetzung für besonders reißfeste Seide. Die wird gesponnen, dann gestrickt oder gewoben, gefärbt und schließlich in der Saba-Mutterfirma Otex („Organic Textiles") in Chengdu konfektioniert.

Der 1996 als Joint Venture von Alkena gegründete Betrieb produziert heute außer für Rösch noch für die Freiburger Triaz-Gruppe (Waschbär). Die Tübinger Modemacher lassen bei Otex Seidennachthemden für ihre edle Lizenzmarke Féraud fertigen – und seit neuestem auch eine eigene Rösch-Kollektion: Nachtwäsche aus Bio-Seide, zertifiziert mit dem weltweit anerkannten GOTS-Siegel. Der „Global Organic Textile Standard" gilt als führend bei der ökologisch und sozial verantwortlichen Verarbeitung von Textilien.

„Der Erfolg von Otex und der Saba-

Nachhaltigkeit
Nachhaltigkeit bedeutet, von der Natur nur so viel zu verbrauchen, wie auf natürliche Weise nachwachsen kann. Mittlerweile hat sich das Nachhaltigkeitsdreieck als Sinnbild für Nachhaltigkeit durchgesetzt, da es ökologische, ökonomische und soziale Aspekte der Nachhaltigkeit verbindet. Zukunftsfähig wirtschaften bedeutet also: Wir müssen unseren Kindern und Enkelkindern ein intaktes ökologisches, soziales und ökonomisches Gefüge hinterlassen.

Nachhaltigkeit im Unternehmen (Angaben in %)

Bestandteil des Leitbildes	83,0
Beitrag zur Kostenreduktion	72,6
wichtig für Zukunftsmärkte	65,1
verantwortliche Stelle/Person	62,3
konkrete Nachhaltigkeitsziele	60,4
wichtig für Mitarbeitermotivation	60,4
Verknüpfung mit dem Kerngeschäft	59,4
berücksichtigt bei der Lieferantenwahl	54,7
regelmäßige Kontrolle der Zielerfüllung	51,9
Nachhaltigkeitsberichterstattung	49,1
wichtig für Unternehmensbewertung	43,4
wichtig aufgrund der Medienberichte	36,8
Nachhaltigkeitsberichte geplant	10,4
Sonstiges	2,8

Mohammad Mahammadzadeh, Institut der deutschen Wirtschaft Köln e.V. (Hrsg.): IW-Umweltexpertenpanel 2/2012, Befragung von 157 Umweltexperten der Wirtschaft im März/April 2012

Im chinesischen Chengdu stellen Näherinnen im Konfektionsbetrieb Otex Bio-Seidennachthemden für die Textilfirma Rösch her. Löhne und Arbeitsbedingungen werden regelmäßig von der „Fair Wear Foundation" überprüft.

Erklärfilm
„Nachhaltigkeit"

Mediencode:
71062-03

Farm liegt uns sehr am Herzen", sagt Rösch-Geschäftsführer Andreas Söffker: „Als Vorzeigeprojekt kann es den dringend nötigen Wandel der chinesischen Wirtschaft zu mehr Nachhaltigkeit unterstützen." [...]. Das chinesische Fernsehen interessiert sich sehr für das Projekt, Söffker sagt beim Interview: Das Beispiel Otex-Saba könne einen Weg zeigen, wie das Land seine wachsenden Umweltprobleme in den Griff bekommen kann. Nach offiziellen Angaben ist ein Fünftel der Agrarfläche Chinas mit Kadmium, Nickel und Arsen verseucht. Auch viele Flüsse sind kontaminiert, die Luft in vielen großen Ballungsgebieten ist schlecht.

Die Luft im großen Nähsaal ist gut. Tageslicht scheint durch hohe Fenster auf die Nähmaschinen der Arbeiter/innen. Über hundert meist weibliche Angestellte arbeiten bei Otex. Ob sie jederzeit zur Toilette gehen darf? Huang Cui Rong schaut ein wenig ungläubig, als ihr die Frage ins Chinesische übersetzt wird – und muss dann lachen. „Ja", sagt die 48-jährige Näherin, „das dürfen wir alle."

[...] Cui Rong gehört dem neunköpfigen Betriebsrat an, der alle zwei Jahre gewählt wird. Sie verdient 3.000 Yuan (rund 350 Euro) im Monat, Überstunden inklusive. Im Firmendurchschnitt kommen die Arbeiter/innen auf 2.710 Yuan (320 Euro). Das ist mehr als doppelt so viel wie der regionale Mindestlohn – und liegt auch über dem unabhängig ermittelten „Living Wage". Damit gemeint ist ein Lohn, der die grundlegenden Lebenshaltungskosten eines Arbeiters oder einer Arbeiterin deckt: Ernährung, Kleidung, Wohnen, Gesundheit, Schule und Ausbildung. Gezahlt wird bei Otex nach „Piece Rate", einer Art Akkordlohn. Die vertragliche Wochenarbeitszeit liegt bei 40 Stunden, je nach Auftragslage können es aber auch mal 50 bis 55 Stunden werden. Cui Rong jedenfalls ist mit den Arbeitszeiten zufrieden. Für Überstunden gibt es 150 Prozent, für Wochenendarbeit 200 Prozent des regulären Lohns. Bei Krankheit zahlt die Firma weiter – in einem Fall geschah das ein ganzes Jahr lang. Alle Angaben werden regelmäßig vor Ort von einer unabhängigen Institution überprüft, Interviews mit Arbeiterinnen inklusive: von der „Fair Wear Foundation" (FWF), einer Stiftung mit Sitz in Amsterdam. Im Vorstand sind gleichberechtigt Gewerkschaften, Nichtregierungsorganisationen (NGOs) und Vertreter von derzeit 80 Textil- und Outdoor-Firmen (mit 120 Marken) aus sieben europäischen Ländern vertreten. [...] Gerechter Handel, ethischer Konsum – das ist ein Trend, über den Rösch-Geschäftsführer Söffker sagt: „Die Kunden wollen das." Bei Händler-Schulungen höre er häufig von Verkäuferinnen: „Wir werden mehrfach am Tag gefragt: Wo kommt das her, wie wurde das produziert?" [...] „Wir haben alle genug Hosen und Hemden", sagt Söffker. Es gehe bei Kleidung und Mode weniger um Bedarfskäufe als um „Selbstverbesserung", um „die Darstellung innerhalb der Peergroup, gegenüber dem Partner" – oder sich selbst. Dazu gehört: ein gutes Gefühl. Doch das will sich bei vielen Menschen angesichts von Horrorbildern aus ausbeuterischen Sweatshops partout nicht mehr einstellen: „Dann wird gezweifelt – und weniger gekauft." „Das Bewusstsein der Kunden ändert sich", sagt Otex-Geschäftsführer Michael Wang, 50. „Sie wollen sich selbst etwas Gutes tun – aber auch der Umwelt und den Arbeitern."

Volker Rekittke, Vom Kokon zum fairen Nachthemd, Schwäbisches Tagblatt, 1.6.2014

M15 Alles nur schöner Schein? Vorsicht – Greenwashing

Kapitalmarkt, Geschäftspartner und Endverbraucher verlangen von Unternehmen, dass sie Verantwortung zeigen: Sie sollen ökologische und soziale Anforderungen berücksichtigen [...]. Wie z. B. Produktionsunglücke und Produktrückrufe zeigen können, haben manche Unternehmen lediglich „grüne Fassaden" aufgebaut. [...]
Typische Greenwashing-Strategien hat die Organisation TerraChoice definiert:
- Versteckte Zielkonflikte: Ein Produkt wegen einer einzelnen Eigenschaft als umweltfreundlich bewerben, obwohl andere Produkteigenschaften umweltschädlich sind.
- Fehlende Nachweise: Aussagen treffen, die nicht durch unabhängige Stellen verifiziert oder durch aussagekräftige Studien belegt werden können.
- Vage Aussagen: Unklar definierte Begriffe verwenden, die leicht missverstanden werden können.
- Falsche Labels: Von unseriösen Instituten oder selbst erfundene Labels verwenden, die praktisch keinen Aussagewert haben.
- Irrelevante Aussagen: Aussagen treffen, die zwar stimmen, aber keinen Aussagewert haben (Beispiel: Ein Produkt wird mit der Aussage FCKW-frei beworben, obwohl dies nur gesetzliche Vorgaben umsetzt).
- Kleineres Übel: Ein Produkt mit einem noch weniger umweltfreundlichen Produkt vergleichen, um es in besserem Licht erscheinen zu lassen.
- Unwahrheiten: Faktisch unzutreffende Werbebotschaften senden (Beispiel: Es wird ein Bio-Siegel verwendet, obwohl das Produkt gar nicht für dieses Siegel zertifiziert wurde).

Patrick Albrecht/Dieter W. Horst, © PricewaterhouseCoopers, Vorsicht, Greenwashing: Konsumenten blicken hinter die grüne Fassade, www.pwc.de (1.12.2015)

Greenwashing
Greenwashing betreibt, wer zu Unrecht nachhaltiges Engagement für sich in Anspruch nimmt. Der Begriff bezieht sich vor allem auf Unternehmen, die sich mit ökologischen oder auch sozialen Leistungen brüsten, die entweder nicht vorhanden sind oder die minimal sind im Verhältnis zu negativen öko-sozialen Auswirkungen des Kerngeschäfts. Manche Werbekampagnen stufen Analysten klar als Greenwashing ein.

Lexikon der Nachhaltigkeit, Greenwashing, www.nachhaltigkeit.info, 31.7.2015

Marken im „Greenwashing-Check"
Je negativer der Wert, desto weniger „grün" ist das Unternehmen als tatsächlich öffentlich wahrgenommen:

Unternehmen	Wert
McDonald's	- 16,1
Microsoft	- 11,5
IKEA	- 10,4
SAP	- 8,1
Nissan	- 7,5
Nike	- 7,2
Coca Cola	- 7,0
Kellogs	- 5,8
Shell	- 5,8
Nintendo	- 5,7

Quelle: Interbrand (Best Global Green Brands 2012), Stand: 18.10.2012

AUFGABEN

1. Beschreibe, welche Motive bei den Unternehmen vorherrschen, wenn sie Nachhaltigkeit als Unternehmensziel ausweisen (**Umfrage in Randspalte**).
2. Erläutere, wie die Firma Rösch die ökologische Verantwortung des Unternehmens umsetzt (**M14**).
3. Untersucht bekannte Produkte bzw. Firmen nach den typischen Greenwashing Strategien, wie sie in **M15** beschrieben werden. Stellt eure Ergebnisse in einem Referat der Klasse vor.

WAS WIR WISSEN

Betriebliche Grundfunktionen
M4, M5, M7, M9

In einem Betrieb fallen sehr viele Tätigkeiten und Aufgaben an. Diese Aufgaben und Tätigkeiten werden allgemein in die betrieblichen Grundfunktionen Beschaffung, Produktion und Absatz unterteilt. Beschafft werden müssen Rohstoffe, Halb- und Fertigprodukte. Zur Produktion gehört die Erstellung des eigenen Produkts bzw. der eigenen Dienstleistung, die Koordination der Aktivitäten der Mitarbeiter, die Forschung und Entwicklung neuer Produkte. Zum Absatz gehören alle Maßnahmen, die dazu führen, den Erfolg des Produktes und des Unternehmens am Markt zu sichern, also Marktbeobachtung und -analyse, Werbung, Preispolitik usw.

Unternehmensziele
M10 – M12

Die Unternehmensziele werden von der Unternehmensleitung formuliert. Sie muss dabei auch die Interessen anderer Gruppen, wie z. B. der Arbeitnehmer, der Eigentümer, der Gesellschaft, der Lieferanten, der Kunden etc. berücksichtigen. Insbesondere bei Massenentlassungen entbrennt immer wieder eine öffentliche Debatte darüber, welche Ziele Unternehmen in erster Linie verfolgen sollten.

Wirtschaftliche Ziele
M10, M11

Das Streben nach einem Gewinn, der die Existenz des Unternehmens und damit letztlich auch die Arbeitsplätze und das Einkommen der Arbeitnehmer und des Unternehmers sichert, ist das wichtigste Ziel aller im freien Wettbewerb stehenden Unternehmen.

Soziale und ökologische Ziele
M10, M14, M15

Viele Unternehmer sehen die Schaffung bzw. den Erhalt von Arbeitsplätzen und die Garantie menschenwürdiger Arbeitsbedingungen als soziale Aufgabe der Unternehmen an, was idealerweise auch für die Zulieferbetriebe gilt. Wenn das Unternehmen ökologische Verantwortung wahrnimmt, zielt es auf eine nachhaltige Wirtschaftsweise. Nachhaltig zu wirtschaften heißt, die Bedürfnisse der gegenwärtigen Generation zu befriedigen, ohne dabei zu riskieren, dass zukünftige Generationen ihre Bedürfnisse nicht mehr befriedigen können. Ergreift ein Unternehmen solche nachhaltigen Maßnahmen, kann das die Qualität der Produkte erhöhen. Und nicht zuletzt profitieren die Unternehmen von einem verbesserten Image. Gleichzeitig ist zu beobachten, dass noch relativ wenige Unternehmen die Idee der Nachhaltigkeit ernsthaft umsetzen.

WAS WIR KÖNNEN

Unternehmensziele?

Aufgabe
Interpretiert die Zeichnung und erläutert daran den Unterschied zwischen echten Unternehmenszielen und reinem Marketing oder Greenwashing.

1. Der Staat muss für Bildung sorgen (Bildungspolitik).

2. Der Staat muss für Wettbewerb sorgen und Marktkonzentrationen verhindern (Wettbewerbspolitik).

3. Der Staat muss soziale Sicherung garantieren (Sozialpolitik).

4. Der Staat muss für Verkehrswege sorgen (Verkehrspolitik).

5. Der Staat muss dafür sorgen, dass die Umwelt geschützt wird (Umweltpolitik).

6. Der Staat muss dafür sorgen, dass es keine Wirtschaftskrisen gibt (Wirtschaftspolitik).

7. Der Staat muss für eine gerechte Einkommens- und Vermögensverteilung sorgen (Einkommens- und Vermögenspolitik).

8. Der Staat muss für eine funktionierende Rechtsordnung sorgen (Rechtspolitik).

9. Der Staat muss notleidenden Unternehmen helfen (Strukturpolitik).

Stellt euch vor, ihr schwebt in einem Ballon „Staat". (Gebt eurem Ballon einen Namen!)
An Bord sind schwere Lastenpakete mit Aufgaben des Staates, die den Ballon immer wieder an Höhe verlieren lassen. Er droht abzustürzen. Um den Abstieg aufzuhalten, müsst ihr ein Lastenpaket über Bord werfen. Ihr müsst euch dabei überlegen, welche Staatsaufgaben ihr leicht aufgeben könnt und welche ihr so lange wie möglich an Bord behalten wollt. Der Ballon fängt sich wieder, verliert aber nach einer Weile wieder an Höhe. Ein weiteres Paket (2. Spielrunde) muss also abgeworfen werden. Dies geht so weiter, bis der Ballon sich endlich stabilisiert hat. Dokumentiert jeden Abwurf: In welcher Reihenfolge wurden die Lasten abgeworfen? Begründet jeden einzelnen Abwurf (Argumente, Kontroversen).

Anmerkung für den Spielleiter:
Alle Mitspieler erhalten die Liste mit den Lasten. Außerdem wird eine große Tabelle mit den Namen der Ballone und der mitfahrenden Spielerinnen und Spieler benötigt, um am Schluss die Ergebnisse vergleichen zu können.

3

Soziale Marktwirtschaft

Die Soziale Marktwirtschaft hat den Anspruch, die Vorteile einer freien Marktwirtschaft wie wirtschaftliche Leistungsfähigkeit oder hohe Güterversorgung zu verwirklichen, gleichzeitig aber deren Nachteile wie zerstörerischer Wettbewerb, Ballung wirtschaftlicher Macht oder unsoziale Auswirkungen von Marktprozessen (z. B. Arbeitslosigkeit) zu vermeiden. Die Zielsetzung der Sozialen Marktwirtschaft ist deshalb ein größtmöglicher Wohlstand bei bestmöglicher sozialer Absicherung.

KOMPETENZEN

Am Ende des Kapitels solltet ihr Folgendes können:
- die Merkmale der Sozialen Marktwirtschaft erläutern
- die Rolle des Staates in der Wirtschaftsordnung beschreiben
- Möglichkeiten und Grenzen staatlicher Konjunkturpolitik beurteilen
- volkswirtschaftliche Zusammenhänge und einfache ökonomische Wirkungsketten mithilfe des erweiterten Wirtschaftskreislaufs beschreiben
- die wirtschaftliche Entwicklung Deutschlands beschreiben

WAS WISST UND KÖNNT IHR SCHON?

Spielt das Ballonspiel wie in der Spielanleitung beschrieben.

3.1 Die Grundlagen der Sozialen Marktwirtschaft

Die Soziale Marktwirtschaft – Geburt eines Erfolgsmodells

M1 Die Entstehung der Sozialen Marktwirtschaft

Wirtschaft in Trümmern
Dass die Marktwirtschaft [der Planwirtschaft] überlegen ist, glaubten 1945 in Deutschland die wenigsten. Der Zweite Weltkrieg war zu Ende. […] Die Wirtschaft lag am Boden, die Menschen hungerten, die Geschäfte waren leer, und wer etwas mehr als das Allernötigste haben wollte, der musste auf dem verbotenen Schwarzmarkt einkaufen, sein Tafelsilber bei Bauern gegen Fleisch eintauschen oder sogar stehlen. Wie war da an einen Wiederaufbau zu denken, wenn er nicht von einem starken Staat gelenkt wurde? Zumal die sowjetischen Besatzungsbehörden im Osten bereits mit der Enteignung von Industriebetrieben und landwirtschaftlichen Gütern begonnen hatten – der Voraussetzung für [die Planwirtschaft].

Streit um die Wirtschaftsordnung
Diesem Ruf nach einer Staatswirtschaft widersprachen einige Ökonomen heftig. Aus der Katastrophe Deutschlands zogen sie genau den gegenteiligen Schluss: Deutschland musste zu einer echten Marktwirtschaft werden und der Staat hatte sich auf dieses Ziel zu konzentrieren. Er sollte sich nicht mehr in die Wirtschaft einmischen, sondern nur verhindern, dass einzelne Unternehmer wie in Deutschland vor 1933 Monopole und Kartelle errichteten und so die Macht auf ihren Märkten übernahmen. Der Staat sollte also dafür sorgen, dass die Unternehmer immer im Wettbewerb untereinander standen. Außerdem sollte er verhindern, dass jemals wieder eine Inflation wie 1923 das Land zerstörte, er sollte den Geldwert sichern. […] Von den Ordoliberalen beeinflusst war auch ein bislang völlig unbekannter Wirtschaftsprofessor aus Fürth mit Namen Ludwig Erhard (1897–1977). Nach 1945 war Erhard zunächst ein paar Monate Wirtschaftsminister in Bayern, ohne sich dabei mit größeren Erfolgen hervorgetan zu haben. Dann aber machten ihn die Briten und Amerikaner zum Wirtschaftsdirektor ihrer gemeinsamen Zonenverwaltung.

Die Währungsreform
Sie beauftragten ihn mit der Vorbereitung eines wichtigen Projektes, der Währungsreform in den westlichen Besatzungszonen Deutschlands. Diese Reform war dringend nötig, denn die Nazis hatten die alte Reichsmark durch ihre Kriegspolitik ruiniert: Es war immer mehr Geld in den Umlauf gekommen, dem keine Waren mehr gegenüberstanden. Das alte Geld musste also aus dem Verkehr gezogen und durch neues ersetzt werden: die D-Mark. […] Das alles geschah am 20. Juni 1948. Als die Westdeutschen am Morgen des 21. Juni, dem ersten Geltungstag des neu-

---

Ordoliberalismus
Ordoliberalismus ist ein Konzept für eine Wirtschaftsordnung, bei der der Staat lediglich einen Rahmen für einen gesicherten Wettbewerb setzt, der die Freiheit der Bürger auf dem Markt gewährleisten soll, sonst aber nicht weiter in das Marktgeschehen eingreift.

en Geldes, aufwachten, trauten sie ihren Augen nicht. Die Geschäfte, in denen am Abend zuvor gähnende Leere geherrscht hatte, waren plötzlich voll. Es gab alles, was man jahrelang vermisst hatte: Schinken, Schuhe, gutes Mehl, Anzüge, Kleider, Strümpfe. Der Grund für dieses Wunder war die neue D-Mark. Das Geld war wieder etwas wert, also ließen sich auch wieder Geschäfte machen.

Die Durchsetzung der Sozialen Marktwirtschaft

Erhard war zu der Überzeugung gekommen, dass Deutschland sich nur erholen konnte, wenn es möglichst schnell auf alle Methoden der Plan-, Zwangs- und Kriegswirtschaft verzichtete. Deshalb setzte er am Tage der Währungsreform fast alle Vorschriften über die staatliche Zuteilung von Nahrungsmitteln und Energie außer Kraft und hob die meisten Preisvorschriften auf. [...] Als ihn der amerikanische General Lucius Clay deshalb zur Rede stellte und fragte, wie er dazu komme, einfach Vorschriften zu ändern, sagte er, der Überlieferung nach, die legendären Sätze: „Ich habe die Vorschriften nicht geändert. Ich habe sie abgeschafft." Für viele Deutsche ist bis heute der Wiederaufstieg ihres Landes nach dem Zweiten Weltkrieg untrennbar mit dem Namen Ludwig Erhard verbunden. [...] 1949 wurde im Westen des ehemaligen Deutschen Reiches die Bundesrepublik Deutschland gegründet. Der Wirtschaftsminister der ersten Bundesregierung in Bonn wurde Ludwig Erhard. Er setzte seine Vorstellung von der richtigen Wirtschaftsordnung durch. Bald nannten sie alle die Soziale Marktwirtschaft. Es ging schnell aufwärts; man konnte sich etwas leisten: erst ausreichend zu essen, dann Wohnzimmermöbel, Waschmaschinen, Fernseher, Autos und schöne Reisen. Den Westdeutschen erschien dies, wenige Jahre nach dem verlorenen Krieg, einfach wunderbar. Deshalb sprachen sie vom deutschen Wirtschaftswunder. Ludwig Erhard allerdings widersprach immer, wenn von diesem Wirtschaftswunder die Rede war. Für ihn handelte es sich nicht um ein Wunder – der wachsende Wohlstand war ein Ergebnis des Wettbewerbs, dem sich die junge Bundesrepublik öffnete. Wirtschaftsminister Ludwig Erhard betrieb die Förderung des Wettbewerbs aus eigener Überzeugung. Im Bundestag setzte er 1957 – gegen den energischen Widerstand von Industrieverbänden – ein Gesetz gegen Wettbewerbsbeschränkungen durch und richtete das Bundeskartellamt in Berlin (heute in Bonn) ein. Dem Kartellamt wurde das Recht übertragen, den Zusammenschluss von Großunternehmen zu prüfen und gegebenenfalls zu verbieten; Firmen, die Kartelle bilden und ihre Preise absprechen, machen sich seitdem strafbar.

Nikolaus Piper, Geschichte der Wirtschaft, Weinheim/Basel 2002, S. 152 ff.

Der Wirtschaftserfolg äußerte sich in „Konsumwellen": Auf Ess-, Kleidungs- und Wohnungswelle folgte die Motorisierungswelle, schließlich die Reisewelle.

AUFGABE

Arbeite heraus, welche Bedingungen erfüllt waren, damit sich die Soziale Marktwirtschaft nach dem Zweiten Weltkrieg zu einem Erfolgsmodell entwickeln konnte (**M1**).

F ZUR AUFGABE
Erstellt mithilfe eigener Recherchen eine Collage zur Entstehung und Entwicklung der Sozialen Marktwirtschaft (Zusammenarbeit mit Geschichte).

Die Soziale Marktwirtschaft – die wesentlichen Prinzipien

M2 Was gehört zum Grundbild der Sozialen Marktwirtschaft?

„Ich will, dass der Einzelne sagen kann: ‚Ich will mich aus eigener Kraft bewähren, ich will das Risiko des Lebens selbst tragen, will für mein Schicksal selbstverantwortlich sein. Sorge du, Staat, dafür, dass ich dazu in der Lage bin'."
Ludwig Erhard

1. *Die Soziale Marktwirtschaft basiert auf der Funktion eines beweglichen und sich dynamisch entwickelnden Marktes.* Wenigstens in dieser Hinsicht besteht eine gemeinsame Auffassung sehr vieler Wirtschaftspolitiker, dass die Marktwirtschaft ein wirtschaftlich effizientes, ja den anderen Ordnungen überlegenes System sei.

2. *Die Soziale Marktwirtschaft ist angetreten mit dem Anspruch,* durch den marktwirtschaftlichen Prozess nicht nur die Gütererzeugung anzuheben, den Bereich persönlicher freier Gestaltungsmöglichkeiten für die Einzelnen zu erweitern, sondern *auch soziale Fortschritte zu bringen.* Der marktwirtschaftliche Prozess hat fraglos eine unvergleichliche Erweiterung der Konsumkaufkraft breitester Schichten ermöglicht und auch durch sein von Jahr zu Jahr vorrückendes Wachstum Arbeitsplätze neu geschaffen, die Vollbeschäftigung gesichert und die Voraussetzung für steigende Löhne und Einkommen aller Schichten begründet.

3. *Die Soziale Marktwirtschaft fordert keinen schwachen Staat, sondern sieht in einem starken demokratischen Staat die Voraussetzung für das Funktionieren dieser Ordnung.* Der Staat hat nicht nur der Sicherung der Privatrechtsordnung zu dienen, er ist gerade durch die marktwirtschaftliche Theorie in einer wesentlichen Aufgabe bestärkt worden, sich für die Erhaltung eines echten Wettbewerbs als einer politischen Funktion [...] einzusetzen. Die vom Staate zu sichernde Wettbewerbsordnung wehrt zugleich Machteinflüsse auf dem Markt ab.

4. *Garant des sozialen Anspruchs der Marktwirtschaft ist nicht nur der Markt, dessen wirtschaftliche Leistungen sehr oft schon sozialen Fortschritt bedeuten.* Der Staat hat vielmehr die unbestrittene Aufgabe, über den Staatshaushalt und die öffentlichen Versicherungen die aus dem Marktprozess resultierenden Einkommensströme umzuleiten und soziale Leistungen, wie Kindergeld, Mietbeihilfen, Renten, Pensionen, Sozialsubventionen usw., zu ermöglichen. Das alles gehört zum Wesen dieser Ordnung, und es wäre eine Farce, nur den unbeeinflussten Marktprozess zu sehen, ohne seine vielfältige Einbettung in unsere staatliche Ordnung zu beachten.

Das bedeutet keineswegs ein Hinüberwechseln aus dem Markt in den staatlichen Bereich, sofern man sich dabei bewusst ist, dass die Mittel, die der Staatshaushalt transformiert, von der wirtschaftlichen Leistung des Marktes abhängig bleiben und „marktkonform" sein müssen. Es muss die Grenze eingehalten werden, deren Überschreitung eine Störung der Marktvorgänge bewirkt.

5. Neben den engeren Aufgaben der Wettbewerbssicherung und den weiteren Aufgaben des sozialen Schutzes *steht der Staat seit je und heute bewusster als früher vor Aufgaben der Gesellschaftspolitik, um die heute so gern zitierte „Qualität des Lebens", d. h. die Lebensumstände für alle, zu verbessern.* Es gibt eben neben den Leistungen, die sich der Einzelne im Markte zu beschaffen hat oder die er aus den Sozialfonds des Staates erhält, eine Fülle von gesellschaftspolitischen Aufgaben. Ich nenne Erweiterung der Vermögensbildung, Verbesserungen der Investitionen im Bereiche des Verkehrs, des Gesundheitswesens, Aufwendungen für Bildung und Forschung, Schutz gegen die wachsende Verschlechterung vieler Umweltbedingungen, Städtebauförderung und eine verbesserte Gliederung des Wohn-, Arbeits- und Erholungsraumes der gesamten Bevölkerung.

Ludwig Erhard/Alfred Müller-Armack, Soziale Marktwirtschaft – Ordnung der Zukunft. Manifest '72, Berlin 1972, S. 25 ff. (Kursivierung im Original)

Sozialfonds
hier: Sozialhaushalte zur sozialen Absicherung der Bürgerinnen und Bürger

M3 Merkmale der Sozialen Marktwirtschaft

Eine der wichtigsten Aufgaben des Staates in der Sozialen Marktwirtschaft ist die Schaffung eines rechtlichen Rahmens, innerhalb dessen sich das wirtschaftliche Handeln abspielen kann. Dazu gehört die Sicherung persönlicher Freiheitsrechte […]. Die Gewährleistung des marktwirtschaftlichen Wettbewerbs [… ist] ebenfalls von grundsätzlicher Bedeutung.

Der Anspruch der Sozialen Marktwirtschaft ist, die Vorteile einer freien Marktwirtschaft wie wirtschaftliche Leistungsfähigkeit oder hohe Güterversorgung zu verwirklichen, gleichzeitig aber deren Nachteile wie zerstörerischer Wettbewerb, Ballung wirtschaftlicher Macht oder unsoziale Auswirkungen von Marktprozessen (z. B. Arbeitslosigkeit) zu vermeiden.

Duden Wirtschaft von A bis Z: Grundlagenwissen für Schule und Studium, Beruf und Alltag. 5. Aufl. Mannheim: Bibliographisches Institut 2013. Lizenzausgabe Bonn: Bundeszentrale für politische Bildung 2013.

AUFGABEN

1. Arbeite heraus, welche allgemeinpolitischen Ziele mit der Sozialen Marktwirtschaft erreicht und welche Werte verwirklicht werden sollen (**M2**).
2. Erläutere, welche Aufgaben innerhalb der Sozialen Marktwirtschaft dem Staat und welche dem Markt zugeschrieben werden (**M2**).
3. Formuliere drei Fragen zur Sozialen Marktwirtschaft. Gib die Fragen deinem Nachbarn und bitte ihn, Antworten auf deine Fragen zu finden (**M2**, **M3**, eigene Recherchen).

F ZU AUFGABE 1
Erläutere die Prinzipien Wettbewerbs-, Marktkonformitäts- und Sozialprinzip und beschreibe mögliche Beziehungen dieser Prinzipien zueinander.

Die Soziale Marktwirtschaft – was zeichnet sie aus?

M4 Bausteine der Sozialen Marktwirtschaft

Die Soziale Marktwirtschaft fördert den freien Wettbewerb der Anbieter. Dort, wo Unternehmen ihre Freiheit missbrauchen, um z. B. Kartelle und Monopole zu bilden, greift der Staat regulierend ein (z. B. durch die Kartellbehörden).

Die Soziale Marktwirtschaft garantiert die Vertragsfreiheit, d. h. dass jeder mit jedem die Verträge abschließen kann, die für ihn vorteilhaft sind. Doch werden der Vertragsfreiheit Grenzen gesetzt. So werden die schwächeren Vertragspartner auf vielfältige Weise geschützt (z. B. durch Kündigungsfristen im Mietrecht und Arbeitsrecht oder durch das Gewährleistungsrecht).

Das Privateigentum ist in der Sozialen Marktwirtschaft garantiert. Jeder kann mit seinem Eigentum im Prinzip tun, was er möchte. Doch gibt es eine Verpflichtung: Das Eigentum soll auch dem Wohle der Allgemeinheit dienen. So muss man sich als Hauseigentümer z. B. an Vorschriften des Denkmalschutzes halten. Was auf dem Markt gewonnen wird, gilt als Eigentum; was verloren wird auf dem Markt, gilt als Verlust und davon gewährt der Staat keine Entlastung.

In der Sozialen Marktwirtschaft werden die Einkommen nicht nur nach der individuellen Leistungsfähigkeit verteilt. Der Staat sorgt für einen sozialen Ausgleich, indem er z. B. hohe Einkommen höher besteuert oder soziale Leistungen wie Kindergeld, Mietbeihilfen oder die Grundsicherung Hartz IV bezahlt.

Die Soziale Marktwirtschaft versucht mit unterschiedlichen Mitteln, negative Auswirkungen des Marktprozesses auf die Umwelt zu verhindern. So gibt es Gesetze gegen Luftverschmutzung, Pfand auf Einwegverpackungen usw.

Die Soziale Marktwirtschaft ist schon deshalb sozial, weil sie durch ihre wirtschaftliche Leistungsfähigkeit dazu beiträgt, dass alle Menschen vom technischen Fortschritt, von steigenden Einkommen und der Schaffung neuer Arbeitsplätze profitieren. Darüber hinaus betreibt der Staat in der Sozialen Marktwirtschaft Gesellschaftspolitik, er investiert in die Infrastruktur, in Bildung und Forschung, in Kultur und Städtebau.

M5 Drei Wirtschaftsordnungen im Vergleich

Freie Marktwirtschaft	Soziale Marktwirtschaft	Planwirtschaft
In der freien Marktwirtschaft hat der Staat lediglich die Aufgabe für die innere und äußere Sicherheit zu sorgen. Er greift darüber hinaus so wenig wie möglich in das Marktgeschehen und die Ergebnisse ein.	In der Sozialen Marktwirtschaft sorgt der Staat für einen freien Wettbewerb, er greift aber dort ein, wo der Markt keine guten Ergebnisse hervorbringt, und schützt die wirtschaftlich Schwächeren vor den Stärkeren.	In der Planwirtschaft gibt es keinen freien Wettbewerb. Der Staat legt fest, was, wann, wie und von wem produziert werden muss, und sorgt für die Verteilung der Güter. Dadurch soll eine möglichst große Gleichheit der Bürger erreicht werden.

M6 Die Soziale Marktwirtschaft – Wohlstand für alle!?

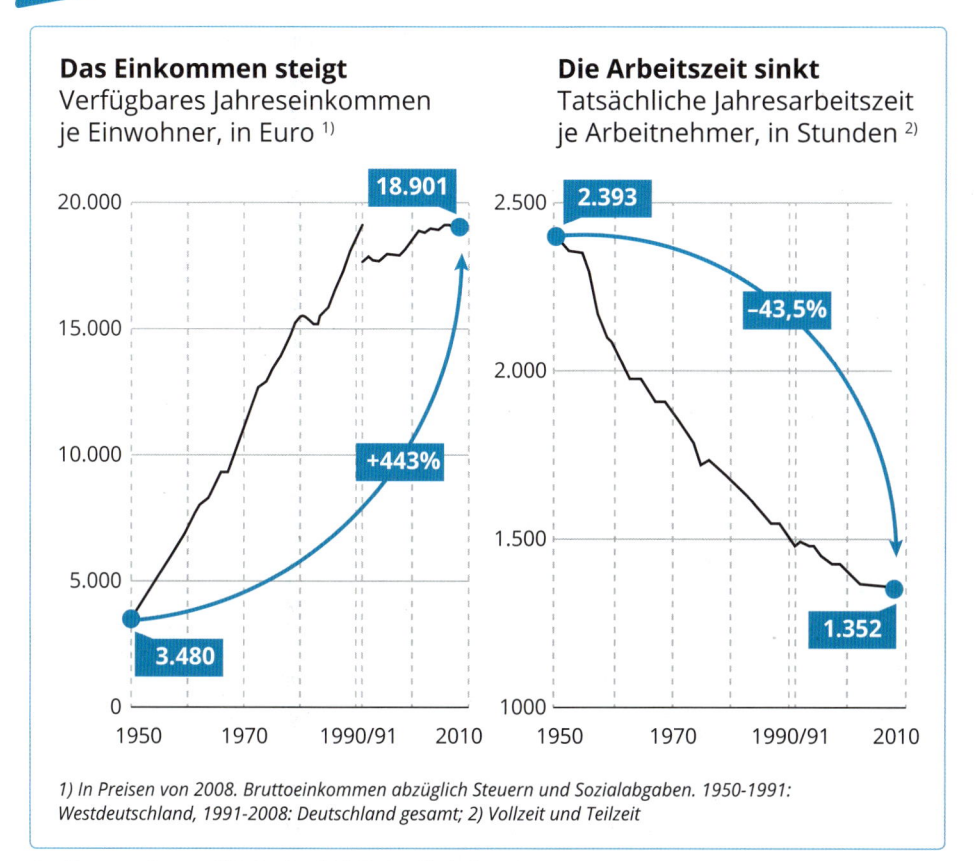

Das Einkommen steigt
Verfügbares Jahreseinkommen je Einwohner, in Euro [1]

- 1950: 3.480
- 2010: 18.901
- +443%

Die Arbeitszeit sinkt
Tatsächliche Jahresarbeitszeit je Arbeitnehmer, in Stunden [2]

- 1950: 2.393
- 2010: 1.352
- −43,5%

[1] In Preisen von 2008. Bruttoeinkommen abzüglich Steuern und Sozialabgaben. 1950–1991: Westdeutschland, 1991–2008: Deutschland gesamt; [2] Vollzeit und Teilzeit

Quelle: www.faz.net, IW, Statista/F.A.Z.-Grafik Andre Piron, 4.3.2015

AUFGABEN

1. Überprüfe, welche der folgenden staatlichen Maßnahmen mit welcher Wirtschaftsordnung vereinbar / nicht vereinbar wären (**M4**, **M5**):
   - Der Staat legt Höchstpreise für Brot fest.
   - Der Staat legt fest, dass nur noch Autos mit Elektroantrieb produziert werden dürfen.
   - Der Staat zahlt allen Familien mit Kindern Kindergeld.
   - Der Staat verpflichtet die Menschen dazu, in eine Rentenversicherung einzuzahlen.
   - Der Staat beschließt, die Wasserversorgung privaten Unternehmen zu übertragen.
2. Erläutere, in welcher Wirtschaftsordnung die meisten Vorschriften und Regeln erlassen werden müssen (**M4**, **M5**).
3. Betrachte die Bausteine in **M4**. Erörtere, in welchen Bereichen die Soziale Marktwirtschaft deiner Meinung nach als Erfolgsmodell gelten kann, in welchen nicht (**M4**, **M6**).

METHODE

M7 Der erweiterte Wirtschaftskreislauf als Analyseinstrument

Im Modell des erweiterten Wirtschaftskreislaufs werden die gesamten Beziehungen zwischen den einzelnen Wirtschaftssubjekten einer Volkswirtschaft vereinfacht dargestellt. Dabei werden nur die Geldströme berücksichtigt.

Die Sektoren

Private Haushalte

Die privaten Haushalte stellen den Unternehmen Produktionsfaktoren (Arbeit, Boden, Kapital) zur Verfügung und verwenden ihr Einkommen, das sie von den Unternehmen beziehen, für den Konsum der von den Unternehmen produzierten Güter und Dienstleistungen. Von den Banken erhalten sie Sparzinsen oder nehmen Kredite auf. Vom Staat erhalten sie Transferleistungen, im Gegenzug entrichten sie Steuern und Abgaben (Beiträge zu den Sozialversicherungen).

Die Unternehmen

Die Konsumausgaben der privaten Haushalte sind die Einkommen der Unternehmen, im Gegenzug bezahlen sie die Einkommen der Haushalte. Von den Banken erhalten sie Sparzinsen oder nehmen Kredite auf. Vom Staat empfangen sie Subventionen, aber sie bezahlen auch Steuern.

Der Staat

Der Staat erhält von den Haushalten und den Unternehmen Steuern, Gebühren und Beiträge. Von diesen Einnahmen zahlt der Staat Beträge für unterschiedlichste Zwecke: Investitionen (z. B. Straßenbau, Bau von Schulen) und andere Sachleistungen; Gehaltszahlungen an die Angestellten und Beamten des öffentlichen Dienstes; Transferzahlungen (Zahlungen ohne direkte Gegenleistung des Empfängers) an die Haushalte in Form von sozialen Leistungen (z. B. Wohngeld, Sozialhilfe); Transferzahlungen an die Unternehmen in Form von Subventionen.

Kapitalsammelstellen (Vermögensveränderung)

Banken und Versicherungen werden als Kapitalsammelstellen bezeichnet. Sie erhalten die nicht verwendeten Teile der Einkommen von Unternehmen und Haushalten (theoretisch auch vom Staat). Damit stellen sie Haushalten, Unternehmen und dem Staat Kredite zur Verfügung. Für die ausgegebenen Kredite werden Schuldzinsen eingenommen, andererseits werden den Anlegern Guthabenzinsen bezahlt.

Zur Vertiefung: das Ausland

Der Sammelbegriff Ausland steht für ausländische Staaten, Unternehmen und Haushalte, zwischen ihnen wird nicht unterschieden. Da im Kreislaufmodell nur die Geldströme dargestellt werden, verlaufen die Ausgaben für den Import (z. B. Kauf von Erdöl aus Saudi-Arabien, Honorar für einen Architekten in Italien) und die Einnahmen aus dem Export (z. B. Verkauf eines Pkw in die USA) jeweils entgegen der Richtung der Warenströme.

Der Wirtschaftskreislauf als Analyseinstrument

Das Modell des Wirtschaftskreislaufs eignet sich dazu, um die Auswirkungen wirtschaftlicher Ereignisse in Form von Wirkungsketten zu analysieren. Angenommen, der Staat erhöht seine Transferzahlungen, zum Beispiel in Form von Kindergeld und Sozialhilfe. Welche gesamtwirtschaftlichen Folgen hätte dies?

Man kann davon ausgehen, dass Sozialhilfeempfänger und auch kinderreiche Familien einen Großteil ihres Einkommens für den Konsum verwenden. Also wird der Konsum der Haushalte deutlich und das Sparen nur etwas steigen. Der erhöhte Konsum führt zu höheren Einkommen der Unternehmen usw.

3.1 Die Grundlagen der Sozialen Marktwirtschaft

METHODE

Grafische Darstellung:

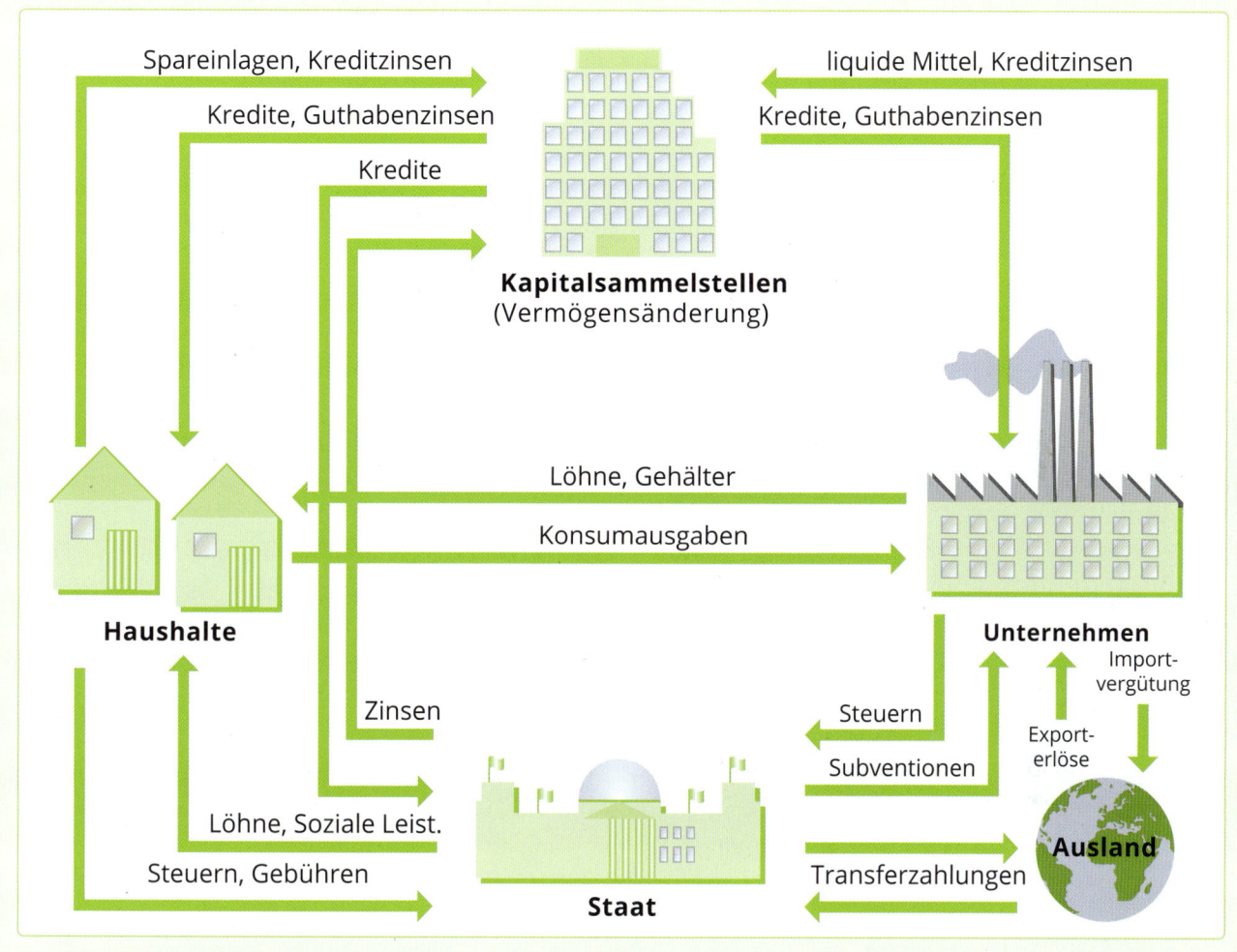

Spareinlagen, Kreditzinsen →
← liquide Mittel, Kreditzinsen
← Kredite, Guthabenzinsen
Kredite, Guthabenzinsen →
Kredite →

Kapitalsammelstellen
(Vermögensänderung)

← Löhne, Gehälter
Konsumausgaben →

Haushalte

Unternehmen

Importvergütung
Exporterlöse

Zinsen
← Steuern
Subventionen →

← Löhne, Soziale Leist.
Steuern, Gebühren →
Transferzahlungen →

Staat

Ausland

Udo Schmitz, Bernd Weidtmann, Handbuch der Volkswirtschaftslehre, Stuttgart 2000, S. 66 f.

AUFGABEN

1. Erläutere, welche Auswirkungen auf die Sektoren folgende wirtschaftliche Ereignisse haben könnten:
   – Der Staat erhöht die Transfereinkommen (Kindergeld, Arbeitslosengeld II) für die privaten Haushalte (vgl. letzter Abschnitt **M7**).
   – Der Preis für Rohöl steigt stark an.
   – Die Zinsen für Guthaben bei den Banken steigen.
   – Der Staat erhöht die Steuern für die privaten Haushalte.
   – Der Staat zahlt eine Prämie, wenn Haushalte für ihre Rente zusätzlich sparen.
2. Formuliere dazu mögliche Wirkungsketten (**M7**).

Erklärfilm „Wirtschaftskreislauf"

Mediencode:
71062-04

WAS WIR WISSEN

Soziale Marktwirtschaft
M1 – M4

Der Kern der Sozialen Marktwirtschaft liegt nach Ludwig Erhard (1897 – 1977, erster deutscher Wirtschaftsminister nach dem Zweiten Weltkrieg und Bundeskanzler von 1963 – 1966) darin, die Freiheit auf dem Markt mit dem Prinzip des sozialen Ausgleichs zu verbinden. Die Wirtschaftsordnung erfordert deshalb einen starken Staat in der Rolle des Schiedsrichters: Er überwacht das Spiel, garantiert die Wirtschaftsordnung, mischt sich selbst aber möglichst wenig in das Wirtschaftsgeschehen ein. So sichert er zum Beispiel den Wettbewerb, indem er Kartelle verbietet. Nur dann kann die Wirtschaftsordnung zu sozialem Fortschritt führen, u. a. in Form einer wachsenden Wirtschaft und steigender Massenkaufkraft der Verbraucher. Daneben gilt als weitere Staatsaufgabe eine umfassende Gesellschaftspolitik überall dort, wo der Markt nicht automatisch zu guten Ergebnissen führt, z. B. im Bereich des Umweltschutzes.
Zu den konstituierenden Prinzipien, die die Wirtschaftsordnung der Sozialen Marktwirtschaft erst ausmachen, zählen:

- ein funktionierendes Preissystem, das Informationen über veränderte Knappheiten und Präferenzen liefert und das Scharnier zwischen Angebot und Nachfrage darstellt;
- der Vorrang der Währungspolitik, die einen stabilen Binnen- und Außenwert des Geldes gewährleisten soll, um die schädlichen Wirkungen einer Geldentwertung zu verhindern. Als letzte Instanz wirkt hier die Europäische Zentralbank;
- offene Märkte: Dieses Grundprinzip meint vor allem den freien Marktzutritt, denn bei einer Schließung der Märkte besteht die Gefahr der Behinderung der vollständigen Konkurrenz;
- Privateigentum: Privates Eigentum gibt Sicherheit und Unabhängigkeit. Darüber hinaus motiviert Eigentum. Auf das, was einem gehört, passt man besser auf. Es muss gleichzeitig eingehegt sein von den Eigentumsrechten anderer, vom Wettbewerb, aber auch von klarer Haftung;
- Vertragsfreiheit: Die Wettbewerbsordnung fußt darauf, dass wirtschaftliche Entscheidungen dezentral und freiwillig gefällt werden. Einzelne Unternehmen und Individuen schließen einmütig Verträge über ihre Transaktionen ab und handeln deren Bedingungen aus – an der Metzgertheke ebenso wie in Gehaltsgesprächen oder in den Vertragsverhandlungen bei Zulieferbeziehungen;
- Haftung: das Prinzip der Haftung ist deshalb so entscheidend, weil nur derjenige, der auch für die Folgen seines Tuns vollumfänglich haftet, wirklich verantwortlich handelt;
- die Konstanz der Wirtschaftspolitik: Damit ist gemeint, dass die politischen Rahmenbedingungen zuverlässig berechenbar sein mögen, damit die wirtschaftlichen Akteure planen können. So entsteht eine Atmosphäre des Vertrauens.

Erfolgsgeschichte
M6

Gemessen am Wirtschaftswachstum (BIP) ist die Geschichte der Sozialen Marktwirtschaft seit der Gründung der Bundesrepublik Deutschland zumindest bis Ende der 1980er-Jahre eine einzige Erfolgsgeschichte. Die Wirtschaftsleistung der BRD hat sich im besagten Zeitraum nach Abzug der Preissteigerungen fast verzehnfacht.

3.2 Herausforderungen: Wie viel Markt und wie viel Staat brauchen wir?

Wirtschaftspolitik – wie soll der Staat eingreifen?

M1 Wirtschaftspolitik in den Schlagzeilen

> Städte planen Einführung einer City-Maut zur Verbesserung der Luftqualität in Ballungsgebieten

> Bundeskartellamt verhängt Strafen wegen Preisabsprachen in der Stahlindustrie

> Staat verabschiedet Konjunkturpaket zur Bewältigung der Wirtschaftskrise

> Durch Steuererleichterungen soll der Konsum angekurbelt werden

> Regierung erhöht Subventionen für regenerative Energien

> Steuern für Besserverdienende sollen steigen, Geringverdiener werden entlastet

M2 Warum brauchen wir einen Staat?

Ohne starken Staat gibt es keine freien Märkte. Nur ein starker Staat kann individuelle Grund- und Freiheitsrechte verlässlich garantieren. Nur so lassen sich Eigentums- und Verhaltensrechte und damit die Funktionsfähigkeit offener und freier Märkte sichern. Dazu greift der Staat auf Gerichte, Polizei und Streitkräfte zurück. Sie sorgen für die innere und äußere Sicherheit, die seit Adam Smith als klassische Staatsaufgaben verstanden werden.

In einem weiteren Sinne braucht es den Staat auch, um Rechts-, Vertrags-, Handels- und Verkehrsregeln durchzusetzen. Er muss Grundbücher und Handelsregister führen oder Maße und Gewichte kontrollieren. Er soll Wettbewerb ermöglichen und Marktmacht verhindern.

Hat der Staat seine erste und wichtigste hoheitliche Aufgabe der Rechtsetzung und Rechtsprechung gut gelöst und sind die Menschen gegen Macht und Willkür geschützt, kann alles andere ruhig der freien Entscheidung der Unternehmer, Verbraucher, Arbeitgeber und Arbeitnehmer überlassen bleiben. [...]

Eine zweite Rechtfertigung für staatliches Handeln ist die Tatsache, dass sich nicht alle Güter so einfach wie Nahrungsmittel, Textilien, Möbel oder Autos handeln lassen. Für einige Bedürfnisse gibt es keinen Markt, etwa für die Landesverteidigung oder den Gerichtsvollzug. Für andere Güter und Dienstleistungen versagt der Markt, weil es doch zu mächtigen Monopolen kommt. Das ist vor allem dann der Fall, wenn Leistungen nur mit hohen Fixkosten erbracht werden können, so wie bei Eisenbahn, Post, Strom oder beim Festnetz fürs Telefon. Ebenso stößt ein freier Marktmechanismus an seine Grenzen, wenn das Tun des einen unerwünschte Rückwirkungen beim anderen hervorruft, etwa wenn die Luft verschmutzt wird.

Hier setzt der Leistungsstaat an. Er dient dazu, jene gemeinsamen Aufgaben zu erledigen, bei denen der Markt versagt und ein Angebot gar nicht, nicht in genügendem Maße oder nur mit ungewünschten Nebenwirkungen zustande kommt. „Leistungsstaat" bedeutet allerdings nicht, dass der Staat die Leistung auch selber erbringen muss. Meistens genügt es, wenn er durch Regulierungen, Anreize und Sanktionen lediglich dafür sorgt, dass Marktversagen verhindert wird oder fehlende Märkte neu geschaffen werden. So kann der Staat private Wachdienste dafür bezahlen, dass sie für die Sicherheit der Bürger sorgen. Er kann Private beauftragen, Bahn, Post, Flughäfen, Schulen und Theater zu betreiben. […]

Schließlich liefert die Gerechtigkeit einen dritten Rechtfertigungsgrund für den Staat. Der Markt sorgt nicht für eine gerechte Einkommensverteilung. Er verteilt Einkommen nach Leistung und nicht nach Bedarf. Aus gesellschaftspolitischen Gründen ist daher eine Umverteilung durch den Staat angezeigt.

Thomas Straubhaar, Frankfurter Allgemeine Sonntagszeitung, 10.12.2006

Erklärfilm „Konjunkturzyklen"

Mediencode: 71062-05

M3 Warum betreibt der Staat Wirtschaftspolitik?

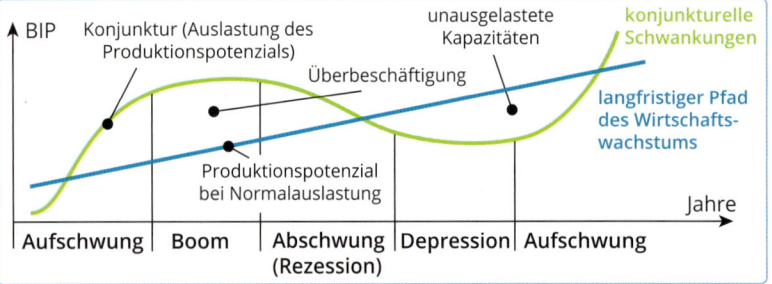

Darstellung eines idealtypischen Konjunkturzyklus. Im Aufschwung sinkt die Arbeitslosigkeit, die Investitionsneigung der Unternehmen ist hoch, die Preise steigen. Im Abschwung (Rezession) sind die Preise noch hoch, aber die Nachfrage geht zurück. Die Arbeitslosigkeit steigt, Unternehmen investieren nicht mehr.

Sowohl die Überhitzung der Konjunktur als auch eine Wirtschaftskrise schaffen soziale und damit auch politische Probleme. Lahmt die Konjunktur, so steigt die Arbeitslosigkeit, dem Staat entgehen Einnahmen und er kann weniger ausgeben. Bei einer Überhitzung der Konjunktur drohen Preissteigerungen und ein jäher Absturz. Insgesamt erschwert ein unsicherer Wirtschaftsverlauf die Entscheidungen der Wirtschaftsakteure. Sie meiden Risiken und neigen zu vermehrtem Sparen, dies schadet der wirtschaftlichen Entwicklung. Um eine möglichst stetige Wirtschaftsentwicklung zu erreichen, betreibt der Staat Stabilitätspolitik. Gesetzliche Grundlage ist das **Stabilitäts- und Wachstumsgesetz von 1967**, das die wirtschaftspolitischen Ziele festschreibt: **Stabilität des Preisniveaus, hoher Beschäftigungsstand (geringe Arbeitslosigkeit), außenwirtschaftliches Gleichgewicht, stetiges und angemessenes Wirtschaftswachstum.**

Der Bund und die Länder sind zu einer an den „Erfordernissen des gesamtwirtschaftlichen Gleichgewichts" orientierten Wirtschafts- und Finanzpolitik verpflichtet. Da es – wegen wechselseitiger Abhängigkeiten – schwer bzw. unmöglich ist, die Ziele gleichzeitig zu erfüllen, werden sie auch als „magisches Viereck" bezeichnet. Auch der Schutz der natürlichen Lebensgrundlagen, eine gerechte Einkommensverteilung und die Rückführung der Staatsverschuldung werden mittlerweile als wichtige wirtschaftspolitische Ziele anerkannt.

M4 Die Leistung unserer Wirtschaft

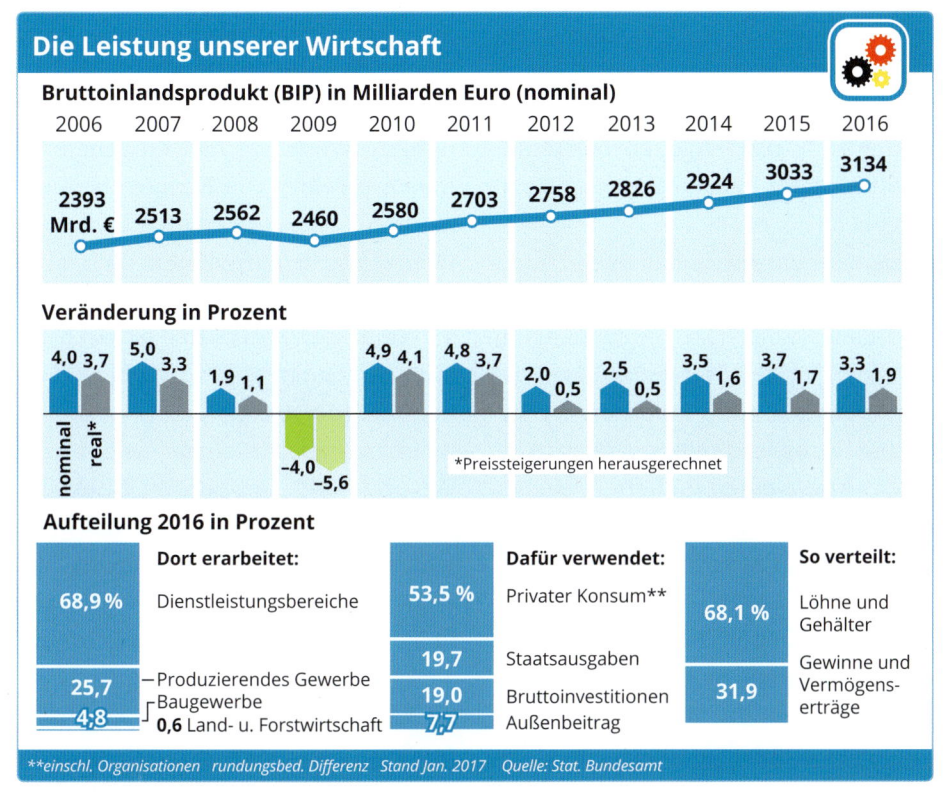

Die Leistung unserer Wirtschaft

Bruttoinlandsprodukt (BIP) in Milliarden Euro (nominal)

2006	2007	2008	2009	2010	2011	2012	2013	2014	2015	2016
2393 Mrd. €	2513	2562	2460	2580	2703	2758	2826	2924	3033	3134

Veränderung in Prozent (nominal / real*)

2006	2007	2008	2009	2010	2011	2012	2013	2014	2015	2016
4,0 / 3,7	5,0 / 3,3	1,9 / 1,1	–4,0 / –5,6	4,9 / 4,1	4,8 / 3,7	2,0 / 0,5	2,5 / 0,5	3,5 / 1,6	3,7 / 1,7	3,3 / 1,9

*Preissteigerungen herausgerechnet

Aufteilung 2016 in Prozent

Dort erarbeitet:
- 68,9 % Dienstleistungsbereiche
- 25,7 Produzierendes Gewerbe
- 4,8 Baugewerbe
- 0,6 Land- u. Forstwirtschaft

Dafür verwendet:
- 53,5 % Privater Konsum**
- 19,7 Staatsausgaben
- 19,0 Bruttoinvestitionen
- 7,7 Außenbeitrag

So verteilt:
- 68,1 % Löhne und Gehälter
- 31,9 Gewinne und Vermögenserträge

**einschl. Organisationen   rundungsbed. Differenz   Stand Jan. 2017   Quelle: Stat. Bundesamt

Globus-Grafik 10046

Bruttoinlandsprodukt (BIP)
Gesamtwert aller Güter (Waren und Dienstleistungen), die innerhalb eines Jahres in einer Volkswirtschaft hergestellt werden und dem Endverbrauch dienen.

nominales BIP
Wert der in einem Jahr produzierten Güter, gemessen in den Preisen, die tatsächlich dafür gezahlt wurden. Das so ermittelte BIP ist über längere zeitliche Abstände nicht gut vergleichbar, weil auf lange Sicht das allgemeine Preisniveau ansteigt (Inflation).

reales BIP
Um das BIP unabhängig von einer Veränderung der Preise zu betrachten, wird das reale BIP berechnet. Dabei wird das Wachstum des nominalen BIP mit der Inflationsrate verrechnet.

Erklärfilm „Bruttoinlandsprodukt"

Mediencode: 71062-06

Erklärfilm „Wirtschaftswachstum"

Mediencode: 71062-07

M5 Wirtschaftspolitik und Wachstum – wenn es doch so einfach wäre

Wenn das Bruttoinlandsprodukt – abgekürzt: BIP – wächst, ist die Chance größer, dass es allen besser geht. [...] Das BIP hängt von der gesamtwirtschaftlichen Nachfrage ab. Die entsteht, wenn alle vier wichtigen Mitspieler der Wirtschaft einkaufen gehen: Nummer eins sind die Privatleute. Sie konsumieren (shoppen), etwa indem sie einen Kühlschrank kaufen. Nummer zwei sind die Unternehmen. Sie investieren in eine neue Fabrik oder Maschine, wofür sie auch Geld ausgeben. Der Staat, die Nummer drei, gibt Geld aus, um eine Straße oder eine Schule zu bauen. Nummer vier schließlich sind die anderen Länder. Regierungen oder Bürger aus dem Ausland kaufen auch in Deutschland ein, zum Beispiel Maschinen oder ein paar Autos. Rechnet man die Summen auf dem Kassenzettel und Rechnungen aller dieser vier Mitspieler zusammen, so kommt man auf die gesamtwirtschaftliche Nachfrage.

Wie entsteht jetzt Wachstum? [...] Wachstum entsteht, wenn mindestens einer der vier Mitspieler in Deutschland für mehr Geld kauft oder investiert als im Jahr davor. [...]

Hier haben wir einen ersten Ansatz

John Maynard Keynes (1883 – 1946), britischer Ökonom und Regierungsberater, gilt als Begründer der nachfrageorientierten Wirtschaftspolitik.

Erklärfilm „Staatsverschuldung"

Mediencode:
71062-08

für Wirtschaftspolitik, um das BIP zu steigern. Die Regierung kann durch Instrumente wie zum Beispiel Steuersenkungen das verfügbare Einkommen des Privatmannes erhöhen, damit er Lust aufs Shoppen bekommt. Kauft er dann mehr als bisher, steigt das BIP.

Steuersenkungen können auch Unternehmen glücklich machen. Sie können dann mehr von ihrem Gewinn behalten, in Bürogebäude, Aufzüge, Förderbänder oder Mähdrescher investieren, neue Leute anstellen oder ihren Angestellten höhere Gehälter zahlen. Woraufhin diese mehr einkaufen gehen können. Steuersenkungen sind ein Mittel der Wirtschaftspolitik, das helfen kann, das BIP und damit Wachstum zu stimulieren.

Die Idee der Wirtschaftspolitik ist es, dann einzugreifen, wenn es von selbst nicht läuft. Eine Vorstellung dabei lautet, dass der Staat die gesamtwirtschaftliche Nachfrage erhöht.

Neben Steuersenkungen kann die Regierung ihre eigenen Ausgaben erhöhen, indem sie Bürgern Geld schenkt – etwa durch eine Erhöhung des Kindergeldes – oder indem sie Aufträge an Firmen vergibt. Sie kann beispielsweise Straßen bauen lassen. Dafür stellen die Unternehmen Rechnungen an den Staat, der muss sie bezahlen, und so kann auch das BIP wachsen. Ein Verfechter dieser Idee, durch Erhöhung der Staatsausgaben Wachstum in Schwächephasen zu erzeugen, war einer der berühmtesten Ökonomen des vergangenen Jahrhunderts: John Maynard Keynes.

[...] Aber dieses Beispiel wollen wir uns noch etwas genauer angucken, um ein Gefühl dafür zu bekommen, wie kompliziert Wirtschaftspolitik wirklich ist. [...]

Die aktuelle Regierung hat hohe Schulden und gibt ohnehin schon jedes Jahr mehr Geld aus, als sie einnimmt. Wenn sie die Ausgaben erhöhen möchte, wie Keynes das sagt, dann muss sie entweder einen zusätzlichen Kredit aufnehmen oder aber die Steuern erhöhen.

1. Wenn der Staat seine Steuern erhöht, so sinkt das verfügbare Einkommen der Bürger, und die Unternehmen haben weniger von ihrem Gewinn übrig. Der positive Effekt der höheren Staatsausgaben kann schnell verschwinden. Dazu kommen die oben erwähnten Probleme: Die Leute halten ihr Geld zurück oder produzieren weniger.

2. Wenn der Staat nicht knausert, sondern noch mehr Schulden macht, dann hat das auch Auswirkungen. Der Staat muss sich noch mehr Geld leihen. [...] [W]enn viele Gruppen – Regierungen und Unternehmen und Privatleute – Kredite haben wollen, dann werden Kredite teuer, weil die Banken mehr Zinsen verlangen. [...] Das schadet der Wirtschaft.

3. Noch ein Problem taucht auf: Was ist, wenn die Privatleute die Steuersenkung zwar zum Shoppen nutzen – aber nicht in Deutschland, sondern auf Mallorca? Die Deutschen lieben Auslandsurlaub. Oder wenn sie nur ausländische Autos kaufen?

Eine Lehre hieraus ist, dass Eingriffe in die Wirtschaft Folgen haben, weil alle Mitspieler zusammenhängen. Das macht Wirtschaftspolitik so schwierig für die Regierung.

Winand von Petersdorff, Das Geld reicht nie, Frankfurt a. M. 2008, S. 119-123

M6 Zwei Strategien der Wachstums- und Beschäftigungspolitik

Nachfrageorientierung
Grundüberlegung: Die Nachfrage nach Konsum- und Investitionsgütern ist ausschlaggebend für das Wachstum

Ausgangslage: Rezession
zu geringe Nachfrage nach Konsumgütern (durch Haushalte) und Investitionsgütern (durch Unternehmen)

Staatliches Eingreifen: Nachfrage steigern
Ausgaben des Staates (z. B. für Infrastruktur) steigern, um geringe Nachfrage auszugleichen

Wirkung 1: Beschäftigung
Steigerung bzw. Aufrechterhaltung der Beschäftigung in den betroffenen Branchen (z. B. Bau, Zulieferer)

Wirkung 2: Einkommen
Steigerung bzw. Aufrechterhaltung des Einkommens der Beschäftigten in den betroffenen Branchen

Wirkung 3: Nachfrage nach Konsumgütern
Steigerung der Nachfrage nach Konsumgütern durch die Beschäftigten (Haushalte)

Wirkung 4: Nachfrage nach Investitionsgütern
Steigerung der Nachfrage nach Investitionsgütern durch die Unternehmen, die Konsumgüter herstellen

verstärkender Effekt: Gestiegene Investitionsgüternachfrage führt zu steigender Beschäftigung

Angebotsorientierung
Grundüberlegung: Attraktive Rahmenbedingungen für Unternehmen sind ausschlaggebend für das Wachstum

Ausgangslage: Rezession
zu geringe Investition der Unternehmen, weil die Rahmenbedingungen (Kreditzinsen, Lohnhöhe, Steuern und Abgaben) unattraktiv sind

Staatliches Eingreifen: Investitionsbedingungen verbessern
z. B. Steuern für Unternehmen senken, Zinsen senken

Wirkung 1: Ertragskraft der Unternehmen
Verbesserung der Situation der Unternehmen durch niedrigere Kosten, damit steht Kapital für Investitionen zur Verfügung

Wirkung 2: Nachfrage nach Investitionsgütern
Unternehmen investieren ihre Gewinne, um wettbewerbsfähig zu bleiben

Wirkung 3: Beschäftigung
Steigerung bzw. Aufrechterhaltung der Beschäftigung in den betroffenen Branchen (Investitionsgüter-Industrie)

Wirkung 4: Nachfrage nach Konsumgütern
Steigerung der Nachfrage nach Konsumgütern durch die Beschäftigten (Haushalte)

verstärkender Effekt: Gestiegene Konsumgüternachfrage führt zu steigenden Einnahmen der Unternehmen

M7 Konjunkturkurven

Konjunkturkurven: Arbeitsmarkt und Wachstum
Wie sich Arbeitsmarkt und Wachstum seit September 2005 entwickelt haben.

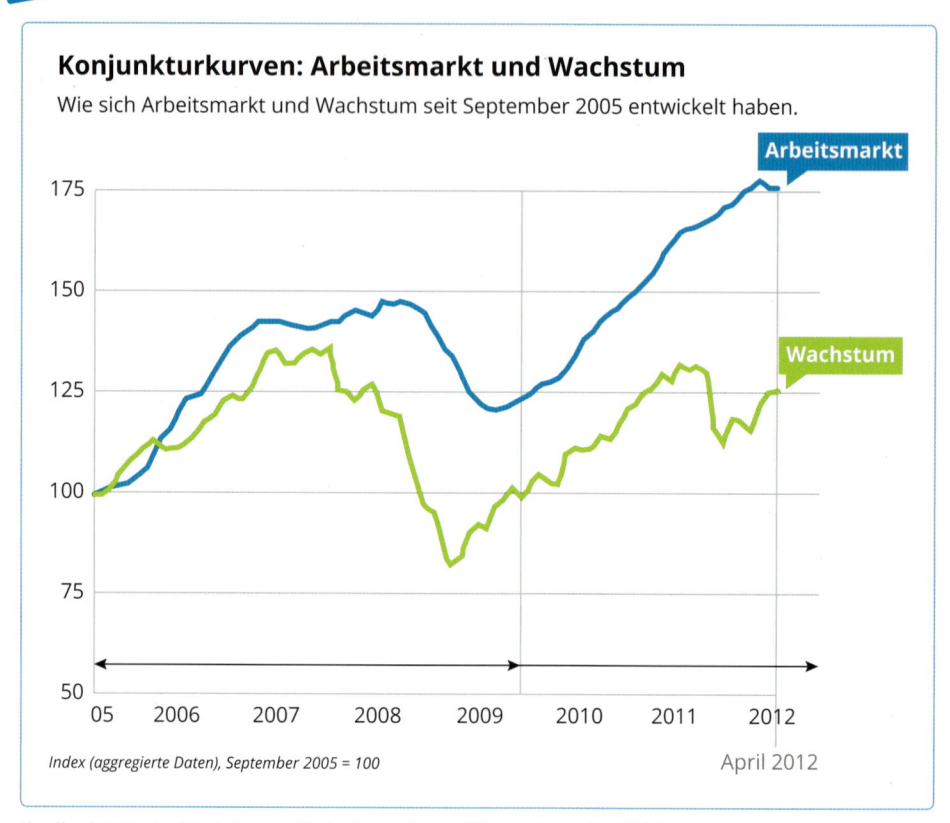

Index (aggregierte Daten), September 2005 = 100
April 2012

Quelle: IW-Konjunkturindex; grafische Darstellung: Wirtschaftswoche/INSM

AUFGABEN

1. Gib die Rechtfertigungsgründe wieder, warum der Staat in das Wirtschaftsgeschehen eingreift. Finde Oberbegriffe für die verschiedenen Gründe (**M2**, **M3**).
2. Ordne die in **M1** genannten Beispiele für staatliches Handeln den Oberbegriffen aus Aufgabe 1 zu.
3. Angenommen, die gesamte Volkswirtschaft eines Minilandes würde aus nur einer Bäckerei bestehen: Der Bäcker verkauft im 1. Jahr Brot für 5.000 €. Im Jahr 2 beträgt die Inflationsrate 2 %.
   Wenn der Bäcker im 2. Jahr seine Produktion steigert und Brot für 5.350 € verkauft: Wie hoch ist das nominale Wachstum, wie hoch ist das reale Wachstum (**M4**)?
4. Erläutere in Form von Wirkungsketten, mit welchen Maßnahmen der Staat das Wachstum ankurbeln kann. Bedenke auch, durch welche Faktoren die Wirkungsketten „gestört" werden könnten (**M5**, **M6**).
5. Arbeite aus **M7** den Zusammenhang zwischen Beschäftigung und Wachstum heraus.

Soziale Marktwirtschaft und Gerechtigkeit

M8 Niemand muss im Regen stehen …

Karikatur: Aurel

M9 Das Sozialstaatsgebot im Grundgesetz

Im Grundgesetz, der deutschen Verfassung, werden die Grundrechte der Bürgerinnen und Bürger garantiert und die Organisation des Staates festgelegt. Artikel 20 fasst die wichtigsten Staatsprinzipien zusammen. Das darin enthaltene „Sozialstaatsgebot" verpflichtet den Staat dazu, das Ziel eines sozialen Ausgleichs bei allen staatlichen Maßnahmen zu berücksichtigen. In Verbindung mit dem Grundrecht auf ein menschenwürdiges Leben ergibt sich daraus ein Anspruch des Einzelnen gegen den Staat, für ihn im Falle seiner – verschuldeten oder unverschuldeten – Bedürftigkeit so zu sorgen, dass sein Existenzminimum gesichert ist. Wer zum Beispiel durch Krankheit oder Alter in eine Notlage geraten ist, muss durch die Unterstützung staatlich organisierter Sozialsysteme eine angemessene Behandlung und ausreichende Hilfe bei der Existenzsicherung erhalten. Der Staat ist auch dazu verpflichtet, „Daseinsvorsorge" zugunsten der Bürgerinnen und Bürger zu betreiben, d. h. die Versorgung mit Gas, Wasser, Strom und Schulen, öffentlichen Verkehrsmitteln u. a. sicherzustellen. Er muss dies allerdings nicht immer kostenlos tun, sondern kann dafür eine zumutbare Gegenleistung in Geld fordern.

Art. 1 GG
(1) Die Würde des Menschen ist unantastbar. Sie zu achten und zu schützen ist Verpflichtung aller staatlichen Gewalt.

Art. 20 GG
(1) Die Bundesrepublik Deutschland ist ein demokratischer und sozialer Bundesstaat.

Erklärfilm „gesetzliche Sozialversicherung"

Mediencode: 71062-09

M10 Das soziale Sicherungssystem in Deutschland

Das Kernstück des Sozialstaats in Deutschland ist die gesetzliche Sozialversicherung. Sie ist im Sozialgesetzbuch geregelt und schreibt verpflichtend vor, dass jeder Mensch, der in einem regulären Beschäftigungsverhältnis (sozialversicherungspflichtige Vollzeit- und Teilzeittätigkeiten) steht, gegen bestimmte Grundrisiken des Lebens versichert sein muss. Arbeitgeber und Arbeitnehmer beteiligen sich in etwa je zur Hälfte an der Finanzierung der einzelnen Versicherungszweige. Eine Ausnahme bildet die gesetzliche Unfallversicherung. Bei dieser Versicherung sind nur die Arbeitgeber beitragspflichtig. Auf diese Weise ist ein Arbeitnehmer versichert bei Arbeitslosigkeit, bei Krankheit, bei Pflegebedürftigkeit, im Alter, wenn er nicht mehr berufstätig sein kann, und bei Unfällen. Diejenigen, die aus der gesetzlichen Sozialversicherung keine oder keine ausreichenden Leistungen beziehen können, erhalten im Falle ihrer Bedürftigkeit eine Grundsicherung, die aus allgemeinen Steuermitteln finanziert wird. Darüber hinaus leistet der Sozialstaat auch in besonderen Lebenslagen Unterstützung, z. B. für Familien, Kinder oder die Ausbildung. Der Sozialstaat wird von dem Grundgedanken der „Solidarität" getragen, d. h. dem Prinzip gegenseitiger Hilfe. Im Bedarfsfall tritt die Gemeinschaft mit ihren Mitteln für den Hilfsbedürftigen ein.

M11 Die Säulen der sozialen Sicherung

Sozialleistungen

Systeme des öffentlichen Dienstes	Staatlich geförderte private Vorsorge	Gesetzliche Sozialversicherung	Förder- und Fürsorgesysteme	Arbeitgebersysteme
• Beamtenpensionen • Beihilfe • Familienzuschläge	• Private Altersvorsorge („Riester-Rente", „Rürup-Rente") • Private Pflegeversicherung („Pflege-Bahr")	• Gesetzliche Rentenversicherung • Gesetzliche Krankenversicherung • Pflegeversicherung • Arbeitslosenversicherung • Unfallversicherung	• Kindergeld • Elterngeld • Grundsicherung für Arbeitssuchende (ALG II, Sozialgeld für Angehörige) • Grundsicherung im Alter • Sozialhilfe • BAföG	• Entgeltfortzahlung im Krankheitsfall • Betriebliche Altersvorsorge

M12 Staatliche Umverteilung

Gewinne und Verluste bei der staatlichen Umverteilung, aufgeschlüsselt nach den Haushalts-Nettoeinkommen.

Haushalts-Nettoeinkommen im Monat (Euro)[1]	Staatliche Geldtransfers an Haushalte[2]	Abgaben der Haushalte[3]	Gewinne oder Verluste im Monat (Geldtransfers minus Abgaben)
unter 1.000	533	−56	+476
1.000 bis 1.500	804	−193	+610
1.500 bis 2.000	889	−380	+509
2.000 bis 2.500	970	−561	+410
2.500 bis 3.000	948	−758	+190
3.000 bis 3.500	842	−984	−142
3.500 bis 4.000	838	−1.263	−424
4.000 bis 4.500	773	−1.552	−779
4.500 bis 5.000	843	−1.829	−986
5.000 bis 6.000	760	−2.193	−1.434
6.000 bis 7.000	651	−2.772	−2.120
7.000 bis 10.000	625	−3.782	−3.156
mehr als 10.000	625	−8.470	−7.845

1) 2012. 2) Gesetzliche Renten, Kindergeld usw. 3) Einkommensteuer, Sozialversicherungs-Arbeitnehmerbeiträge usw.

Quelle: www.faz.net, IW; F.A.Z.-Grafik Thomas Heumann, 3.8.2015

M13 25 Jahre gesamtdeutsche Soziale Marktwirtschaft: Der Markt versagt, der Staat aber auch

Nicht alle Kritiker des Kapitalismus wollen ihn auch gleich abschaffen. Dazu müssten sie ein anderes Ordnungsprinzip aufzeigen als das des Marktes. Streng genommen kann das nur der Staat sein – und damit ist man wieder bei der Planwirtschaft. Gleichwohl: Der auf Privateigentum und Eigeninteresse basierenden und von der unsichtbaren Hand gesteuerten Wirtschaft wünschen immer noch viele den systembedingten Niedergang, den Urvater Karl Marx schon vor 150 Jahren vorhersagte. Die, die sich beim Aufbau einer gerechten Gesellschaft auf Marx beriefen – von Lenin über Mao Zedong bis Erich Honecker – haben freilich nicht viel Fortune gehabt. Man könnte auch sagen: Alle Versuche endeten in der ökonomischen und menschlichen Katastrophe.

Hat sich die Diskussion um eine grundsätzliche Alternative zum kapitalistischen System damit erledigt? Mitnichten. Sie kommt nur nicht mehr in der dogmatischen Strenge und im K-Gruppen-Kaderton der 1970er-Jahre daher. Sondern etwa als Occupy oder Blockupy. Oder als kluge und sachkundige Sahra Wagenknecht, die sich gleichwohl auf Ludwig Erhard, den Gründungsvater der Sozialen Marktwirtschaft, beruft – und im gleichen Atemzug die Verstaatlichung der Banken verlangt und anderes mehr. [...]

Mit [den kapitalistisch-marktwirtschaftlichen] Prinzipien zu sympathisieren, fällt den Systemkritikern entweder unendlich schwer. Oder sie halten sie für selbstverständlich, wie etwa der Bestseller-Ökonom Thomas Piketty – mit der Folge, dass der

K-Gruppen
Sammelbezeichnung für kommunistisch orientierte Kleinparteien und Vereinigungen

Occupy
weltweite Protestbewegung, die die Bekämpfung von sozialen Ungleichheiten, Spekulationsgeschäften von Banken und den Einfluss der Wirtschaft auf die Politik fordert

Blockupy
Blockupy bezeichnet ein kapitalismus- und globalisierungskritisches Netzwerk aus mehreren Organisationen, dessen Name sich von seinem Vorhaben einer Blockade und von der Occupy-Bewegung ableitet.

überzeugte Marktwirtschaftler von den Lesern seines Buches „Das Kapital" als Marxist der Moderne interpretiert wird. Dabei kann man sich auch als Linker aus Überzeugung zum Kapitalismus bekennen, ohne dessen Verfehlungen zu verkennen. Gerhard Schick, Finanzexperte der Grünen, hat dies mit seinem Buch „Machtwirtschaft nein danke!" unter Beweis gestellt.

Der grüne Chefökonom, seit zehn Jahren im Bundestag und über seine Partei hinaus als Fachmann für Finanz- und Wirtschaftspolitik geschätzt, stammt aus der Freiburger Schule des sogenannten Ordoliberalismus. Diese Denkrichtung wurde in den 1940er- und 1950er-Jahren gegründet, zu einer Zeit also, in welcher die Auseinandersetzung zwischen Sozialismus und Kapitalismus noch nicht von der Geschichte entschieden war.

Hier Markt, dort zentralistische Planung. Zwischen beiden ficht der Ordoliberalismus für den starken Staat – aber nicht den, der Wirtschaft macht, sondern der die Regeln dafür setzt. So will er vor allem auch die Machtzusammenballungen (Kartelle, Monopole) verhindern, die den Wettbewerb, das Zentralmotiv einer Marktwirtschaft, außer Kraft setzen. Schick führt viele Beispiele auf, die seine Grundhaltung belegen: „Ja, der Markt versagt. Aber der Staat versagt auch. Denn wo Märkte versagen, handelt es sich immer auch um ein Versagen der staatlichen Ordnungsmacht." Deshalb kann er auch mit den politischen Koordinaten rechts und links nichts anfangen. Beide Lager seien im Kern für Staat und für Markt. In der Realität aber treten die Linken geradezu reflexhaft mit dem Ruf nach mehr Staat auf, um ungerechte Marktergebnisse auszubügeln. „Das ist der völlig falsche Ansatz", sagt der linke Grüne Gerhard Schick: „Linke müssen viel früher ansetzen und die Regeln für den Markt so gestalten, dass er gerechtere Ergebnisse produziert."

Das freilich geht nur, wenn man die Marktwirtschaft, also den Kapitalismus, anerkennt. Schick tut das nicht nur guten Gewissens, sondern mit glühender Überzeugung. Von anderen Linken hat man davon noch wenig vernommen.

Helmut Schneider, Südwest Presse, 14.4.2015

AUFGABEN

1. Fasse zusammen, welche Verpflichtungen sich für den Staat aus dem Sozialstaatsgebot ergeben (**M8** – **M11**).
2. Nimm Stellung zum Maß der staatlichen Umverteilung (**M12**).
3. Bewerte die Soziale Marktwirtschaft auf einer Skala von eins bis fünf hinsichtlich der Frage, ob es sich dabei deiner Meinung nach um eine – alles in allem – gerechte und erfolgreiche Wirtschaftsordnung handelt (**M8** – **M13**).

WAS WIR WISSEN

Weltweit haben Marktwirtschaften mit regelmäßigen Wachstumsschwankungen zu kämpfen, die mit Arbeitslosigkeit, Preisanstiegen und Wohlfahrtverlusten einhergehen. Zur Stabilisierung der wirtschaftlichen Entwicklung greift der Staat in der Sozialen Marktwirtschaft in das Wirtschaftsgeschehen ein. Gesetzliche Grundlage für die Stabilitätspolitik ist das Stabilitäts- und Wachstumsgesetz, das 1967 verabschiedet wurde. Das formuliert die wichtigsten Ziele der Wirtschaftspolitik, die möglichst gleichzeitig zu erfüllen sind:

- stetiges und angemessenes Wirtschaftswachstum;
- Preisniveaustabilität;
- hoher Beschäftigungsstand und
- außenwirtschaftliches Gleichgewicht.

Über die Ziele des Stabilitätsgesetzes hinaus gelten

- die Bewahrung der Umwelt,
- eine gerechte Einkommensverteilung
- und die Rückführung der Staatsverschuldung

als weitere wichtige Ziele der Wirtschaftspolitik.

Zur Beeinflussung der wirtschaftlichen Entwicklung kann der Staat vielfältige Maßnahmen ergreifen. So kann er insbesondere über Steuerentlastungen und Ausgabensteigerungen die gesamtwirtschaftliche Nachfrage erhöhen und so im Idealfall für mehr Beschäftigung sorgen. Man spricht in diesem Fall von nachfrageorientierter Globalsteuerung oder antizyklischer Nachfragepolitik, da die Wirtschaftspolitik von der Absicht geleitet ist, die Ausschläge der Wirtschaftszyklen zu glätten. Alternativ kann der Staat auch zu einer Verbesserung des Angebots beitragen, indem die Bedingungen für Investitionen der Unternehmen zum Beispiel durch Steuersenkungen oder günstige Kredite verbessert werden (Angebotspolitik).

Trotz der unbestrittenen Erfolge der Sozialen Marktwirtschaft steht diese Wirtschaftsordnung heute vor einer Reihe von Herausforderungen, die die öffentliche politische Diskussion prägen. Als wichtige Herausforderung gilt neben den Fragen nach der Umweltverträglichkeit der Wirtschaftsordnung und nach den Folgen der Globalisierung die Frage nach der Gerechtigkeit der Wirtschaftsordnung.

Wirtschaftspolitik
M2 – M6

Der Markt weist Einkommen nach Leistung, nicht nach Bedürftigkeit zu. Menschen, die nicht in der Lage sind, eigenes Einkommen zu erzielen, wären daher im schlimmsten Fall sich selbst überlassen. In der Sozialen Marktwirtschaft garantiert der Staat jedoch jedem Einzelnen ein Existenzminimum. Außerdem sorgt er mit Mitteln der Steuer- und Sozialpolitik für ein deutliches Maß an Umverteilung der Einkommen. Deutschlands Sozialleistungsquote (sie misst den Anteil, der am Bruttoinlandsprodukt für soziale Zwecke verwendet wird) liegt etwa bei einem Drittel der Wirtschaftsleistung. Nur in Frankreich und Schweden liegt sie etwas höher.

Gefühlt klafft die Schere auseinander, wenn man die Millionengehälter von Hedgefonds-Akrobaten, Bankern, Entertainern und Fußballern betrachtet. Eine verlässlichere Messlatte stellt allerdings der „Gini-Koeffizient" dar, der die Einkommensun-

Gerechtigkeit
M9 – M13

WAS WIR WISSEN

gleichheit auf einer Skala von null (alle gleich: perfekte Gleichverteilung) bis eins (einer hat alles: perfekte Ungleichheit) misst. Der Wert für Deutschland gehört mit 0,29 nach der Umverteilung weltweit zu den niedrigsten und liegt damit nur knapp unter den Werten der hochegalitären skandinavischen Länder.

Bei seiner Umverteilungspolitik ergreift der Staat neben marktkonformen Eingriffen wie z. B. Abgaben und Steuern unter Umständen auch zu drastischeren Eingriffen in die Soziale Marktwirtschaft: In der Absicht, sozialen Schaden abzuwenden, greift er direkt in die Preisfindung ein, bspw. indem er einen staatlichen Mindestlohn festsetzt oder indem er Vorschriften zur Höhe der Mieten erlässt. Teilweise verfehlen solche Maßnahmen jedoch ihre Wirkung, wenn sie nämlich nicht denen zugutekommen, für die sie eigentlich gedacht sind.

Ob die Ungleichverteilung der Einkommen und Vermögen auch ungerecht ist, darüber wird politisch gestritten. Dabei muss man zwischen ganz unterschiedlichen Konzeptionen von Gerechtigkeit unterscheiden:

- Chancengerechtigkeit: Sie zielt auf die Schaffung gleicher Startbedingungen;
- Leistungsgerechtigkeit: Danach soll jeder entsprechend seiner Leistung entlohnt werden;
- Bedarfsgerechtigkeit: Jeder soll so viel bekommen, wie er braucht;
- Verteilungsgerechtigkeit: Sie zielt auf eine möglichst gleiche Verteilung von Einkommen und Vermögen.

In der Diskussion um die richtige Dosierung des Sozialen in der Sozialen Marktwirtschaft sind folgende Einstellungen in der Bevölkerung zu berücksichtigen: Die Menschen gehen in der Regel davon aus, dass immer nur der gleiche Kuchen verteilt werden könne, während der Kuchen doch durchaus auch wachsen kann. Besonders schwierig wird es, wenn unter einer Maßnahme jemand Einzelnes leidet. Einzelschicksale gewinnen gerade in der Mediengesellschaft eine besondere Bedeutung. Und schließlich gewichten die Menschen die Ansprüche ihrer eigenen Gruppe gerne höher als die anderer Gruppen.

WAS WIR KÖNNEN

Ein Werbeplakat zur Sozialen Marktwirtschaft gestalten

Bildet Gruppen. Ihr arbeitet in einer bekannten Werbeagentur und bekommt den Auftrag, im Rahmen einer Kampagne für die Soziale Marktwirtschaft ein Werbeplakat zu gestalten. Alternativ kann auch ein „Warnplakat" zu den negativen Seiten der Sozialen Marktwirtschaft gestaltet werden. Überlegt euch zunächst, welche Art von Plakat ihr gestalten wollt.

Beachtet bei der Umsetzung folgende Punkte:
- Welche Grundbotschaft wollt ihr übermitteln (Textaussage)?
- Wie soll das Plakat aufgebaut werden (Anteil Text / Bild, Farben, Schriften, Gestaltung)?
- Wie sollen Text und Bild miteinander interagieren?
- Welche Stimmungen oder Gefühle sollen provoziert werden?

Diese Hinweise solltet ihr berücksichtigen:
- einfacher Text, klare Sprache, gut lesbare Schrift
- auf komplexe Grafiken oder Bilder verzichten
- wichtige Dinge auf einer Diagonalen platzieren, die von oben links nach unten rechts verläuft
- farblich sollte ein Plakat nicht zu bunt und nicht zu voll gestaltet werden

Ballonspiel – zweite Runde

Nimm dir noch einmal das Ballonspiel der Auftaktseite dieses Kapitels vor und spiele es erneut. Welche Veränderungen beobachtest du gegenüber den Ergebnissen deines ersten Spiels? Begründe gegebenenfalls.

Hauptstädte in der EU

Wien, Bratislava, Amsterdam, Madrid, Berlin, Lissabon, London, Luxemburg, Riga, Warschau, Valletta, Rom, Helsinki, Tallinn, Brüssel, Dublin, Paris, Prag, Ljubljana, Zagreb, Budapest, Sofia, Nikosia, Athen, Kopenhagen, Stockholm, Vilnius, Bukarest

4

Die Europäische Union – „in Vielfalt geeint"?

Die Europäische Union hat nunmehr 28 Mitglieder. Lange hieß es, dass weitere Staaten ins „Haus" der EU einziehen wollen. Doch mit dem Brexit wird die EU erstmals kleiner. Was hat dies zu bedeuten? Wie ändert sich dadurch das Leben in der EU? Und macht das EU-Motto „in Vielfalt geeint" angesichts des Brexits immer noch Sinn?

KOMPETENZEN

Am Ende des Kapitels solltet ihr Folgendes können:
- wichtige politische Organe der EU und den Entscheidungsprozess beschreiben
- Entwicklung und Ziele der europäischen Integration kennen
- demokratische Mitwirkungsmöglichkeiten im europäischen Willensbildungs- und Entscheidungsprozess darstellen
- Errungenschaften und Gefährdungen der europäischen Integration diskutieren
- anhand eines Fallbeispiels die europäische Erweiterungsdebatte beurteilen
- euch mit der Rolle des Binnenmarktes und der Eurokrise auseinandersetzen

WAS WISST UND KÖNNT IHR SCHON?

1. Bestimmt auf der Europakarte die EU-Länder und deren Hauptstädte.
2. Europa ist kein Staat und seine Bevölkerung ist keine einheitliche Nation. Sammelt in der Klasse euch bekannte Beispiele hinsichtlich unterschiedlicher Kulturen, Menschen, Staaten, Traditionen, Sozialsysteme, etc. in Europa.
3. Stellt Vermutungen an, vor welcher Art von Herausforderungen die EU in folgenden Bereichen steht: *a) gemeinsame Werte, b) politische Entscheidungen, c) geografische Überlegungen/Größe der EU, d) Gestaltung der gemeinsamen Wirtschaft und Währung, e) Umgang mit Krisen.*

4.1 Die Europäische Union – Werte und Institutionen

Das Zusammenwachsen der EU – Schritte zu einem festen Fundament für ein solides Haus?

M1 Warum gibt es die Europäische Union? Gründe für den „Hausbau"

Rehabilitation Deutschlands
Gemeint ist die Wiederaufnahme der Bundesrepublik Deutschland in die Staatengemeinschaft nach seiner weitgehenden Isolation in der NS-Zeit.

Angesichts des Leids und Elends zweier Weltkriege auf europäischem Boden wollten die Menschen in Europa endlich Frieden. Ein schneller Wiederaufbau des zerstörten Europa und die Steigerung des Wohlstands waren nur durch wirtschaftliche Kooperation und die Schaffung größerer Wirtschaftsräume zu bewerkstelligen. Ferner mussten die alten europäischen Großmächte angesichts einer neuen Weltordnung, die durch die Supermächte USA und Sowjetunion bestimmt wurde, befürchten, wirtschaftlich und politisch an den Rand gedrängt zu werden. Die Integration diente insofern der Selbstbehauptung Europas. Für Deutschland stellte die Aufnahme in die europäische Staatengemeinschaft darüber hinaus einen entscheidenden Schritt zur Rehabilitation und zur Anerkennung dar.

Die Europäer haben aus der durch Krieg und Feindschaft geprägten europäischen Geschichte gelernt, dass Frieden und Wohlstand auf Dauer nur durch ein Miteinander möglich sind. Auf der Grundlage der Menschenrechte und der Demokratie soll die EU „in Vielfalt geeint" das Wohlergehen der Menschen fördern.

M2 Das „Haus" der Europäischen Union im Bau – Meilensteine

Die EU lässt sich anschaulich mit dem Bild eines großen Hauses vergleichen. Die ersten Bewohner des Hauses waren ihre sechs Gründerstaaten. Diese Staaten haben gleichsam eine Hausordnung, den ersten Vertrag über die Regeln des Zusammenlebens, geschlossen. Bis heute wurde diese Hausordnung, durch zahlreiche Verträge erweitert. Immer mehr vormals nationale Entscheidungen und Regelungen wurden so in gemeinsames politisches Handeln überführt (Vergemeinschaftung). Parallel dazu wurde das Haus weiter ausgebaut (Erweiterung der EU). Dass das Haus nicht zerfällt, sondern bestenfalls erhalten bleibt, bzw. sogar noch größer wird, ist die Aufgabe der Architekten: die Staats- und Regierungschefs der EU-Staaten. Diese mussten auch Wege finden, um das Zusammenleben in der Hausgemeinschaft zu regeln und zu fördern: gemeint sind die politischen Organe der EU.

Die Europäische Union – ein unvollendetes Bauwerk

Nachfolgende Meilensteine zeigen die wichtigsten Bausteine der Europäischen Union.

1945 – 1959: Ein Europa des Friedens – die Anfänge der Zusammenarbeit [...]
Seit dem Jahr 1950 beginnt mit der Europäischen Gemeinschaft für Kohle und Stahl die wirtschaftliche und politische Vereinigung der europäischen Länder zur Sicherung eines dauerhaften Friedens. Die sechs Gründerländer sind Belgien, Deutschland, Frankreich, Italien, Luxemburg und die Niederlande. Die 1950er-Jahre sind vom Kalten Krieg zwischen Ost und West geprägt. Im Jahr 1956 brechen in Ungarn brechen Proteste aus, die von sowjetischen Panzern niedergeschlagen werden. Mit dem Vertrag von Rom, der im Jahr 1957 unterzeichnet wird, entsteht die Europäische Wirtschaftsgemeinschaft (EWG) – der gemeinsame Markt.

Erklärfilm „Europäische Union"

Mediencode: 71062-10

1960 – 1969: Eine Zeit des wirtschaftlichen Wachstums
Die 1960er-Jahren bieten gute Bedingungen für die Wirtschaft; ein Faktor hierfür ist die Abschaffung der Zölle auf den Handel zwischen den EU-Mitgliedstaaten. Außerdem wird beschlossen, die landwirtschaftliche Erzeugung gemeinsam zu organisieren, um alle Bürger ausreichend mit Lebensmitteln zu versorgen; bald entstehen sogar Überschüsse an Agrarerzeugnissen. [...]

1970 – 1979: Die Europäische Gemeinschaft wird größer – die erste Erweiterung
Am 1. Januar 1973 werden Dänemark, Irland und das Vereinigte Königreich Mitgliedstaaten der Europäischen Union; die EU hat jetzt neun Mitgliedstaaten. [...] Über die EU-Regionalpolitik werden hohe Beträge für ärmere Gebiete bereitgestellt, um Infrastrukturen aufzubauen und Arbeitsplätze zu schaffen. Das Europäische Parlament erhält mehr Einfluss auf die EU-Politik; im Jahr 1979 können alle Bürger erstmals ihre Vertreter im Parlament direkt wählen. [...]

1980 – 1989: Das neue Gesicht Europas – der Fall der Berliner Mauer
[...] Im Jahr 1981 wird Griechenland zehntes Mitglied der EU; der Beitritt Spaniens und Portugals folgt fünf Jahre später. Im Jahr 1986 wird die Einheitliche Europäische Akte unterzeichnet. Dieser Vertrag schafft die Grundlage für ein umfassendes, über sechs Jahre angelegtes Programm zur Lösung der Probleme, die beim freien grenzübergreifenden Handel innerhalb der EU auftreten; damit entsteht der Binnenmarkt. Mit dem Fall der Berliner Mauer am 9. November 1989 und der Öffnung der seit 28 Jahren bestehenden Grenze zwischen Ost- und Westdeutschland wird eine große politische Wende ausgelöst. [...]

1990 – 1999: Ein Europa ohne Grenzen
[...] In den 1990er-Jahren werden zwei Verträge geschlossen: Der Vertrag über die Europäische Union („Vertrag von Maastricht") und der Vertrag von Amsterdam. [...] Im Jahr 1993 wird die EU um drei Mitgliedstaaten erweitert: Österreich, Finnland und Schweden. Ein kleines Dorf in Luxemburg dient als Namensgeber für die Übereinkommen von Schengen, die Reisenden die Möglichkeit geben, die Grenzen ohne Passkontrolle zu überqueren. Millionen junger Menschen studieren mit Unterstützung der EU in anderen Ländern. [...]

2000 – 2009: Weiterer Ausbau
Der Euro ist jetzt für viele EU-Bürger die neue Währung. In diesen zehn Jahren führen immer mehr Mitgliedstaaten den Euro ein. […] Nach dem Beitritt von insgesamt zehn neuen Staaten im Jahr 2004 sowie Bulgarien und Rumänien im Jahr 2007 können die politischen Gräben zwischen Ost und West als überwunden betrachtet werden. […] Der Vertrag von Lissabon wird von allen EU-Mitgliedstaaten unterzeichnet und tritt im Jahr 2009 in Kraft. Durch ihn erhält die EU moderne Institutionen und effizientere Arbeitsverfahren.

2010 – heute: Ein Jahrzehnt der Herausforderungen
Europa leidet unter der weltweiten Wirtschaftskrise. Die EU hilft mehreren Ländern bei der Bewältigung ihrer Schwierigkeiten und gründet die Bankenunion, um für mehr Sicherheit und Zuverlässigkeit im Bankensektor zu sorgen. Im Jahr 2012 erhält die Europäische Union den Friedensnobelpreis. Im Jahr 2013 wird Kroatien der 28. EU-Mitgliedstaat. […] Infolge der Annexion der Halbinsel Krim durch Russland wird eine neue Sicherheitspolitik eingeführt. Im Nahen Osten und in verschiedenen anderen Weltregionen breitet sich der religiöse Extremismus aus; dies führt zu Unruhen und Kriegen, in deren Folge viele Menschen aus ihrer Heimat vertrieben werden und Zuflucht in Europa suchen. Die EU steht vor der Frage, wie sie diese Menschen aufnehmen kann, wird aber gleichzeitig selbst Schauplatz mehrerer Terroranschläge. Am 23. Juni 2016 stimmt Großbritannien für den Austritt aus der EU.

Nach: © Europäische Union 1995-2017, Die Geschichte der Europäischen Union, http://ec.europa.eu (9.1.2017), Für die Weitergabe und Anpassung ist allein die C.C. Buchner Verlag GmbH & Co. KG verantwortlich.

M3 Der Kitt des „Europäischen Hauses": Werte, Ziele und Symbole der EU

a) Werte der EU

Art. 2 EU-Vertrag
„Die Werte, auf die sich die Union gründet, sind die Achtung der Menschenwürde, Freiheit, Demokratie, Gleichheit, Rechtsstaatlichkeit und die Wahrung der Menschenrechte einschließlich der Rechte der Personen, die Minderheiten angehören.
Diese Werte sind allen Mitgliedstaaten in einer Gesellschaft gemeinsam, die sich durch Pluralismus, Nichtdiskriminierung, Toleranz, Gerechtigkeit, Solidarität und die Gleichheit von Frauen und Männern auszeichnet."

Der Vertrag von Lissabon (EU-Vertrag, EUV) wurde am 13.12.2007 unterzeichnet.

b) Ziele der EU
Als Ziele der Europäischen Union nennt der EU-Vertrag unter anderem die Förderung des Friedens, die Schaffung eines Binnenmarkts mit freiem und unverfälschtem Wettbewerb, Wirtschaftswachstum, Preisstabilität, Soziale Marktwirtschaft, Umweltschutz, soziale Gerechtigkeit, kulturelle Vielfalt, weltweite Beseitigung der Armut und die Förderung des Völkerrechts.

c) Symbole der EU

Die EU kennt verschiedene Symbole. Die wichtigsten sind hier genannt:

- **EU-Flagge:** Die zwölf kreisförmig angeordneten Sterne der europäischen Flagge symbolisieren Vollkommenheit, Vollständigkeit und Einheit. Die Sterne auf der Flagge stehen daher für die Harmonie der europäischen Völker. Die Zahl der Sterne hat nichts mit der Anzahl der Mitgliedstaaten zu tun.
- **Hymne:** Seit 1972 ist der letzte Satz von Ludwig van Beethovens 9. Symphonie die Hymne des Europarats. Bei der Komposition ließ sich Beethoven von Schillers Gedicht „Ode an die Freude" inspirieren. Seit 1986 ist die „Ode an die Freude" offizielle Hymne der Europäischen Union. Sie hat bisher keinen offiziellen Text.
- **Europatag:** Am 9. Mai 1950 unterbreitete Robert Schuman, damaliger französischer Außenminister, in einer Rede vor Pressevertretern in Paris seinen Vorschlag für ein Vereintes Europa als unerlässliche Voraussetzung für die Aufrechterhaltung friedlicher Beziehungen (Schuman-Erklärung). Dieser Tag gilt als Grundstein der heutigen Europäischen Union.
- **Motto der EU:** Der Lissabon Vertrag enthält erstmals einen offiziellen Leitspruch bzw. ein offizielles Motto für die Europäische Union Es heißt: „In Vielfalt geeint".

Die Flagge der Europäischen Union gilt als eines der wichtigsten Symbole der EU.

AUFGABEN

1. Angenommen, du müsstest einem Amerikaner erklären, warum es die EU überhaupt gibt. Schreibe ihm mithilfe von **M1** eine E-Mail, indem du wichtige Beweggründe für den „Hausbau" der EU in aller Kürze schilderst.

2. Bearbeitet **M2** in Gruppen.
    a) Teilt euch die einzelnen Meilensteine der EU-Integration in der Gruppe auf und arbeitet aus jedem Stein wichtige Integrationsschritte (Verträge, Erweiterungen, Institutionen, …) mit Jahreszahlen für den „Hausbau" heraus.
    b) Gestaltet in der Gruppe ein Plakat des europäischen „Hauses".

3. Bearbeitet in der Gruppe lediglich zwei der nachfolgenden Aufgaben.
    a) Erklärt mithilfe von **M3a** die Werte der EU, indem ihr für jeden Wert ein Beispiel heranzieht.
    b) Setzt euch mit den Zielen der EU (**M3b**) auseinander, indem ihr ein Ranking nach Umsetzbarkeit/Dringlichkeit einzelner Ziele erstellt.
    c) Sammelt nationale Symbole und Rituale, die ihr aus Deutschland oder anderen Ländern kennt. Welche Funktion haben solche Symbole? Vergleicht diese abschließend mit den europäischen Symbolen in **M3c**.

4. Nehmt Stellung zu der Frage, ob wir in der EU andere Institutionen, neue Verträge oder einfach nur mehr Symbole, Ziele und Rituale brauchen, um das „Haus der EU" auch in Krisenzeiten sicher zu machen (**M1 – M3**).

H ZU AUFGABE 1
Folgende Schlagworte könntest du in deiner Mail unterbringen: Weltkriege, Frieden, Wohlstandssteigerung, Selbstbehauptung Europas, Deutschland – Wiederaufnahme und Anerkennung, Lernen aus der Geschichte, Menschenrechte und Demokratie.

F ZU AUFGABE 3 c)
Stellt euch vor, es wird ein europaweiter EU-Feiertag eingeführt. Die Idee dahinter ist, den Bürgern Europas die Vielfalt und die Einheit der EU näher zu bringen und eure Stadt plant, diesen groß zu feiern. Entwickelt ein Konzept, wie der Tag in eurer Stadt gestaltet werden könnte.

EU-Institutionen – „die in Brüssel" oder „wir in Europa"?

M4 Fallbeispiel: Familie Keller auf dem Weg in den Urlaub …

„Herzlich Willkommen in der EU. Sie nutzen den Auslandstarif, gültig in der EU. Abgehende Gespräche kosten soundso viel Cent, ankommende Anrufe sind kostenlos, SMS in die EU kosten soundso viel Cent. Ein Megabyte Datenroaming soundso viel Cent."

Sommer 2017, Familie Keller ist in den Sommerferien auf dem Weg in den Urlaub. „piep piep. piep piep." klingelt es plötzlich aus allen Hosentaschen gleichzeitig. Eine SMS, an jeden! „Und, wer schreibt?", fragt der Vater, der gerade am Steuer sitzt und nicht an sein Handy gehen kann. „Kenn' ich nicht. Unbekannte Nummer. Ich glaube die EU oder so." Nicht ganz. Es ist der Mobilfunkanbieter, der seine Kunden da informiert, wie hoch die Tarife im Ausland sind. Mit der EU hat das dennoch etwas zu tun … .

M5 Smartphone-Nutzung im Ausland – die EU hilft mit …

Die Entwicklung und anschließende Verbreitung der Smartphones (Handys) in der Bevölkerung verspricht jedem Nutzer unbegrenzte Mobilität beim Telefonieren, SMS-Schreiben oder Surfen im Internet. Sobald man sich dabei bis zum Jahr 2006 aber außer Landes bewegte, wurde es teuer. Der Grund hierfür lag in den sogenannten Roaminggebühren.

Mit Roaming wird die Nutzung eines fremden Mobilfunknetzes bezeichnet. Anhand der Roaminggebühren wird gezeigt, wie die EU Einfluss auf unseren Alltag nimmt und welche EU-Organe bei einem „Gesetzesvorgang" betroffen sind.

a) Das Problem: Hohe Roamingkosten im Ausland

Kontinuierliche Senkung der Roaminggebühren pro MB Datenvolumen		Letzte Senkung der Roaminggebühren am 30.04.2016 vor der geplanten vollständigen Abschaffung im Juni 2017	
2013	45ct/MB	Abgehende Anrufe	5ct
2014	23,8ct/MB	Ankommende Anrufe	1,14ct
2015	20ct/MB	SMS	2ct
2016	5ct/MB	MB Datenvolumen	≤5ct/MB

Nach: © Bundesnetzagentur für Elektrizität, Gas, Telekommunikation, Post und Eisenbahnen, Aktuelle Aktuelle Roaming-Regelungen in der Europäischen Union, www.bundesnetzagentur.de, 6.5.2016

b) Kommission legt Verordnungsvorschlag zum Auslandsroaming vor

Die Kommission schlägt 2008 vor, die bis dahin gültige Roamingverordnung Nr. 717/2007 auf SMS auszudehnen und zum 1. Juli 2009 Preisobergrenzen für das SMS-Roaming einzuführen. Die Vorschläge hat die Kommission bereits in einen ausformulierten Verordnungsentwurf gegossen.

c) Europäisches Parlament verabschiedet Roamingverordnung

Die Deckelung von Preisen für Mobilfunk-Textnachrichten (SMS) im EU-Ausland (Roaming) ist unter Dach und Fach. Das Europäische Parlament hatte den entsprechenden Kommissionsvorschlägen nach einer politischen Einigung zwischen Parlament und Rat in seiner Plenartagung im April 2009 mit überwältigender Mehrheit (646 Ja-Stimmen, 22 Nein-Stimmen und 9 Enthaltungen) zugestimmt.

d) Der Einfluss der Mitgliedstaaten – der Ministerrat

Die Minister der 27 EU-Mitgliedstaaten verabschiedeten im Juni 2009 einstimmig die neuen EU-Roamingvorschriften. Die neuen EU-Roamingvorschriften werden für die Verbraucher zu weiteren Preissenkungen um bis zu 60 % führen – und zwar ab 1. Juli 2009. Dadurch werden die Verbraucher für den SMS-Versand im EU-Ausland garantiert nicht mehr als 0,11 € (ohne MwSt.) bezahlen müssen. Mit der Annahme im Rat ist der letzte Schritt des Gesetzgebungsverfahrens abgeschlossen, sodass der Präsident des Europäischen Parlaments und der Vorsitzende des Rates die Verordnung am 18. Juni 2009 förmlich unterzeichnen konnten. Einige Tage später wurde sie dann im Amtsblatt der EU veröffentlicht. Da die neuen Bestimmungen in einer EU-Verordnung enthalten sind, galten sie ab 1. Juli 2009 unmittelbar in allen der damaligen 27 EU-Mitgliedstaaten.

e) Der EuGH: Roamingverordnung rechtskräftig

Als Reaktion auf das Urteil des Europäischen Gerichtshofs, dass die EU-Roamingverordnung gültig und angemessen sei, hat die Kommission angekündigt, Roaminggebühren im EU-Raum bis 2015 auf Null drücken zu wollen. Die Handybetreiber T-Mobile, Vodafone, O_2 und Orange hatten in Großbritannien Klage gegen die Verordnung eingelegt. Als Begründung nannten sie den ungerechtfertigten Eingriff in den freien Markt. Der EuGH sah einen solchen nicht gegeben.

f) 2012: EU-Parlament und Ministerrat beschließen neue EU-Roamingverordnung

Am 13. Juni 2012 wird vom Ministerrat und dem Parlament eine weitere Roamingverordnung erlassen, weil die alte Verordnung ausgelaufen ist. Die Verordnung Nr. 531/2012 enthält weitere Regelungen zur Gebührensenkung von bei SMS und Datenroaming (Internetnutzung im Ausland). Außerdem wird eine Preisobergrenze festgelegt, die eine Mobilfunkrechnung für Roaminggebühren nicht überschreiten darf. Bis 2017 sollen die Roaminggebühren ganz abgeschafft werden in der EU.

Die Rechtsakte („Gesetze") der EU

Verordnungen

Verordnungen sind ab dem Zeitpunkt ihrer Verabschiedung auf Gemeinschaftsebene für jedermann verbindlich; sie gelten unmittelbar in jedem Mitgliedstaat und müssen nicht erst in nationales Recht umgesetzt werden.

Richtlinien

Richtlinien legen Ziele fest, wobei es Aufgabe der Mitgliedstaaten ist, diese auf nationaler Ebene anzuwenden; sie geben den Mitgliedstaaten Ergebnisse verbindlich vor, stellen ihnen jedoch frei, wie sie diese erreichen.

Beschlüsse

Beschlüsse beziehen sich auf ganz bestimmte Themen; sie sind in allen ihren Teilen für diejenigen verbindlich, an die sie gerichtet sind. Eine Entscheidung kann an alle Mitgliedstaaten, einen Mitgliedstaat, ein Unternehmen oder eine Einzelperson gerichtet sein.

Empfehlungen und Stellungnahmen

Empfehlungen und Stellungnahmen sind nicht rechtsverbindlich; sie geben lediglich den Standpunkt der Organe zu einer bestimmten Frage wieder.

© 2016 Euro-Informationen, Armin Czysz/Angela Joosten, Gesetzgebung, www.eu-info.de (26.2.2016)

M6 Das Gesetzgebungsverfahren der EU

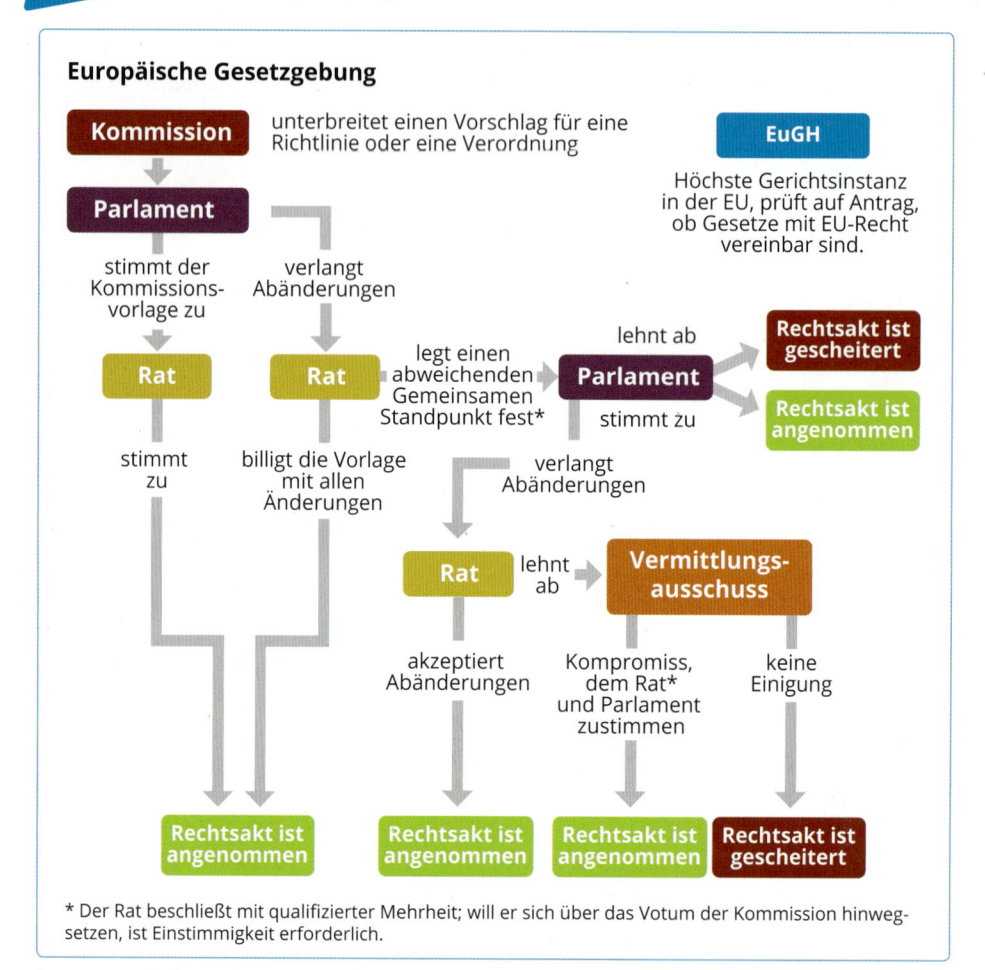

Europäische Gesetzgebung

- Kommission unterbreitet einen Vorschlag für eine Richtlinie oder eine Verordnung
- Parlament: stimmt der Kommissionsvorlage zu / verlangt Abänderungen
- Rat: stimmt zu → Rechtsakt ist angenommen
- Rat: billigt die Vorlage mit allen Änderungen → Rechtsakt ist angenommen
- Rat: legt einen abweichenden Gemeinsamen Standpunkt fest*
- Parlament: lehnt ab → Rechtsakt ist gescheitert / stimmt zu → Rechtsakt ist angenommen / verlangt Abänderungen
- Rat: akzeptiert Abänderungen → Rechtsakt ist angenommen / lehnt ab → Vermittlungsausschuss
- Vermittlungsausschuss: Kompromiss, dem Rat* und Parlament zustimmen → Rechtsakt ist angenommen / keine Einigung → Rechtsakt ist gescheitert

EuGH: Höchste Gerichtsinstanz in der EU, prüft auf Antrag, ob Gesetze mit EU-Recht vereinbar sind.

* Der Rat beschließt mit qualifizierter Mehrheit; will er sich über das Votum der Kommission hinwegsetzen, ist Einstimmigkeit erforderlich.

Bergmoser + Höller Verlag AG, Zahlenbilder 715420

AUFGABEN

1. Stelle den Fall in **M4** dar und berichte in der Klasse von deinen Erfahrungen: Hast du schon einmal „böse" Überraschungen erlebt, als die Handyrechnung nach dem Urlaub kam?

2. Beschreibe den Weg der Roamingverordnung anhand von **M5**.
    a) Arbeite die einzelnen Schritte heraus, die unternommen wurden, dass Familie Keller die in **M4** enthaltende SMS erhalten konnte.
    b) Nenne die europäischen Institutionen, die beteiligt sind.
    c) Beschreibe den Weg der Roamingverordnung anhand der Grafik **M6**. Analysiere auch die Alternativen: Wie wäre der Fall abgelaufen, wenn sich die Organe der EU nicht hätten einigen können?

3. Beurteile, inwiefern es sinnvoll ist, dass die EU beim Roaming tätig geworden ist.

M7 Die EU-Organe im Überblick

Wenn man den Fall der Roamingverordnung wirklich verstehen will, kommt man nicht umhin, genauer zu schauen: Welche Aufgaben haben die einzelnen Organe, die in diesem Fall aktiv sind, und wer ist Mitglied der Organe?

Das EU-Parlament

Das Europäische Parlament wird von den Bürgern der Europäischen Union gewählt, um ihre Interessen zu vertreten. Seine Ursprünge gehen zurück bis in die 1950er-Jahre und zu den Gründungsverträgen. Seit 1979 werden die Europaabgeordneten von den Bürgern direkt gewählt.

Die Wahlen finden alle fünf Jahre statt. Jeder EU-Bürger, hat das aktive und passive Wahlrecht. Das Parlament vertritt somit den demokratischen Willen der Bürger der Union und macht ihre Interessen gegenüber den anderen EU-Organen geltend. Dem gegenwärtigen Parlament gehören 750 Abgeordnete plus ein Präsident aus allen 28 EU-Mitgliedstaaten an. Das Parlament hat drei wesentliche Aufgaben: Es teilt sich die gesetzgebende Gewalt mit dem Rat in vielen Politikbereichen. Durch die direkte Wahl des Parlaments wird die demokratische Legitimierung des europäischen Rechts gewährleistet. Es übt eine demokratische Kontrolle über alle Organe der EU und insbesondere über die Kommission aus. Es stimmt der Benennung der Kommissionsmitglieder zu oder lehnt sie ab und kann einen Misstrauensantrag gegen die gesamte Kommission einbringen. Es teilt sich die Haushaltsbefugnis mit dem Rat und kann daher Einfluss auf die Ausgaben der EU ausüben. In letzter Instanz nimmt es den Gesamthaushalt an oder lehnt ihn ab. Der offizielle Sitz des Europäischen Parlaments ist in Straßburg. Hier finden zwölfmal im Jahr die Plenarsitzungen statt. Die Ausschüsse und Fraktionen tagen allerdings in Brüssel, wo ebenfalls Plenarsitzungen stattfinden.

Das EU-Parlament in Straßburg/Frankreich: An vier Tagen im Monat müssen alle Parlamentarier samt Mitarbeitern und Akten nach Strassburg reisen. Für die verschiedenen Arbeits- und Tagungsorte sind historische Gründe verantwortlich.

Der Ministerrat

Der Rat ist zusammen mit dem EU-Parlament das wichtigste Entscheidungsgremium der EU. Er vertritt die Mitgliedstaaten, und an seinen Tagungen nehmen die Fachminister aus den nationalen Regierungen der EU-Staaten teil. Die Zusammensetzung der Ratstagungen hängt vom zu behandelnden Sachgebiet ab. Stehen zum Beispiel Wirtschaftsfragen auf der Tagesordnung, so kommen die Wirtschafts- und Finanzminister der einzelnen Länder im ECOFIN-Rat zusammen. Alle im Rat vertretenen Minister sind befugt, für ihre Regierungen verbindlich zu handeln. Außerdem sind die im Rat tagenden Minister ihrem nationalen Parlament sowie den von ihm vertretenen Bürgern gegenüber politisch verantwortlich. Dies gewährleistet die demokratische Legitimierung der Ratsbeschlüsse. Je nachdem, in welchen Politikbereich die Vorlagen

Sitz des EU-Ministerrates: Justus-Lipsius-Gebäude in Brüssel

fallen, über die der Rat entscheidet, sieht der Vertrag von Lissabon verschiedene Abstimmungsverfahren vor. Der Rat der EU entscheidet entweder einstimmig, mit einfacher oder qualifizierter Mehrheit. Grundsätzlich gilt seit 1.11.2014, dass eine qualifizierte Mehrheit erreicht ist, wenn drei Bedingungen erfüllt sind: Zustimmen müssen mindestens 55 Prozent der Mitglieder im Rat, die mindestens 15 Staaten repräsentieren und gemeinsam mindestens 65 Prozent der EU-Bevölkerung abbilden. Vier Staaten können eine Sperrminorität bilden.

Das Gebäude der EU-Kommission in Brüssel

Die Europäische Kommission

Die Kommission ist von den nationalen Regierungen unabhängig. Sie vertritt und wahrt die Interessen der gesamten EU. Die Kommission erarbeitet Vorschläge für neue europäische Rechtsvorschriften, die sie dem Parlament und dem Rat vorlegt. Sie ist auch die Exekutive der EU, d. h. sie ist für die Umsetzung der Beschlüsse des Parlaments und des Rates verantwortlich. Dies bedeutet, dass sie das Tagesgeschäft der EU führt: Umsetzung der politischen Maßnahmen, Durchführung der Programme und Verwaltung der Mittel. Die Kommission besteht aus 28 Männern und Frauen. Jeder EU-Mitgliedstaat stellt ein Kommissionsmitglied. Die Neubesetzung der Kommission erfolgt alle fünf Jahre innerhalb von sechs Monaten nach der Wahl des Europäischen Parlaments. Die Kommission ist dem Parlament gegenüber politisch rechenschaftspflichtig. Es kann der Kommission als Ganzes das Misstrauen aussprechen und sie so zum Rücktritt zwingen. Die EU-Kommission hat im Wesentlichen vier Aufgaben: Sie macht dem Parlament und dem Rat Vorschläge für neue Rechtsvorschriften. Sie setzt die EU-Politik um und verwaltet den Haushalt. Sie sorgt (gemeinsam mit dem Gerichtshof) für die Einhaltung des europäischen Rechts. Sie vertritt die EU auf internationaler Ebene, zum Beispiel durch Aushandeln von Übereinkommen zwischen der EU und anderen Ländern.

Die Haupttürme des Europäischen Gerichtshofes in Luxemburg

Der Europäische Gerichtshof

Der EuGH ist das höchste europäische Gericht im Gerichtssystem der EU und hat u. a. die Aufgabe, auf Antrag zu prüfen, ob die Rechtsakte der EU rechtmäßig sind (Nichtigkeitsklagen) und die Mitgliedstaaten ihren Verpflichtungen aus den Verträgen nachkommen (Vertragsverletzungsverfahren). Jedes EU-Mitgliedsland entsendet einen Richter auf sechs Jahre mit der Möglichkeit der Verlängerung der Amtszeit. Der Präsident des EuGH wird von den EuGH-Richtern ebenfalls auf sechs Jahre gewählt. Der EuGH-Präsident kann uneingeschränkt wiedergewählt werden.

Der Europäische Rat

Im Europäischen Rat treffen sich die Staats- und Regierungschefs der EU-Mitgliedstaaten, der Präsident des Europäischen Rates, der Kommissionspräsident und der Hohe Vertreter der EU für Außen- und Sicherheitspolitik.
Der Europäische Rat ist die höchste Repräsentanz der Europäischen Union. Bei den Gipfeltreffen werden die Leitlinien der EU-Politik festgelegt und Fragen, die auf unterer Ebene (d. h. von den Ministern bei einer normalen Ministerratstagung) nicht geregelt werden konnten, gelöst.
Der Europäische Rat darf nicht mit dem Ministerrat (Rat der Europäischen Union) verwechselt werden.

Der Europäische Rat trifft sich mindestens zweimal im Jahr in Brüssel.

M8 Subsidiaritätsprinzip: Wann wird die EU tätig?

In Artikel 5 des EG-Vertrages heißt es: „In den Bereichen, die nicht in ihre ausschließliche Zuständigkeit fallen, wird die Gemeinschaft nach dem Subsidiaritätsprinzip nur tätig, sofern und soweit die Ziele der in Betracht gezogenen Maßnahmen auf der Ebene der Mitgliedstaaten nicht ausreichend erreicht werden können und daher wegen ihres Umfangs oder ihrer Wirkungen besser auf Gemeinschaftsebene erreicht werden können."

Das Subsidiaritätsprinzip dient nicht nur der Erhaltung der Eigenständigkeit der EU-Staaten, es hilft auch, ein Stückchen „EU-Bürokratie" abzubauen.
Die Europäische Kommission muss bei jeder Gesetzesinitiative nachweisen, dass sie die jeweilige Aufgabe besser lösen kann als die Regionen oder die Mitgliedstaaten.

EG-Vertrag
Der EG-Vertrag von 1992 ist der „Vertrag zur Gründung der Europäischen Gemeinschaft" und war ein Vorläufer des EU-Vertrags (Vertrag von Lissabon).

AUFGABEN

Arbeitet in Kleingruppen.
1. Erarbeitet die einzelnen Institutionen der EU (**M7**) mithilfe eines Gruppenpuzzles.
   a) Stellt in den Stammgruppen die Zusammensetzung, die Aufgaben und Zuständigkeiten der jeweiligen Institution dar.
   b) In den Expertengruppen informiert ihr euch gegenseitig über die erarbeiteten Institutionen. Fasst eure Ergebnisse abschließend in einer „Übersichtstabelle zu allen Organen" zusammen.
2. Angesichts der manchmal unübersichtlichen EU-Organe mit ihren vielen unterschiedlichen EU-Rechtsakten, die unser Leben direkt beeinflussen, werden immer wieder EU-kritische Stimmen laut, wie z. B. „Wir werden nur noch von denen aus Brüssel regiert". Nehmt Stellung zu dieser Aussage. Berücksichtigt dabei euer Wissen über die Zusammensetzung einzelner EU-Institutionen sowie den Gang der EU-Gesetzgebung (**M4**, **M8**).

H ZU AUFGABE 2
Untersucht die EU-Organe noch einmal daraufhin, an welchen Stellen doch auch Mitglieder der Bundesregierung oder des Bundestages oder der Bundesbürger Einfluss nehmen können.

WAS WIR WISSEN

Friedensprojekt Europa
M1

Erst nach den schrecklichen Erfahrungen des 2. Weltkriegs reifte die Idee eines vereinten Europas. Durch die gemeinsame Kontrolle kriegswichtiger Industrien (Montanunion) war der Grundstein für eine dauerhafte friedliche Kooperation zwischen den europäischen Staaten gelegt. Die Friedenssehnsucht der Menschen, die Einbindung Deutschlands in ein supranationales Bündnis, die wirtschaftliche und politische Behauptung europäischer Großmächte gegenüber den Supermächten USA und UdSSR waren die wichtigsten Motive und Antriebskräfte für die europäische Integration nach 1945.

Entwicklung der EU
M2

Das Anwachsen der EU von ursprünglich 6 Gründerstaaten zu heute 28 Mitgliedstaaten zeigt die große Attraktivität der EU. Um auch mit einer größeren Mitgliederzahl handlungsfähig zu bleiben, war es notwendig, dass die EU sich einer institutionellen Reform unterzieht. Jedoch gelang es weder durch den Vertrag von Amsterdam (1999) noch durch den Vertrag von Nizza (2003), das Institutionengefüge der EU zu modernisieren. Zudem scheiterte der Verfassungsvertrag im Jahr 2005. Der Vertrag von Lissabon (2009) ist nun der bisher umfassendste vierte Versuch, diese Aufgabe zu bewältigen.

Gemeinsame Werte
M3

Das Fundament der europäischen Einigung sind die gemeinsamen Werte: Wahrung der Menschenrechte, Frieden, Freiheit, Rechtsstaatlichkeit und Demokratie. Die europäische Integration bescherte Europa die längste Friedensepoche in ihrer bisherigen Geschichte.

Gesetzgebungsverfahren in der EU
M5 – M7

Mit dem Vertrag von Lissabon ist das EU-Parlament neben dem EU-Ministerrat gleichberechtigter Gesetzgeber in der EU geworden. Beide müssen einem Gesetzesentwurf zustimmen. Grundsätzlich hat nur die EU-Kommission das Recht, Gesetzentwürfe vorzulegen. Ein Gesetzesvorschlag der Kommission wird in einem mehrstufigen Verfahren von Ministerrat und EU-Parlament beraten. Sofern es im regulären Verfahren nicht zu einer Einigung zwischen Ministerrat und EU-Parlament kommt, tritt ein Vermittlungsausschuss in Aktion. Er setzt sich aus einer gleich großen Zahl von Mitgliedern aus EU-Parlament und Ministerrat zusammen und muss binnen sechs Wochen eine Einigung herbeiführen. Wenn dies nicht gelingt, ist der geplante Rechtsakt gescheitert.

Arten von Rechtsakten
M6

Verordnungen sind ab dem Zeitpunkt ihrer Verabschiedung auf Gemeinschaftsebene für jedermann verbindlich; sie gelten unmittelbar in jedem Mitgliedstaat und müssen nicht erst in nationales Recht umgesetzt werden. *Richtlinien* legen Ziele fest, wobei es Aufgabe der Mitgliedstaaten ist, diese auf nationaler Ebene anzuwenden; sie geben den Mitgliedstaaten Ergebnisse verbindlich vor, stellen ihnen jedoch frei, wie sie diese erreichen. *Beschlüsse* beziehen sich auf ganz bestimmte Themen; sie sind in allen ihren Teilen für diejenigen verbindlich, an die sie gerichtet sind. *Empfehlungen* und *Stellungnahmen* sind nicht rechtsverbindlich; sie geben lediglich den Standpunkt der EU zu einem bestimmten Sachverhalt wieder.

4.2 Wirtschaftliche Integration der EU

EU-Binnenmarkt – Erfolgsmodell mit Tücken?

M1 Fallbeispiel: Warum bedurfte es einer Roamingverordnung?

Die EU begründet in ihrer Verordnung von 2012 deren Einführung wie folgt:

„Durch unionsweite Roamingdienste können Anreize für die Entwicklung eines Binnenmarkts für Telekommunikationsdienste in der Union vermittelt werden. Solange erhebliche Unterschiede zwischen Inlands- und Roamingpreisen bestehen, kann nicht von einem Binnenmarkt für Telekommunikationsdienste gesprochen werden. Deshalb sollte das endgültige Ziel dieser Verordnung darin bestehen, Roamingentgelte gänzlich abzuschaffen und auf diese Weise einen Binnenmarkt für Mobilfunkdienste zu schaffen. Das hohe Preisniveau für Sprach-, SMS- und Datenroamingdienste […] wird von den Verbrauchern, den nationalen Regulierungsbehörden und den Organen der Union als besorgniserregend eingeschätzt; es stellt ein beträchtliches Hemmnis für den Binnenmarkt dar."

© Europäische Union 2016, Amtsblatt der Europäischen Union: Verordnung (EU) Nr. 531/2012 des Europäischen Parlaments und des Rates, www.eur-lex.europa.eu, 13.6.2016

M2 Der Europäische Binnenmarkt – ein Markt für 500 Millionen Bürger

Man kann sich die EU wie einen riesigen Marktplatz vorstellen. Da können sich Personen, Waren, Geld und Dienstleistungen frei bewegen. Diesen gemeinsamen Markt, den sogenannten „Binnenmarkt", gibt es seit 1993. Er hat dazu geführt, dass die EU heute der größte Wirtschaftsraum der Welt ist. Auf keinem anderen Gebiet arbeitet die Europäische Union so eng zusammen wie in der Wirtschaft. Der Binnenmarkt hat viele Vorteile. So können EU-Bürger ohne Probleme in einem anderen Mitgliedsland wohnen, studieren, arbeiten, ein Unternehmen gründen oder ihre Rente genießen. EU-Bürger und -Unternehmen dürfen ein Bankkonto im europäischen Ausland eröffnen, ein Haus kaufen, Kredite aufnehmen oder Geld investieren. Ganz wichtig für den gemeinsamen Markt ist, dass die EU-Länder untereinander keine Zölle mehr verlangen. Stell dir als Beispiel einen Schuhhersteller vor: Dieser kann jetzt seine Schuhe nicht mehr nur den rund 80 Millionen Deutschen, sondern allen 500 Millionen EU-Bürgern zum gleichen Preis verkaufen. Um die größere Nachfrage zu befriedigen, muss er mehr Stiefel und Sandalen produzieren. Dafür stellt die Firma neue Mitarbeiter ein – so schafft der Binnenmarkt neue Arbeitsplätze. Gleichzeitig senkt das Schuhunternehmen die Preise. Sonst

Vier Freiheiten
Im Binnenmarkt gelten die vier Freiheiten: Freier Warenverkehr, Personenfreizügigkeit, Dienstleistungsfreiheit, freier Kapital- und Zahlungsverkehr.

EU-Binnenmarkt

So viel Prozent der Exporte der EU-Länder gingen in die EU-Partnerländer

Land	%
Slowakei	84,4 %
Luxemburg	82,7
Tschechien	82,2
Ungarn	80,0
Polen	77,1
Niederlande	75,9
Slowenien	75,3
Estland	72,3
Rumänien	71,1
Portugal	70,9
Belgien	70,7
Österreich	69,9
Lettland	68,5
Spanien	63,8
Dänemark	63,5
Kroatien	63,4
EU-Durchschnitt	*63,3*
Bulgarien	62,5
Frankreich	60,3
Schweden	58,4
Deutschland	57,9
Finnland	57,3
Zypern	56,3
Irland	54,8
Litauen	54,8
Italien	54,7
Malta	50,1
Griechenland	48,1
Großbritannien	47,9

Quelle: Eurostat (2015); Stand 2014

---

schnappen ihm nämlich die vielen neuen Konkurrenten aus ganz Europa die Kunden weg. In der Wirklichkeit ist genau dies geschehen. So sind Flüge und Telefongespräche seit Einführung des Binnenmarkts erheblich billiger geworden.

© Europäische Union 1995 – 2017, Sandra Müller, http://ec.europa.eu, Für die Weitergabe und Anpassung ist allein die C.C. Buchner Verlag GmbH & Co. KG verantwortlich.

M3 Der Europäische Binnenmarkt in der Kritik

In jedem Land regelt eine Vielzahl von Gesetzen und Vorschriften den Warenverkehr [...]. Wenn nun verschiedene Länder ihren Markt zusammenlegen, [...] was durch den Binnenmarkt geschehen ist, muss man sich auf gemeinsame Standards einigen. [...] Da ist zum Beispiel die Geschichte mit dem Apfelwein, die gut die Tücken des Binnenmarkts illustriert. Für Waren, also auch für Getränke, muss es klare Definitionen geben. Jeder Supermarktkunde weiß, wenn auf einem Obstsaft „Saft" steht, besteht er zu 100 Prozent aus Fruchtsaft, ohne den Zusatz von Wasser und Zucker. Ob der Saft aus Spanien oder aus Deutschland kommt, ist egal. In gleicher Weise hat man auch festgelegt, dass Wein aus Trauben hergestellt sein muss. Das ist der Apfelwein natürlich nicht, er ist also kein Wein. Jedem deutschen Verbraucher ist das selbstverständlich klar, aber was ist mit einem Kunden in Großbritannien, der die Flasche sieht und „...wein" liest? Deshalb wollte die Europäische Kommission im Interesse der Verbraucherinformation untersagen, den Apfelwein so zu nennen – ein Vorhaben, das nach Protesten aus Deutschland übrigens zu den Akten gelegt wurde.

Eckart D. Stratenschulte, Der Europäische Binnenmarkt – Erfolgsmodell mit sozialer Schieflage? www.bpb.de (2.1.2017)

AUFGABEN

1. Fasse zusammen, mit welchen Argumenten die EU die Einführung der Roamingverordnung begründet (**M1**).
2. Erkläre den EU-Binnenmarkt und seine Vorteile. Berücksichtigt dabei die Grafik in der Randspalte auf dieser Seite (**M2**).
3. Erläutere am Beispiel des Apfelweins die grundlegenden Probleme des Binnenmarktes (**M3**).
4. Nimm Stellung dazu, ob du diese oder andere dir bekannte Regelungen für notwendig oder übertrieben hältst (**M2, M3**).
5. Beurteile, inwiefern es sich im Hinblick auf den Binnenmarkt für einen Staat „lohnt", Mitglied der EU zu sein.

Der Euro als Zahlungsmittel – ein Schritt zur europäischen Integration?

M4 Welche Länder haben den Euro bereits eingeführt?

Der Euro wurde am 1.1.1999 als Buchgeld für bargeldlose Zahlungen und buchhalterische Zwecke eingeführt. Die Banknoten und Münzen sind seit dem 1.1.2002 im Umlauf. 19 EU-Länder und damit ca. 340 Millionen Menschen benutzen den Euro mittlerweile als Zahlungsmittel. Euro-Befürworter sehen den Euro daher als einen der wichtigsten Bausteine der europäischen Integration.

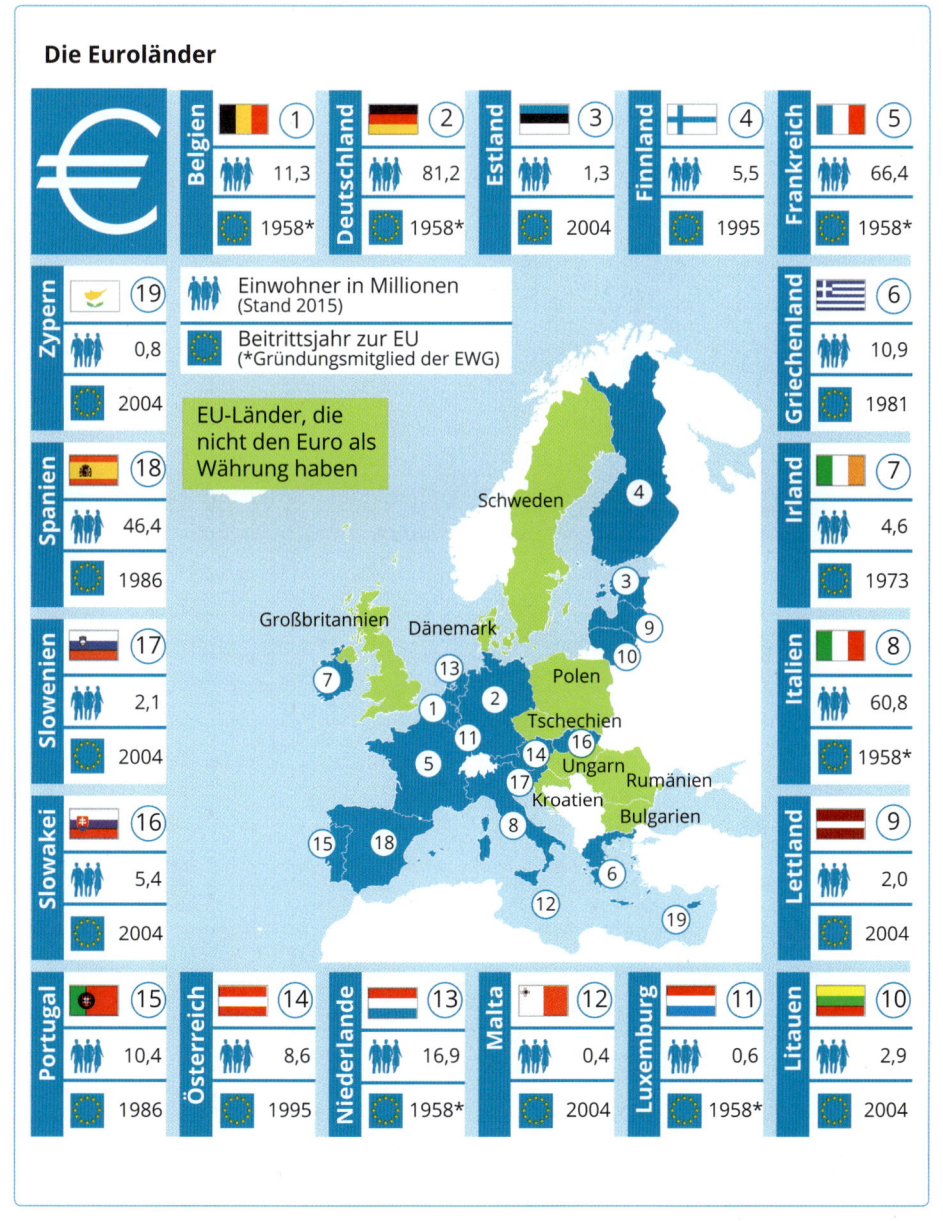

Die Euroländer

Einwohner in Millionen (Stand 2015); Beitrittsjahr zur EU (*Gründungsmitglied der EWG)

Nr.	Land	Einwohner (Mio.)	Beitrittsjahr
1	Belgien	11,3	1958*
2	Deutschland	81,2	1958*
3	Estland	1,3	2004
4	Finnland	5,5	1995
5	Frankreich	66,4	1958*
6	Griechenland	10,9	1981
7	Irland	4,6	1973
8	Italien	60,8	1958*
9	Lettland	2,0	2004
10	Litauen	2,9	2004
11	Luxemburg	0,6	1958*
12	Malta	0,4	2004
13	Niederlande	16,9	1958*
14	Österreich	8,6	1995
15	Portugal	10,4	1986
16	Slowakei	5,4	2004
17	Slowenien	2,1	2004
18	Spanien	46,4	1986
19	Zypern	0,8	2004

EU-Länder, die nicht den Euro als Währung haben: Schweden, Großbritannien, Dänemark, Polen, Tschechien, Ungarn, Rumänien, Kroatien, Bulgarien

© Globus-Grafik 10984, Quelle: Eurostat, Stand 2016

Der Euro in Großbritannien, Dänemark und Schweden

Großbritannien und Dänemark haben 1992 in den Verträgen von Maastricht zur „Europäischen Wirtschafts- und Währungsunion" eine „Opting out" – Klausel als Zustimmung für die Vertragsunterzeichnung ausgehandelt. Sie dürfen dem Euro-Raum fernbleiben. Alle anderen Staaten, die nach 1992 der EU beitreten, verpflichten sich, den Euro als Zahlungsmittel einzuführen, wenn die Konvergenzkriterien erfüllt werden. Schweden gilt als Sonderfall, da es die Konvergenzkriterien absichtlich nicht erfüllt, um den Euro nicht einführen zu müssen. Dieser Vorgang wird von der EU-Kommission geduldet.

M5 Der Euro – Einführungs- und Stabilitätskriterien

An der Währungsunion müssen alle Staaten der EU teilnehmen. Allerdings erst dann, wenn die Staaten einander in ihrer wirtschaftlichen Entwicklung ähnlich sind. Um dies zu gewährleisten, hat der Vertrag von Maastricht für die Aufnahme von Ländern in die Europäische Wirtschafts- und Währungsunion (EWWU) feste Kriterien definiert, die sogenannten Konvergenzkriterien:*

- Neuverschuldung bis zu 3% des Bruttoinlandsprodukts (BIP)
- Staatsverschuldung bis zu 60 % des BIP
- Inflationsrate darf nicht mehr als 1,5 Prozentpunkte über derjenigen der drei preisstabilsten Mitgliedstaaten liegen.

Dies ist notwendig, da Spannungen zwischen Ländern entstehen können, wenn sie sich wirtschaftlich unterschiedlich entwickeln. Um dies zu verhindern, wurde außerdem der Stabilitäts- und Wachstumspakt (kurz: Euro-Stabilitätspakt) im Vertrag von Amsterdam 1997 verankert. Abgesehen von dem Kriterium der Preisstabilität ist dieser mit den Maastrichter Konvergenzkriterien identisch.

* Konvergenz bezeichnet dabei die allmähliche Annäherung der Teilnehmerländer in wichtigen wirtschaftlichen Grunddaten.

M6 Der Euro – was bringt uns eine gemeinsame Währung?

Unternehmen haben es leichter, Waren im Ausland zu kaufen oder zu verkaufen. Und wenn man in Portugal im Supermarkt steht, weiß man sofort, ob das Eis am Stiel teurer ist als zu Hause oder nicht. Auch entfallen die Umtauschgebühren für andere Währungen. Der Euro soll die Vertiefung der europäischen Integration durch die Vergemeinschaftung der Geldpolitik und den daraus erwachsenden weiteren Koordinierungsbedarf in anderen Politikfeldern wie Arbeitsmarkt-, Sozialpolitik etc. fördern. Zudem schafft der Euro ein Gegengewicht zur weltweiten Dominanz des US-Dollars und der amerikanischen Wirtschaft. Schließlich ist der Euro ein entscheidender Schritt hin zu einer politischen Union, er sollte ein europäisches Wir-Gefühl (Identität) stiften.

AUFGABEN

1. Betrachte **M4** und stelle Vermutungen dazu an, warum nicht alle Mitglieder der EU den Euro eingeführt haben.
2. Erkläre deinem Nachbarn, welche Kriterien erfüllt sein müssen, damit der Euro in einem Mitgliedsland Zahlungsmittel wird (**M5**).
3. Arbeite die Vorteile einer gemeinsamen Währung aus **M6** heraus.
4. Beurteile, ob es gelingt, dass der Euro eine gemeinsame europäische Identität stiftet. Diskutiert dies in der Klasse (**M4 – M6**).

Der Euro in der Krise – ein Schritt zum Zerfall der EU?

M7 Eurokrise – Fahrt auf der Titanic?

Karikatur: Klaus Stuttmann

Erklärfilm „Eurokrise"

Mediencode:
71062-11

M8 Das Kernproblem der Eurokrise

Für viele Wirtschaftswissenschaftler ist das Kernproblem des Euros die mangelnde Haushaltsdisziplin der Euro-Staaten. Seit Jahren werden die Maastricht-Kriterien gelinde ignoriert, die Staatsverschuldung der Euro-Länder erreicht schwindelnde Höhen. Auf Dauer rächt sich solch ein Verhalten – das Vertrauen in die Solidität der Finanz- und Wirtschaftspolitik eines Landes geht verloren, als Folge sinkt dessen Kreditwürdigkeit. Die Wiederherstellung dieses Vertrauens sollte nach übereinstimmender Meinung deshalb erste Priorität genießen. [...] Die Hausaufgaben für die EU-Regierungen sind also klar definiert: Eine solide und nachhaltige Haushaltspolitik ist nach übereinstimmender Meinung der meisten Finanz- und Wirtschaftsexperten die erste Priorität. Im Klartext bedeutet das: Die Kriterien von Maastricht sind strikt einzuhalten – ansonsten wird der Euro dauerhaft unter einem Mangel an Glaubwürdigkeit und Vertrauen leiden.

© *ARD-aktuell/tagesschau.de, Was tun gegen die Euro-Krise?, www.tagesschau.de, 22.10.2015*

Haushaltsdisziplin
Hier ist der Staatshaushalt gemeint. Staaten sind nicht „diszipliniert", wenn sie zu hohe Schulden machen.

Maastricht-Kriterien
vgl. M5

M9 Die Eurokrise in Griechenland und im Euroraum: welche Lösungen hat die EU?

Haushaltsdefizit
Schulden des Staates

EU-Rettungspakete
Alle Rettungspakete und Hilfskredite sind keine Schenkungen an Griechenland, sie müssen samt Zinsen zurückgezahlt werden.

Die Griechenland-Krise beschäftigt die Europäische Union seit 2010. Damals war bekannt geworden, dass das Haushaltsdefizit des Landes höher ist als ursprünglich angenommen. Weil Griechenland Teil der Eurozone ist, hat die Krise Auswirkungen auf ganz Europa. Drei Rettungspakete haben Europäische Kommission, Europäische Zentralbank und der Internationale Währungsfonds inzwischen geschnürt, um Griechenland vor dem Bankrott zu bewahren. Doch die Hilfen sind mit strikten Auflagen verbunden: Griechenland soll seine Behörden verschlanken, Staatsbesitz privatisieren, die Steuerhinterziehung reduzieren, das Rentensystem reformieren und die Wirtschaft modernisieren, um die Schulden abbauen zu können. Viele Griechen leiden unter den Einschnitten, die damit verbunden sind. [...] Aus eigener Kraft kommt das Land nicht aus der Krise. Internationaler Währungsfond (IWF), Europäische Zentralbank (EZB) und Euro-Länder halfen 2010 mit Krediten in Höhe von 110 Milliarden Euro, da die Zinssätze für griechische Staatsanleihen auf dem Markt unbezahlbar waren. Doch schon 2012 benötigte Hellas weitere Kredite, um seine Gläubiger wie Banken, Versicherungen und Investmentfonds zu bedienen. Mit einem zweiten Rettungspaket in Höhe von weiteren 130 Milliarden Euro und einem Schuldenschnitt von Privatgläubigern in Höhe von 107 Milliarden Euro sollte die Schuldenkrise eingedämmt werden. Mit einem beispiellosen zusätzlichen Hilfspaket für verschuldete Länder in Höhe von bis zu 720 Milliarden Euro wollen EU und IWF Spekulationen gegen die Gemeinschaftswährung Euro verhindern.

© 2016 Landeszentrale für politische Bildung Baden-Württemberg, Finanzkrise in Griechenland, www.lpb-bw.de (15.11.2016)

M10 Welche Folgen hätte es gehabt, wenn Griechenland nicht geholfen worden wäre?

Refinanzierung am Kapitalmarkt
Am Kapitalmarkt refinanzieren bedeutet, sich Geld auf dem Kapitalmarkt zu leihen.

Rezession
Wirtschaftskrise

Eine Verweigerung der finanziellen Hilfe für Griechenland hätte sehr wahrscheinlich zum Staatsbankrott geführt. Denn die griechische Regierung hätte sich nicht mehr am Kapitalmarkt refinanzieren und fällige Forderungen und Verbindlichkeiten nicht mehr bedienen können. Dies wird von Kritikern der Rettung als wünschenswert beschrieben. Doch Tatsache ist, dass die politischen und ökonomischen Folgen immens gewesen wären – und in ihrer Tragweite völlig unabsehbar. Die Auswirkungen wären wohl nicht auf Griechenland beschränkt geblieben, sondern hätten vermutlich ganz Europa erfasst und den Euro als Gemeinschaftswährung bedroht. Dieser Unsicherheit musste entgegengetreten werden. Deshalb war es für die EU-Staats- und Regierungschefs wichtig, den Staatsbankrott Griechenlands abzuwenden. Das heißt im Klartext: Obwohl die Rettung nicht alternativlos war, hätte ihr Ausbleiben womöglich weit dramatischere Folgen gehabt. Der deutsche Steuerzahler hätte die griechische Pleite dann wohl nicht mit Steuern sondern womöglich mit einer tiefen Rezession und Verwerfungen im europäischen Bankensektor bezahlt. Eine Verweigerung der Unterstützung für Griechenland hätte nebst einer Schwächung des Euro (Wechselkursverhältnis) auch politisch ein negatives Bild auf Europa, d. h. auf die Mitgliedstaaten der Europäischen Union, geworfen.

David Gregosz/Sebastian Müller/Eva Rindfleisch/ Matthias Schäfer, Fragen und Antworten zur Eurokrise, www.kas.de (15.11.2016)

M11 Die Eurokrise als Chance zu noch mehr Integration?

Die meisten Ökonomen sind sich einig: Der Euro kann nur dann dauerhaft sicher sein, wenn die Staats- und Regierungschef dazu bereit sind, nationale Kompetenzen an eine unabhängige, europäische Entscheidungsinstanz abzugeben – wie im Fall der Europäischen Zentralbank. Sie fordern eine Art europäische Wirtschaftsregierung. Dass das bisher noch nicht der Fall ist, wird von nicht wenigen als ein Geburtsfehler des Euros angesehen. Zu groß sind die Unterschiede in den Leistungsbilanzen der Euro-Staaten. „Einen einheitlichen wirtschaftspolitischen Willen gab und gibt es in Europa nicht", meint auch Karin Höhn vom Kölner Institut der Deutschen Wirtschaft. Ihrer Meinung nach hatte die Entscheidung für den Euro „keinen einheitlichen und schon gar nicht einheitlichen ökonomischen Grund. Der Konsens war zum größten Teil politisch motiviert." Doch ob man es nun gut heißen will oder nicht: „Der Euro macht uns zu einer Schicksalsgemeinschaft", sagte Hendrik Enderlein, Professor an der Hertie School of Governance, jüngst in einem Zeitungsinterview. Seiner Ansicht nach könnte auch die EU-Kommission die Rolle einer Wirtschaftsregierung ausfüllen. Voraussetzung sei aber, dass die Kommission wieder zu einer politisch unabhängigen Institution werde. Doch gerade darin liegt [...] die Krux. Einer so grundlegenden Änderung der europäischen Verträge müssten alle Mitgliedstaaten zustimmen.

© *ARD-aktuell/tagesschau.de, Was tun gegen die Euro-Krise?, www.tagesschau.de, 22.10.2015*

AUFGABEN

1. Analysiert die Karikatur in **M7** gemeinsam in der Klasse.
2. Entwickelt Fragen zur Eurokrise, die die Karikatur aufwirft. Sammelt diese auf einem Wandplakat.
3. Bildet Gruppen von fünf Personen. Eure Fragen aus Aufgabe 2 sollten durch die Bearbeitung der **M8 – M11** beantwortet werden.
4. „Der Euro macht uns zu einer Schicksalsgemeinschaft.", sagt Prof. Enderlein in **M11**. Nehmt Stellung zu der Frage, inwiefern diese Gemeinschaft angesichts der Eurokrise einen Schritt zum Zerfall der EU darstellt (**M7 – M11**).

WAS WIR WISSEN

Der Binnenmarkt und die vier Freiheiten
M2, M3

Ein Binnenmarkt bezeichnet ein abgegrenztes Gebiet, in dem Menschen ungehindert wirtschaften können. Normalerweise findet sich ein solches Gebiet nur innerhalb von Staaten, doch haben sich die Mitglieder der EU nach einem Abkommen von 1993 dazu entschlossen, einen gemeinsamen Markt zu gründen. Ziel des EU-Binnenmarktprojektes war der Abbau sämtlicher Hindernisse, die dem grenzüberschreitenden Handel im Wege standen. Der Binnenmarkt basiert auf den sog. vier Freiheiten: dem ungehinderten Austausch von Waren und Dienstleistungen, dem unbeschränkten Kapitalverkehr, der freien Wahl des Arbeitsplatzes sowie dem ungehinderten Personenverkehr (Wegfall von Grenzkontrollen). Um einen vollständigen Binnenmarkt zu erreichen, mussten viele Vorschriften angeglichen werden. In einigen Bereichen, wie bei der Anerkennung verschiedener Berufsabschlüsse, ist der Binnenmarkt bis heute noch nicht vollendet.

Die europäische Währungsunion
M4 – M6

Die im Maastrichter Vertrag festgelegte Wirtschafts- und Währungsunion ist neben der Erweiterung der EU das bisher wohl ehrgeizigste Ziel europäischer Politik. Sie schmiedet die nationalen Volkswirtschaften noch enger zusammen. Die Befürworter und Verteidiger der gemeinsamen Währung sehen in ihr die „Krönung" des europäischen Binnenmarkts und einen entscheidenden Schritt zur Vertiefung europäischer Integration hin zu einer politischen Union. Darüber hinaus dient die gemeinsame Währung dem Wohlstand und bildet ein Gegengewicht zur Dominanz des US-Dollars. Die Kritiker halten die Einführung des Euros für verfrüht, weil weder die wirtschaftlich-soziale noch die politische Integration weit genug vorangeschritten ist. Voraussetzung für die Teilnahme an der Währungsunion ist die Erfüllung der Konvergenzkriterien. Alle Mitgliedstaaten der EU – bis auf Großbritannien und Dänemark – haben sich dazu verpflichtet, den Euro als gemeinsame Währung einzuführen und auf die Erreichung und Einhaltung der Konvergenzkriterien hinzuarbeiten. Um auf Dauer eine nachhaltige wirtschaftliche Konvergenz innerhalb der EU zu erreichen, wurde 1997 zudem der Stabilitätspakt beschlossen. Er fordert von den Mitgliedstaaten eine solide Wirtschafts- und Finanzpolitik.

Die Krise der europäischen Währungsunion
M8 – M11

Die Schuldenkrise hat die europäische Währungsunion vor die schwerste Belastungsprobe seit ihrer Gründung gestellt. Nachdem die griechische Regierung das wahre Ausmaß der Staatsverschuldung ihres Landes offen gelegt hatte, erschien eine zukünftige Finanzierung der Verschuldung des Landes ungewiss. Gegen den „Grexit" sprach, dass er den Fortbestand der Eurozone und damit auch der gesamten Europäischen Union gefährdet hätte. Für Griechenland hätte dies zunächst eine starke Abwertung seiner eigenen Währung – der Drachme – bedeutet. Die Drachme hätte stark gegenüber dem Euro abgewertet, lebenswichtige Importe wären dadurch erheblich teurer geworden, Massenarmut und Unruhen hätten die Folge sein können. Die Schuldenlast wäre weiter gestiegen. Die Krise hat Schwächen in der Konstruktion der europäischen Währungsunion offen gelegt, die weitergehende Reformen der EWU notwendig machen.

4.3 Herausforderungen für die EU: Beitritts- und Austrittsverhandlungen

EU-Integration: Soll jeder Staat in Europa EU-Mitglied werden?

M1 Der Stand der EU-Erweiterungsdebatte

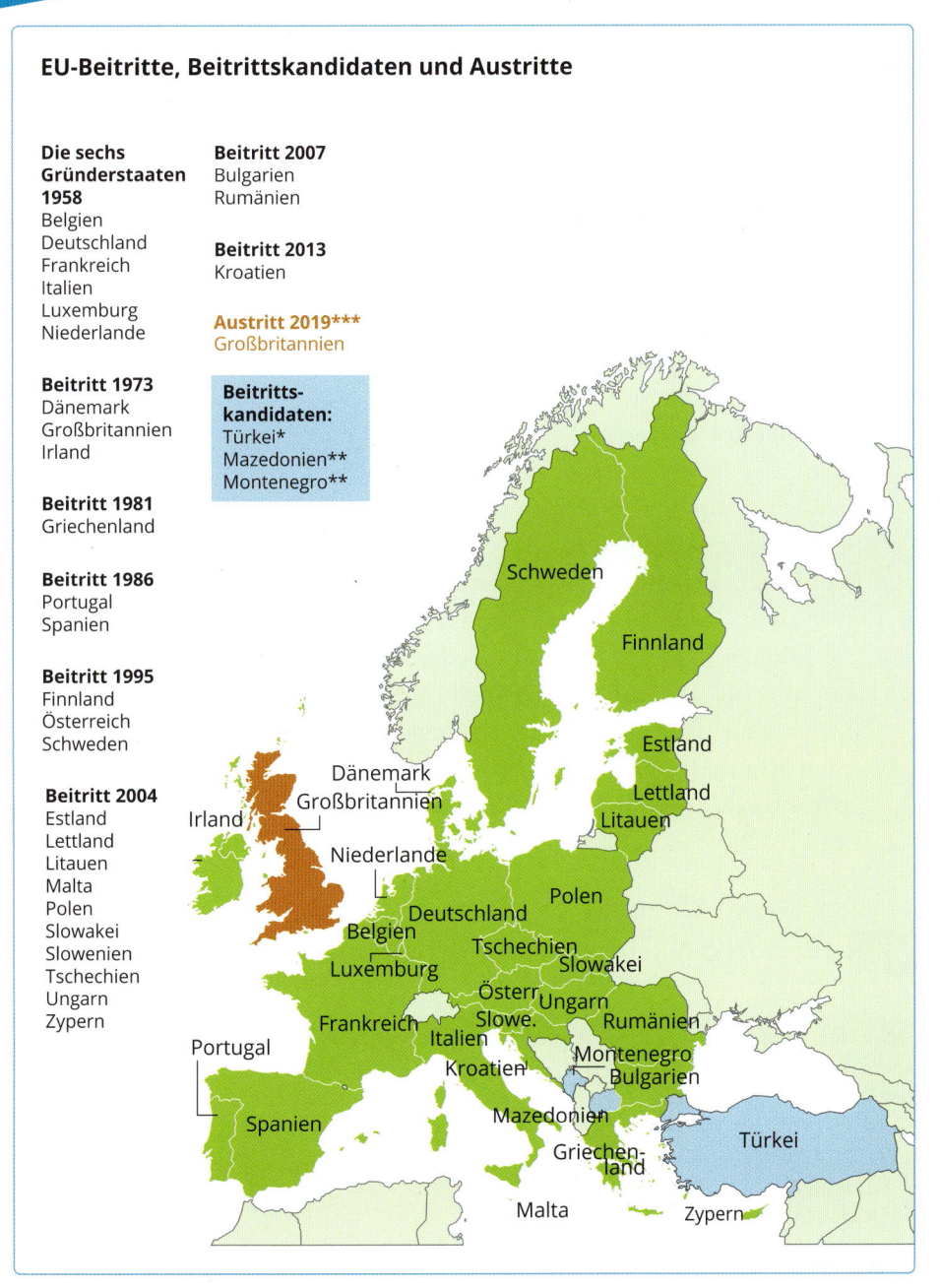

EU-Beitritte, Beitrittskandidaten und Austritte

Die sechs Gründerstaaten 1958
Belgien
Deutschland
Frankreich
Italien
Luxemburg
Niederlande

Beitritt 1973
Dänemark
Großbritannien
Irland

Beitritt 1981
Griechenland

Beitritt 1986
Portugal
Spanien

Beitritt 1995
Finnland
Österreich
Schweden

Beitritt 2004
Estland
Lettland
Litauen
Malta
Polen
Slowakei
Slowenien
Tschechien
Ungarn
Zypern

Beitritt 2007
Bulgarien
Rumänien

Beitritt 2013
Kroatien

Austritt 2019***
Großbritannien

Beitrittskandidaten:
Türkei*
Mazedonien**
Montenegro**

Nach: Globus-Grafik 3216; vom Bearbeiter aktualisiert, Stand: 2017
* Beitrittsverhandlungen laufen;
** Beitrittskandidaten noch ohne Verhandlungen;
*** Der Austritt ist bisher nur geplant, Stand: Januar 2018

Als weitere potenzielle Kandidatenländer gelten Albanien, Bosnien-Herzegowina, Serbien und Kosovo.

M2 Wer kann EU-Mitglied werden?

a) Grundsätze einer EU-Mitgliedschaft nach Art. 49 EUV

Art. 49 EUV

„Jeder europäische Staat, der die in Artikel 2 genannten Werte achtet und sich für ihre Förderung einsetzt, kann beantragen, Mitglied der Union zu werden. Das Europäische Parlament und die nationalen Parlamente werden über diesen Antrag unterrichtet. Der antragstellende Staat richtet seinen Antrag an den Rat; dieser beschließt einstimmig nach Anhörung der Kommission und nach Zustimmung des Europäischen Parlaments, das mit der Mehrheit seiner Mitglieder beschließt. Die vom Europäischen Rat vereinbarten Kriterien werden berücksichtigt."

b) Beitrittskriterien: Kopenhagener Kriterien

Jeder europäische Staat, der die Grundsätze in Art. 49 EUV achtet, kann beantragen, Mitglied der Union zu werden. Im Jahr 1993 hat der Europäische Rat auf seiner Tagung in Kopenhagen außerdem Beitrittskriterien festgelegt, die 1995 vom Europäischen Rat in Madrid bestätigt wurden (Kopenhagener Kriterien). Für die Aufnahme von EU-Beitrittsverhandlungen muss ein Land das erste Kriterium erfüllen.

Kopenhagener Kriterien
1. Institutionelle Stabilität als Garantie für demokratische und rechtsstaatliche Ordnung, Wahrung der Menschenrechte sowie Achtung und Schutz von Minderheiten;
2. Eine funktionsfähige Marktwirtschaft und die Fähigkeit, dem Wettbewerbsdruck und den Marktkräften innerhalb der EU standzuhalten;
3. Die Fähigkeit, die aus einer Mitgliedschaft erwachsenden Verpflichtungen zu erfüllen, einschließlich der Fähigkeit, die zum EU-Recht (dem „Besitzstand") gehörenden gemeinsamen Regeln, Normen und politischen Strategien wirksam umzusetzen, sowie Übernahme der Ziele der politischen Union sowie der Wirtschafts- und Währungsunion.

M3 Vor- und Nachteile einer EU-Erweiterung

Die EU gewährleistet dauerhaft den Frieden
Das wohl größte Verdienst der Europäischen Union ist die Vermeidung von zwischenstaatlichen Konflikten auf dem Kontinent. Große militärische Auseinandersetzungen wie in der ersten Hälfte der 20. Jahrhunderts sind durch das Miteinander undenkbar geworden. Beispielsweise gab es in Deutschland noch nie eine so lange Friedenszeit.

Ausufernde Bürokratie
Im Zentrum der Kritik steht vor allem die ausufernde Bürokratie der Europäischen Union. Nach inoffiziellen Schätzungen sind knapp 170.000 Menschen mit der Formulierung, der Implementierung und Überwachung der europäischen Gesetzgebung beschäftigt.

4.3 Herausforderungen für die EU: Beitritts- und Austrittsverhandlungen

EU: stärkster globaler Wirtschaftsraum
Der europäische Binnenmarkt erhöht die Handels- und Wirtschaftsaktivität innerhalb der Gemeinschaft. Die europäischen Staaten sind der größte Exporteur und Importeur von Waren und Dienstleistungen. […]

Die EU unterstützt den Binnenmarkt
Jeder europäische Staat profitiert von der Zugehörigkeit zum größten einheitlichen Binnenmarkt der Welt. Der Euro erleichtert die Handelsaktivitäten zwischen den EU-Ländern. Umtauschgebühren entfallen und Verbraucher können die Preise europaweit direkt vergleichen.

Mangelnde Transparenz der Entscheidungen der EU
Um willkürlichen Machtgebrauch zu verhindern, ist ein Mindestmaß an Transparenz von Nöten. EU-Behörden haben die Entscheidungsprozesse sehr kompliziert gemacht und diese außerhalb der öffentlichen Aufmerksamkeit platziert.

Wenig Gemeinsamkeiten der EU-Mitgliedstaaten
In Europa gibt es keine gemeinsame Sprache und damit keine gemeinsame Öffentlichkeit. Ein konstruktiver Diskurs kommt nicht zustande. Egoismus ist vorprogrammiert: jeder nimmt, was er kriegen kann, Rücksicht wird kaum genommen.

Regulierung und Zentralisierung behindert Freiheit und Wirtschaft
Europa als dynamischer Kontinent lebt vor allem auch durch den Wettbewerb. Kaum eine gesellschaftliche Ebene ist heutzutage von den Regulierungen der europäischen Verwaltung unberührt. Diese Eingriffe behindern auf vielfältige Weise die Bemühungen einzelner.

Die EU schützt demokratische Verhältnisse
EU-Staaten müssen demokratische Standards einhalten. Länder die noch nicht der Mitgliedschaft angehören aber den Beitritt planen, kommen nicht um Reformprozesse herum.

Die Umweltpolitik der EU
Die Gemeinschaft setzt sich erfolgreich für die Umwelt ein. Weltweit ist die EU nicht nur Vorreiter bei der Verringerung des CO_2-Ausstoßes und beim Klimaschutz sondern auch vorbildlich im Bereich der Abfallpolitik sowie des Natur- und Artenschutzes.

Die Währungsunion könnte scheitern
Die Umsetzung des sogenannten Stabilitätspaktes der Europäischen Gemeinschaft hat sich als fehlerhaft erwiesen. Der Grexit, das Ausscheiden Griechenlands aus der Gemeinschaftswährung, könnte die Folge sein.

Nach: © Verlag für die Deutsche Wirtschaft AG, Peter Hermann, Geteilte Meinungen: 5 Mal Pro und Contra EU, www.gevestor.de (11.1.2017)

AUFGABEN

1. Bearbeitet in der Gruppe die Karte in **M1**.
   a) Bestimmt in der Gruppe die geografischen Grenzen Europas.
   b) Begründet eure Ergebnisse stichpunktartig.
   c) Urteilt gemeinsam spontan über folgende Frage: Sollen die „EU-Beitrittskandidaten" und die „potenziellen Kandidatenländer" EU-Mitglied werden dürfen? Haltet euer Ergebnis schriftlich fest.

2. Erstellt mithilfe von **M2** einen Flyer über die Bedingungen, EU-Mitglied zu werden. Nennt für jedes Beitrittskriterium anschauliche Beispiele.

3. Ordnet die Argumente für und gegen eine EU-Erweiterung in **M3** in einer Tabelle. Fügt weitere Argumente hinzu.

4. Führt mithilfe von **M3** eine Eishockey-Debatte über die Frage: Soll jeder Staat in Europa EU-Mitglied werden?

Fallbeispiel EU-Erweiterung: Soll die Türkei der EU beitreten?

M4 EU-Beitrittskandidat Türkei – karikiert ...

„Die Türkei in die EU? Niemals! Da müsste Erdogan ein Demokrat werden!"

„Wie Orban oder Kaczynski!"

Karikatur: Klaus Stuttmann

Recep Tayyip Erdoğan ist seit August 2014 Präsident der Republik Türkei.
Viktor Orban ist seit 2010 ungarischer Ministerpräsident. Ihm wird immer wieder vorgeworfen, Menschenrechte systematisch einzuschränken. Zuletzt während der Flüchtlingskrise 2015/2016;
Jaroslaw Kaczynski ist der Vorsitzende der polnischen rechtskonservativen Regierungspartei „Recht und Gerechtigkeit" (PiS) (Stand: 2017). Er gilt als „heimlicher" Regierungschef und höhlt demokratische Institutionen aus.

Daten zur Türkei
Fläche: 780.580 qkm (etwa doppelt so groß wie Deutschland)
Regierungsform: präsidentielle Demokratie
Währung: türkische Lira
Amtssprache: Türkisch
Religion: 99 % Muslime
Volksgruppen: 80 % Türken, 20 % Kurden
Export: Textilien, Nahrungsmittel, Metallwaren
Import: Maschinen, Chemikalien, Kraftstoffe

M5 Türkei: Daten und Fakten

	Deutschland	EU-28	Türkei
Einwohner in Mio. (2015)	82,175	510,060	78,741
BIP in Mrd. € (2015)	3.032,82	14.360	681,407
BIP pro Kopf in € (2015)	37.130	28.700	8.719
Durchschnittliches Wirtschaftswachstum in % (2010-2016)	2	1,17	4,97
Durchschnittliche Inflationsraten in % (2010-2015)	1,3	1,3	7,9
Bevölkerungswachstum in % (2006-2016)	-1,33	2,7	13,36

M6 Menschenrechte in der Türkei

In der Türkei existieren weitreichende Gesetze zur Bekämpfung von Terrorismus und Machenschaften, die der Staat als Bedrohung einschätzt. Politische Freiheitsrechte wie die Meinungsäußerungs- und Versammlungsfreiheit sind eingeschränkt. Zugang zur und Effizienz der Justiz sind ungenügend. Gerichtliche Untersuchungen und Verhandlungen sind intransparent. Verdächtige kommen für undefinierte Zeit in Untersuchungshaft. Betroffen sind neben politisch aktiven Kurden/-innen auch Menschenrechtsverteidiger/innen, Studenten/-innen, Journalisten/-innen und Gewerkschafter/innen.
Zusätzlich zu den bereits bestehenden Einschränkungen der Pressefreiheit haben die türkischen Behörden im März 2015 Verschärfungen in der Kontrolle der Internetnutzung beschlossen. Die Autoritäten greifen zu willkürlichen Verhaftungen. Trotz gewissen Fortschritten im Bereich des Folterverbots, kommt es regelmäßig zu Folterfällen in Haftsituationen. Bei Demonstrationen greifen die Einsatzkräfte oft auf exzessive Gewalt zurück. [...]
Durch ihre geographische Lage ist die Türkei in großem Ausmaß von der Migrationsbewegung aus dem Mittleren Osten betroffen. Anfang 2015 befanden sich 1,5 Mio. Flüchtlinge, vor allem aus Syrien, auf türkischem Boden. Die meisten hatten weder Geld noch eine Unterkunft. Fälle von willkürlichen Ausschaffungen* und exzessiver Gewaltanwendung haben sich an der Grenze zu Syrien gehäuft.

*Ausschaffung: Abschiebung
1999 – 2016 © Humanrights.ch/MERS, Länderinformation: Menschenrechte in der Türkei, www.humanrights.ch, 29.7.2016

EU-Beitrittsgespräche mit der Türkei

1959
Türkei beantragt Aufnahme als assoziiertes Mitglied in der EWG.

1963
Ankara-Abkommen „EWG-Türkei" mit Option einer späteren Vollmitgliedschaft

1987
Türkei stellt Antrag auf Vollmitgliedschaft in der EG.

1989
EG-Kommission lehnt Antrag wg. politischer Instabilität in der Türkei ab.

1999
Türkei erhält Status eines Beitrittskandidaten.

2004
Europäischer Rat beschließt Aufnahme von Beitrittsverhandlungen.

2006
EU suspendiert Verhandlungen zu acht von 35 Themen, weil die Türkei das Zollabkommen nicht auf das EU-Mitglied Zypern anerkennt.

2015 – 2016
Mehrere EU-Politiker stimmen angesichts der politischen Entwicklungen in der Türkei für einen Abbruch der Beitrittsverhandlungen.

M7 Wirtschaftliche Lage der Türkei

Das Wirtschaftswachstum hat sich in der Türkei in den letzten Jahren abgeschwächt. 2014 betrug es 2,9 %. Zum Vergleich: Das deutsche Wirtschaftswachstum betrug im selben Jahr 1,5 %. Die Staatsverschuldung lag in diesem Jahr auch unter der in den meisten europäischen Staaten.
Dennoch gibt es in der Türkei auch wirtschaftliche Schwierigkeiten. Die Industrie ist sehr stark vom Ausland abhängig, da sie von dort einen großen Teil ihrer Energie bezieht, die für die Produktion notwendig ist. Die türkische Währung Lira verliert im Zuge des abgeschwächten Wirtschaftswachstums deutlich an Wert, die Inflation ist mit knapp 10 % deutlich höher als in der EU.
Die Arbeitslosenquote lag 2014 bei durchschnittlich 10 %, wobei sie in ländlichen Gebieten deutlich höher ist. Über ein Drittel der Erwerbstätigen arbeiten in der Landwirtschaft, Industrie gibt es vor allem im Westen der Türkei.

© 1995 – 2016 Auswärtiges Amt, Länderinformationen: Türkei – Aktuelle wirtschaftliche Lage, www.auswaertiges-amt.de, Stand: 10/2016

M8 Argumente für und gegen einen EU-Beitritt der Türkei

1 Eine Zuwanderungswelle von Arbeitsuchenden wird sich mit Übergangsfristen verzögern, aber nicht verhindern lassen.

2 Nach der letzten Erweiterung hat sich die EU noch nicht erholt. Ein so großes und einflussreiches Land erschwert Entscheidungen in den europäischen Institutionen.

3 Trotz aller Reformen gibt es immer noch große Defizite bei Justiz und Polizei, den Menschen- und Minderheitenrechten, der Meinungsfreiheit sowie der tatsächlichen Gleichstellung der Frau und der Religionsausübung.

4 Die Türkei gehört weder geografisch noch kulturell zu Europa. Die Grenzen werden bis in die Unruhegebiete des Orients überdehnt.

5 Die Gemeinschaft der Europäischen Union basiert auf Werten und nicht auf religiösen Überzeugungen. Ausschlaggebend sind die Kriterien des Kopenhagener EU-Gipfels von 2002.

6 Über ein Drittel der Menschen arbeitet in der Landwirtschaft. Die jährlichen Hilfen für die Struktur- und Agrarpolitik gehen in den zweistelligen Milliardenbereich.

7 Mit der Türkei als Mitglied erhält die EU geostrategisch größere sicherheitspolitische Bedeutung. Der Schutz vor islamischem Terrorismus wird größer.

8 Beitrittsverhandlungen würden die Verbesserung der Menschenrechtslage und der Demokratie in der Türkei vorantreiben. Es ist im Sinne der EU, dass diese Werte auch in der Türkei verbreitet sind.

9 Eine demokratische Türkei hat „Signalwirkung" für die Akzeptanz westlicher Werte in anderen islamischen Ländern.

AUFGABEN

1. Stelle in eigenen Worten die Aussageabsicht der Karikatur in **M4** dar.
2. Bearbeitet **M5 – M7** in Kleingruppen und führt das Ampelspiel zu der Frage durch, ob die Türkei der EU beitreten sollte. Notiert die Anzahl der roten, gelben und grünen Karten in der Klasse.
3. Überprüft, ob die Türkei die in **M2b** genannten Kopenhagener Kriterien erfüllt. Zieht dazu **M5**, **M6** und **M7** sowie **M4** heran.
4. Ordne die Argumente aus **M8** tabellarisch in Pro- und Kontra-Argumente und überprüfe, ob du die Tabelle um eigene Argumente ergänzen kannst.
5. Teilt die Klasse in Befürworter und Gegner des EU-Beitritts der Türkei ein und führt ein Pro-Kontra-Streitgespräch zum Thema: „Sollte die Türkei der EU beitreten?".

Fallbeispiel EU-Austritt: Wer profitiert mehr vom Brexit – die EU oder Großbritannien?

M9 Juni 2016: Referendum über EU-Austritt

a) Ergebnisse nach Regionen

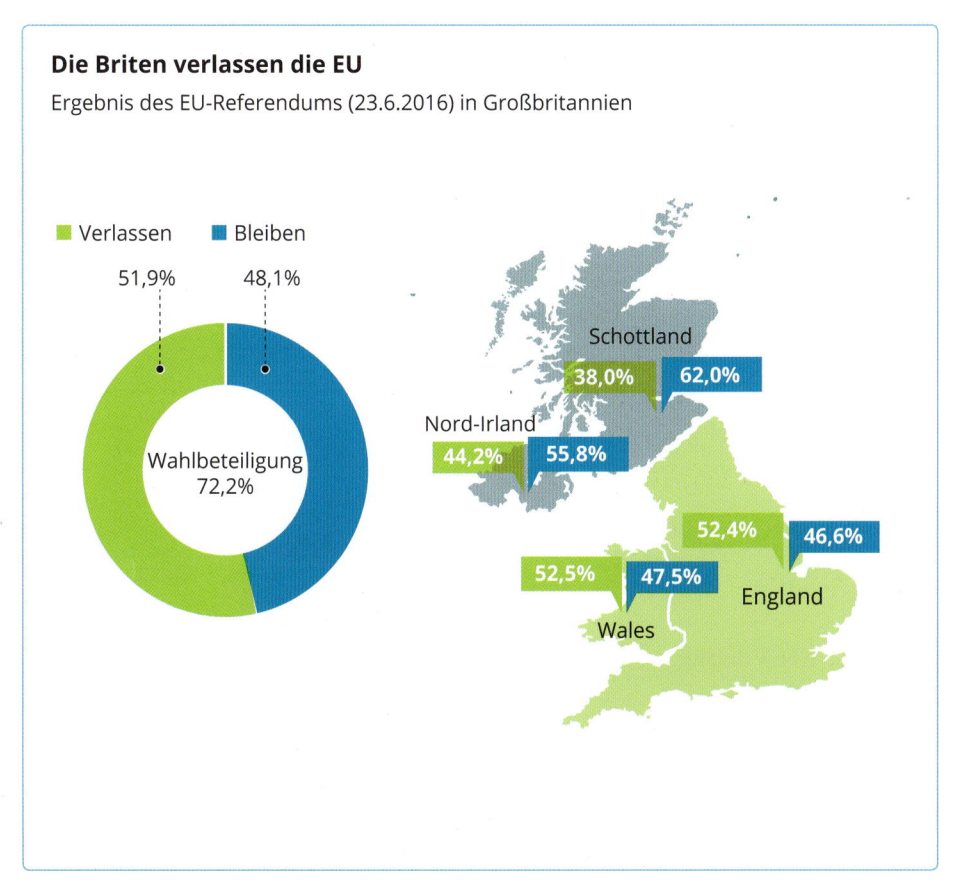

Die Briten verlassen die EU
Ergebnis des EU-Referendums (23.6.2016) in Großbritannien

- Verlassen: 51,9%
- Bleiben: 48,1%
- Wahlbeteiligung: 72,2%

- Schottland: 38,0% Verlassen / 62,0% Bleiben
- Nord-Irland: 44,2% Verlassen / 55,8% Bleiben
- England: 52,4% Verlassen / 46,6% Bleiben (Anm.: 53,4% / 46,6%)
- Wales: 52,5% Verlassen / 47,5% Bleiben

Brexit
Brexit ist eine Wortverbindung aus den Wörtern „British" und „Exit".

Referendum
Abstimmung der wahlberechtigten Bevölkerung zu einem bestimmten Thema

Quelle: Statista, 2016

b) Wahlbeteiligung und Wahlentscheidung in %

Wahlbeteiligung nach Altersstufen	
Alter	Wahlbeteiligung
18-24	36 %
25-34	58 %
35-44	72 %
45-54	75 %
55-64	81 %
65+	83 %

Wahlentscheidung nach Altersstufen	
Alter	Wahlbeteiligung
18-24	75 % bleiben, 25 % verlassen
25-49	56 % bleiben, 44 % verlassen
50-64	44 % bleiben, 56 % verlassen
65+	39 % bleiben, 61 % verlassen

Quelle: Statista 2016

Sonderregelungen für GB

- Euro: GB hält an der eigenen Währung fest, um größere wirtschafts- und finanzpolitische Souveränität zu behalten
- Schengen-Raum: GB nimmt nicht an der Abschaffung bzw. Beschränkung der stationären Grenzkontrollen an den Binnengrenzen teil.
- „Briten-Rabatt": Seit 1984 erhält GB Teile seiner Netto-Zahlungen an den EU-Haushalt erstattet, weil es wenig von den Agrarsubventionen profitiert.

M10 Die EU aus britischer Perspektive

Die EU, das ist für viele auf der Insel in erster Linie eine Freihandelszone, die wirtschaftliche Vorteile bringt. Alles andere wurde über die Jahrzehnte mit mehr oder weniger Gegrummel in Kauf genommen. Keinem anderen Mitglied hat die EU so viele Ausnahmen und Sonderregeln eingeräumt wie Großbritannien. Doch mittlerweile ist die Vernunftehe vergiftet, und es ist vor allem ein Thema, das die EU zum Feindbild vieler Briten gemacht hat: die Einwanderer, die insbesondere seit der Osterweiterung der EU vor elf Jahren in großer Zahl ins Land geströmt sind. In den zwölf Monaten bis Juni 2016 ist die Zahl der Einwanderer netto um ein Drittel auf den Rekordwert von 336.000 Neuankömmlingen gestiegen. Darunter waren, anders als etwa in Deutschland, nur wenige Flüchtlinge, dafür aber viele Bürger anderer EU-Staaten. Im Vergleich zur Jahrtausendwende hat sich der Einwandererstrom damit verdoppelt. Es ist ein Klima der Fremdenfeindlichkeit entstanden: Millionen Briten fürchten, dass die Neuankömmlinge ihnen die Jobs, die Krankenhausbetten und ihren Kindern die Schulplätze wegnehmen.

Marcus Theurer, Möglicher Brexit? Bye-bye Europe, www.faz.net, 6.1.2016

M11 Wie funktioniert das Ausscheiden aus der EU?

a) Was regelt Art. 50 des EU-Vertrags bei einem Austritt

> **Art. 50, EU-Vertrag**
>
> (1) Jeder Mitgliedstaat kann im Einklang mit seinen verfassungsrechtlichen Vorschriften beschließen, aus der Union auszutreten.
>
> (2) Ein Mitgliedstaat, der auszutreten beschließt, teilt dem Europäischen Rat seine Absicht mit. Auf der Grundlage der Leitlinien des Europäischen Rates handelt die Union mit diesem Staat ein Abkommen über die Einzelheiten des Austritts aus [...]. Das Abkommen [...] wird vom Rat im Namen der Union geschlossen; der Rat beschließt mit qualifizierter Mehrheit nach Zustimmung des Europäischen Parlaments.
>
> (3) Die Verträge finden auf den betroffenen Staat ab dem Tag des Inkrafttretens des Austrittsabkommens oder andernfalls zwei Jahre nach der in Absatz 2 genannten Mitteilung keine Anwendung mehr, es sei denn, der Europäische Rat beschließt im Einvernehmen mit dem betroffenen Mitgliedstaat einstimmig, diese Frist zu verlängern.
>
> (4) Für die Zwecke der Absätze 2 und 3 nimmt das Mitglied des Europäischen Rates und des Rates, das den austretenden Mitgliedstaat vertritt, weder an den diesen Mitgliedstaat betreffenden Beratungen noch an der entsprechenden Beschlussfassung des Europäischen Rates oder des Rates teil. [...]
>
> (5) Ein Staat, der aus der Union ausgetreten ist und erneut Mitglied werden möchte, muss dies nach dem Verfahren des Artikels 49 beantragen.

M12 Kommentar über mögliche Brexit-Folgen

In Bezug auf die Wirtschaftspolitik dürfte das einigermaßen klar sein: Großbritannien würde hier sicherlich ein möglichst umfassendes Freihandelsabkommen anstreben, um eng in den Europäischen Binnenmarkt integriert zu bleiben. [...] Im Ergebnis könnte Großbritannien damit in einer ähnlichen Position sein wie Norwegen oder die Schweiz heute: Um am Europäischen Binnenmarkt teilnehmen zu dürfen, müssen diese Länder die entsprechenden rechtlichen Regelungen der EU umsetzen, ohne jedoch am Gesetzgebungsprozess selbst beteiligt zu sein. Für die betreffenden Staaten ist das kein besonders attraktives Modell, weshalb vor einigen Monaten auch der frühere norwegische Außenminister Espen Barth Eide [...] die Briten vor einem EU-Austritt gewarnt hat. Der EU selbst hingegen würde es kaum wehtun, wenn Großbritannien auf diese Weise auf sein Mitspracherecht verzichtet.

Dennoch ist der Brexit aus wirtschaftlicher Sicht ein Risiko für die EU: Mindestens bis der Austrittsvertrag ausgehandelt ist, wäre er mit einer hohen Unsicherheit verbunden, die Anleger von Investitionen abschrecken könnte. Darunter würde zwar vor allem Großbritannien selbst leiden, insbesondere falls die großen Banken aus der Londoner City beginnen, ihre Sitze in einen sicheren Hafen auf dem Kontinent zu verlegen. Aber natürlich sind Großbritannien und die EU wirtschaftlich eng vernetzt, und eine britische Wirtschaftskrise würde auch im Rest der EU das Wachstum schwächen.

In anderen Politikbereichen dürften die Auswirkungen eines britischen Austritts noch weniger dramatisch ausfallen. In Fragen der Innen- und Justizpolitik etwa verfügt das Vereinigte Königreich schon jetzt über weitreichende Ausnahmeklauseln: Es ist nicht Mitglied des Schengen-Raums und nimmt auch an der übrigen EU-Gesetzgebung in diesem Bereich nur sehr begrenzt teil. [...]

In der Außenpolitik wiederum ist Großbritannien zwar ein Schwergewicht mit einem großen und effizienten diplomatischen Dienst, einer schlagkräftigen Armee und einem ständigen Sitz im UN-Sicherheitsrat. Trotzdem würde ein Brexit auch hier keine allzu gravierenden Veränderungen bringen: Bekanntlich handelt die EU in der Außenpolitik nur nach einstimmigen Entscheidungen aller Mitgliedsregierungen. [...]

Bleibt noch ein letztes Argument, den Brexit zu fürchten: Könnte er zum Auslöser für einen Domino-Effekt werden, der auch in anderen Ländern zu Austrittsdebatten führt und Europaskeptiker begünstigt? [...] Indessen unterstellt diese Vorstellung einer drohenden Austrittswelle, dass Großbritannien mit seinem nationalen Alleingang erfolgreich ist und in anderen Ländern als Vorbild wahrgenommen wird. Allzu wahrscheinlich ist das nicht. Eher dürfte das Land nach einem Austritt in eine wirtschaftliche und politische Krise geraten, die es für den Rest der EU eher zum abschreckenden Beispiel macht.

Manuel Müller, Muss die EU den Brexit fürchten? Oder wäre er auch eine Chance?, www.foederalist.eu, 31.3.2016

Freihandelsabkommen
Ein Vertrag, den Staaten miteinander schließen, in welchem festgelegt ist, welche Waren zu welchen Bedingungen, z. B. ohne Einfuhrzölle, zwischen ihnen gehandelt werden.

M13 Brexit kontrovers: Argumente der Befürworter und Gegner

1 Die Hoffnung, Großbritannien könnte durch einen Austritt Souveränität zurück erlangen, ignoriert [...] die Globalisierung: Durch wechselnde Bündnisse auf EU-Ebene könne London seine eigenen Interessen besser durchsetzen als in der Isolation [...].

2 Sicherheit: Auch der Kampf gegen den Terror sei in der EU effektiver. [...] Die Sicherheitsdienste und Polizeibehörden können sich so einfacher austauschen.

3 Durch den Austritt aus der EU könnte London die Zuwanderung wesentlich stärker begrenzen: Es entstünden mehr Jobs für Briten [...].

4 Die Einwanderung aus EU-Ländern hat sich verdoppelt [...]. In vielen Städten gibt es massive Integrationsprobleme, auch die Angst vor Terroranschlägen wird als Argument angeführt [...].

5 Es gibt zahlreiche Studien, wonach die Wirtschaft langfristig gar um bis zu 9,5 Prozent einbrechen könnte. [...] Britische Unternehmen verlören ihre wichtigsten Handelspartner, müssten Zölle auf Exporte zahlen, internationale Konzerne könnten abwandern, Jobs wegfallen, das Pfund ins Trudeln geraten [...].

6 Durch die Verlagerung der Entscheidungsprozesse von London nach Brüssel sehen viele Briten ihre Demokratie ausgehöhlt [...].

7 Eine Gemeinschaft aus 28 Staaten hat mehr Gewicht in der Weltpolitik als ein einzelnes Land.

Nach: © RP Digital, Brexit: Pro und Contra – das sind die Argumente der Lager, www.rp-online.de (24.11.2016)

AUFGABEN

1. Bearbeitet **M9a-b** u. a. mithilfe der Methode **M14** in Kleingruppen.
    a) Fasst die Ergebnisse des Referendums aus **M9a-b** zusammen.
    b) Analysiert, welche Probleme in diesen Ergebnissen für die britische Bevölkerung stecken.
2. Erklärt mithilfe von **M10**, warum die Briten für den Brexit gestimmt haben. Bezieht dabei auch die Sonderregelungen in der Randspalte mit ein.
3. Wie geht es denn jetzt weiter mit Großbritannien? Entwirf mithilfe von **M11** einen zweiminütigen Vortrag, der eine Antwort auf diese Frage gibt.
4. Analysiere den Kommentar in **M12**, indem du u. a. die Auswirkungen des Brexits für die EU herausarbeitest.
5. Ordne die Argumente aus **M13** tabellarisch in Pro- und Kontra-Argumente und ergänze die Tabelle mit eigenen Argumenten.
6. Teilt die Klasse in Befürworter und Gegner des Brexits ein und führt eine Eishockey-Debatte zur Frage: Wer profitiert mehr vom Brexit – die EU oder Großbritannien? (**M12**, **M13**).

H ZU AUFGABE 4
Grundsätzlich steht der Autor dem Brexit kritisch gegenüber. In Z. 14 ff., Z. 26 f. und Z. 67 ff. kannst du noch einmal genauer nachlesen, welche Argumente er anführt, indem du diese Textstellen mit eigenen Worten erläuterst.

METHODE

M14 Diagramme und Schaubilder analysieren

I. Worum geht es?

Statistiken helfen uns in vielen Alltagssituationen. Es gibt kaum einen Lebensbereich, der nicht statistisch erfasst wird. Eine Statistik ist die systematische Sammlung und Ordnung von Informationen in Form von Zahlen. Diese Zahlen werden entweder in Tabellen oder optisch aufbereitet als Diagramme und Schaubilder ausgewertet und dargestellt. Diese gilt es, zu analysieren.

II. Geht dabei so vor:

1. Schritt: Fragestellung / Thema bestimmen

Was ist das Thema des Diagramms / Schaubilds?

2. Schritt: Darstellungsform bestimmen

Es gibt verschiedene Arten von Diagrammen:
a) in Balken- und Säulendiagramm lassen sich verschiedene Zahlenwerte gut miteinander vergleichen,
b) durch Linien- und Kurvendiagramm können zeitliche Entwicklungen gut dargestellt werden,
c) Kreis-/Kuchen-/Tortendiagramme lassen die jeweiligen Anteile an der Gesamtmenge gut erkennen.

3. Schritt: Diagrammme und Schaubilder beschreiben

- In welcher Maßeinheit sind die Zahlenwerte angegeben? Handelt es sich um absolute Zahlen? Dann steht dort z. B. „in Tausend" oder „in Millionen". Oder sind relative Zahlen dargestellt? Diese Angaben erfolgen in Prozent (%)
- Welcher Zeitpunkt oder Zeitraum ist dargestellt?
- Woher kommen die Zahlen, was ist als Quelle der Darstellung angegeben?

4. Schritt: Diagramme und Schaubilder analysieren

Was zeigen die Zahlen und Daten? Gibt es Besonderheiten oder Auffälligkeiten?

5. Schritt: Diagramme und Schaubilder kritisch beleuchten und erklären

Ist die Form der Darstellung korrekt? Passen die Abstände im Koordinatensystem? Wie ist die Aussage des Schaubilds / Diagramms in das Thema einzuordnen?

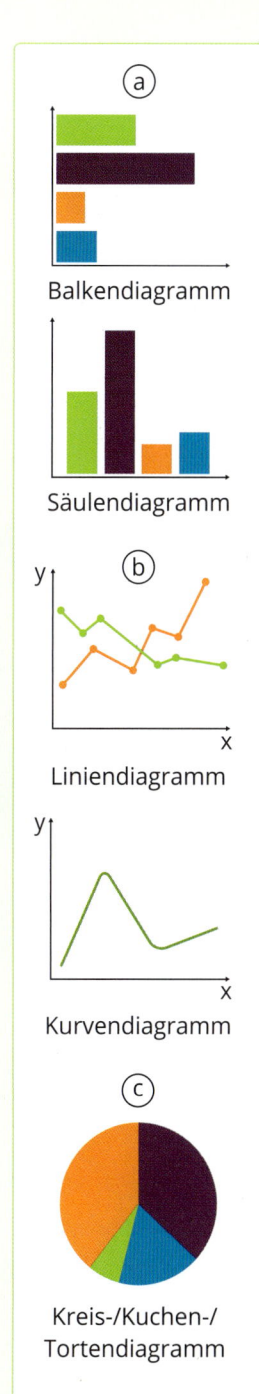

a) Balkendiagramm

Säulendiagramm

b) Liniendiagramm

Kurvendiagramm

c) Kreis-/Kuchen-/Tortendiagramm

WAS WIR WISSEN

Die Erweiterung der EU
M1 – M3

Die Europäische Einigung strahlte von Beginn an eine große Anziehung auf die Staaten Europas aus, sodass ausgehend von den sechs Gründerstaaten heute schon 28 Staaten im europäischen Haus ihren Platz gefunden haben. Jeder Beitrittskandidat muss die grundlegenden Werte der EU teilen und die Kopenhagener Kriterien erfüllen.

Fallbeispiel „EU-Beitritt Türkei"
M4 – M8

Seit rund 60 Jahren hofft die Türkei auf einen Beitritt zur Europäischen Union. Im Oktober 2005 hat die EU offiziell damit begonnen, Beitrittsverhandlungen mit der Türkei zu führen. Ein Beitritt der Türkei zur EU wird allerdings kontrovers beurteilt. Die Gegner des Beitritts sehen eine Unvereinbarkeit von islamischer und christlicher Kultur, hohe Kosten für die wirtschaftliche Integration und sicherheitspolitische Risiken. Die Befürworter sehen die Chance, unterschiedliche Kulturen politisch zu integrieren, die Möglichkeit, wirtschaftliche Ungleichgewichte in Europa auszugleichen und die Ausdehnung des europäischen Friedensmodells der EU auf ein islamisch geprägtes Land.

Fallbeispiel „Brexit"
M9 – M13

Trotz der großen Attraktivität, die die Europäische Union auf andere Länder ausstrahlt, kam an ihr in letzter Zeit aber auch massive Kritik auf. So wird „Brüssel" bspw. für fehlende Bürgernähe, ausufernde Bürokratie oder unkontrollierte Flüchtlingsströme verantwortlich gemacht. Im Jahr 2016 gipfelte dieser Unmut darin, dass sich die Bürger von Großbritannien in einem Referendum für den Austritt ihres Landes aus der EU („Brexit") ausgesprochen haben.

WAS WIR KÖNNEN

A) E-Mail an den Präsidenten der Vereinigten Staaten von Amerika (USA): „Die EU ist ‚in Vielfalt geeint' ..."

Der US-Präsident Donald Trump berichtete in einem Interview im Januar 2017 von seiner Begeisterung für den Brexit. Seiner Meinung nach würden noch andere Länder aus der EU austreten – dies sei nur eine Frage der Zeit. Schreibt ihm in Kleingruppen eine E-Mail mit euren Statements zur Europäischen Union, inwiefern sie „in Vielfalt geeint" ist. Verwendet dabei mindestens acht der folgenden Begriffe.

Frieden	Europäische Integration
Euro	EuGH
Eurokrise	EU-Binnenmarkt
EU-Mitgliedschaft	Rat der Europäischen Union
EU-Parlament	EU-Beitritt der Türkei / Brexit
EU-Kommission	Kopenhagener Kriterien
EU-Rechtsakte	Maastrichter Konvergenzkriterien
EU-Rat	EU-Beitrittskandidaten

B) Text für die Hymne der Europäischen Union konzipieren

Die offizielle Hymne der Europäischen Union hat bisher keinen offiziellen Text und kann daher nicht gesungen, sondern nur instrumental gespielt werden. Entwickelt Ideen für einen Text der europäischen Hymne, der das Thema „Europäische Union – in Vielfalt geeint?" zum Inhalt hat. Berücksichtigt dabei mindestens vier der oben stehenden Begriffe.

Aufgabe
Bearbeitet die Aufgaben in A) oder B). Präsentiert eure Ergebnisse abschließend in der Klasse.

1 Unterwasserkonferenz gegen Meeresspiegelanstieg

2 Minenwarnung am Wegesrand (2012, Bosnien-Herzegowina)

3 Syrische Flüchtlinge aus Kobane am 9.7.2015 auf dem Weg in die Türkei

4 Staatsvertreter am Konferenztisch der Vereinten Nationen, Sicherheitsrat in New York, USA

5 Soldat und Dorfältester in Afghanistan

6 Mädchen vor Rauchwolken im syrischen Bürgerkrieg

7 Pistolenskulptur „Knotted Gun" vor dem UN-Hauptgebäude in New York, USA

Internationale Beziehungen

5

Die zahlreichen Kriege und Konflikte auf der Welt zeigen, dass bis heute Frieden und Sicherheit alles andere als selbstverständlich sind. Menschen weltweit werden allerdings nicht nur durch Kriege und Konflikte, sondern auch durch Umweltzerstörung, Klimaveränderungen, Hunger und Armut bedroht. Die Folgen dieser Entwicklungen stellen neue Herausforderungen für die internationale Friedens- und Sicherheitspolitik dar.

KOMPETENZEN

Am Ende des Kapitels solltet ihr Folgendes können:
- ausgewählte Bedrohungen bzw. Herausforderungen für Frieden und Sicherheit darstellen
- verschiedene Institutionen und Akteure internationaler Politik sowie deren Möglichkeiten zur Konfliktlösung in der internationaler Politik beurteilen
- einen internationalen Konflikt mit geeigneten Methoden analysieren
- Maßnahmen der Friedenssicherung beurteilen

WAS WISST UND KÖNNT IHR SCHON?

1. Ergänzt folgenden Satz in Einzelarbeit: „Frieden und Sicherheit bedeuten für mich …"
2. Vergleicht eure Ergebnisse. Achtet auf Gemeinsamkeiten bzw. Unterschiede.
3. Betrachtet die Bilder auf der gegenüberliegenden Seite und notiert Bedrohungen/Herausforderungen und mögliche Lösungsansätze zur Erhaltung von Frieden und Sicherheit. Erweitert eure Aufzeichnungen um eigene Überlegungen.
4. Diskutiert in der Klasse darüber, was ihr für die größte Bedrohung/Herausforderung bzw. den bestmöglichen Lösungsansatz haltet.

5.1 Terrorismus im 21. Jahrhundert
Krieg und Frieden – was überwiegt heute?

M1 Frieden oder Krieg? – Ansichtssache …

a) „Frankreich ist im Krieg"
François Hollande* nach den Terroranschlägen im November 2015 in Paris, in: er/Reuters/AFP/dpa, Präsident Hollande „Frankreich ist im Krieg", www.spiegel.de, 17.11.2015

*Hollande, französischer Präsident, von 2012-2017

b) „Europa bleibt die friedlichste Region der Welt"
dpa, Global Peace Index 2015: Gegensätze von Krieg und Frieden werden krasser, www.wiwo.de, 17.6.2015

c) „Wir haben in Europa dauerhaften Frieden, keinen frostigen Waffenstillstand."
© Europäische Union, 1995-2017, Herman Van Rompuy* und José Manuel Durão Barroso**, Dankesrede zum Friedensnobelpreis: Vom Krieg zum Frieden, übersetzt von: Elisabeth Erdmann-Kähler, http://ec.europa.eu, 10.12.2012
*Herman Achille Van Rompuy war Präsident des Europäischen Rates von 2009-2014.
**José Manuel Durão Barroso war von 2004-2014 EU-Kommissionspräsident.

d) „Nur zehn Länder weltweit gelten dem „Global Peace Index" zusammen als vollkommen friedlich: Weder sind sie in Kriege verwickelt, noch gibt es Konflikte, die den Zusammenhalt der Gesellschaft bedrohen."
FOCUS Online, Deutschland gehört nicht dazu: Überall Krieg und Konflikte? Nur diese zehn Länder leben in Frieden, www.focus.de, 14.6.2016

M2 Ist „Krieg" gleich „Krieg"? Der Wandel des Kriegsbildes

Asymmetrischer Krieg
Ungleichmäßiger Krieg

Guerilla
„Kleiner Krieg": Aufständische, gegen eine Besatzungsmacht oder die eigene Regierung

Krieg bedeutet, Interessenkonflikte zwischen a) Staaten (zwischenstaatlicher Krieg), b) Bevölkerungsgruppen (Bürgerkrieg) oder zwischen c) Staaten und einzelnen Bevölkerungsgruppen (asymmetrischer Krieg) mit Waffengewalt auszutragen.
Auch wenn das Kriegsgeschehen auf der Welt unübersichtlich ist, lassen sich doch Entwicklungen herauslesen. So wurden in den vergangenen 15 Jahren nur noch sehr wenige zwischenstaatliche Kriege ausgetragen, bei denen sich zwei Staaten mit militärischen Großverbänden bekämpfen. Beobachter sprechen deshalb auch vom „Aussterben" des klassischen zwischenstaatlichen Krieges. Die überwiegende Anzahl von Kriegen sind heute jedoch innerstaatliche oder asymmetrische Kriege: Lokale Warlords, Rebellen- und Guerillagruppen, „Befreiungsarmeen" und internationale Terrornetzwerke tragen organisierte militärische Gewalt in die Mitte der Gesellschaften hinein.

M3 Ist „Frieden" gleich „Frieden"?

Die Unterscheidung zwischen negativem und positivem Frieden geht auf den norwegischen Friedensforscher Johan Galtung zurück.

Negativer Frieden
- Abwesenheit von direkter Gewalt, insbesondere Abwesenheit organisierter Gewaltanwendung, Zustand des „Nicht-Krieges"
- Gegenbegriff: Krieg
- Ziel: keine gewaltförmige Konfliktaustragung, Waffenstillstand, Friedensvertrag, Sicherheit

Positiver Frieden
- Abwesenheit von direkter, struktureller und kultureller Gewalt in allen Gesellschaftsbereichen
- Gegenbegriff: Gewalt
- Ziel: dauerhafter Frieden, friedvolle Gesellschaft durch: Gerechtigkeit, Einhaltung von Menschenrechten, Versöhnung und Verständigung, etc.

Direkte Gewalt
Eine Person beabsichtigt bestimmte Folgen der von ihr angewandten Gewalt.

Strukturelle Gewalt – Indirekte Gewalt
Unterdrückung und/oder Ausnutzung einzelner Personen oder Gesellschaftsschichten mithilfe politischer bzw. wirtschaftlicher Strukturen

Kulturelle Gewalt
Alles innerhalb der Kultur einer Gesellschaft, das dazu dienen kann, direkte oder strukturelle Gewalt zu rechtfertigen.

M4 Kriege 2016: Welche Regionen sind besonders betroffen?

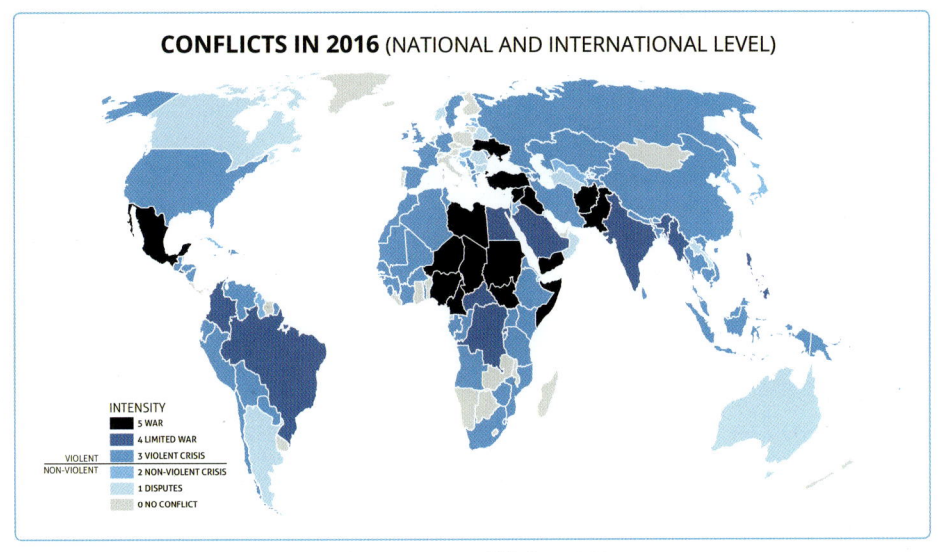

CONFLICTS IN 2016 (NATIONAL AND INTERNATIONAL LEVEL)

INTENSITY
- 5 WAR
- 4 LIMITED WAR — VIOLENT
- 3 VIOLENT CRISIS
- 2 NON-VIOLENT CRISIS — NON-VIOLENT
- 1 DISPUTES
- 0 NO CONFLICT

© 2017 HIIK, CONFLICT BAROMETER I 2016, www.hiik.de, 1.3.2017

AUFGABEN

1. Überlege mögliche Gründe, die zu den unterschiedlichen Aussagen in **M1** über die Situation in Europa und der Welt geführt haben könnten.
2. Erkläre, wie sich das Kriegsbild verändert (**M2**).
3. Erläutere den Unterschied zwischen positivem und negativem Frieden (**M3**).
4. Wertet in Partnerarbeit die Karte in **M4** aus. Wo finden heute die meisten Kriege bzw. kriegerischen Konflikte statt?
5. Diskutiert in der Klasse, ob eurer Ansicht nach in Deutschland/in Europa/ in der Welt eher Krieg oder Frieden überwiegt (**M1 – M4**).

H ZU AUFGABE 1
Bringe die Aussagen in eine zeitliche Reihenfolge.

F ZU DEN AUFGABEN 3 UND 4
Informiere dich über den „Global Peace Index", seine Entstehung, Datengrundlage und Kriterien, und stelle deine Ergebnisse in der Klasse vor.

Terrorismus im 21. Jahrhundert – eine neue Bedrohung für den Weltfrieden?

M5 Fallbeispiel: Terrorakte islamistischer Terrorgruppen

Abschiedsvideo eines Selbstmordattentäters; Selbstmordattentate gehören zur Strategie islamistischer Terrorgruppen.

Anschlag mit Verkehrsflugzeugen auf das World Trade Center in New York am 11.9.2001. Die Terrororganisation Al-Qaida (→ M10, Randspalte) übernahm die Verantwortung dafür.

M6 Welche Formen von Terrorismus werden unterschieden?

Die Erscheinungsformen und Begründungen für Terrorismus haben sich in den letzten Jahren verändert. In den 1970er- und 1980er-Jahren haben rechts- und linksextremistische Gruppen – in Deutschland zum Beispiel die Rote Armee Fraktion (RAF) – mit Gewalt für eine neue Wirtschafts- und Gesellschaftsordnung in ihrem jeweiligen Land gekämpft.

Andere Terrororganisationen wie die nordirische IRA oder die baskische ETA sind nationalistisch-separatistisch. Sie kämpften für die Unabhängigkeit einer Region oder sahen sich als Befreiungskämpfer von einer Besatzungsmacht. Beim internationalen wie auch beim transnationalen Terrorismus stehen weltanschauliche und religiöse Gründe im Vordergrund. Sie verfolgen häufig eine eigene Vision des göttlichen Willens und sind über Grenzen hinweg organisiert. Diese Terrororganisationen bewegen sich frei in vielen Ländern und haben Stützpunkte in Staaten, die sie unterstützen oder dulden. Sie nutzen moderne Kommunikationstechniken und Verkehrsverbindungen. Ein Musterbeispiel dafür ist die Al-Qaida bzw. auch der sogenannte „Islamische Staat" (IS). Staatlich gestützte Terrorgruppen können auch als außenpolitische Werkzeuge der neuen Kriegsführung gegen andere Staaten dienen. Bei der Anwerbung, Radikalisierung, Unterweisung und Kontaktaufnahme zwischen den Mitgliedern von Terrornetzen bzw. Einzelpersonen spielt das Internet mittlerweile eine sehr große Rolle. Statt streng hierarchisch organisierten Netzwerke gibt es außerdem vermehrt halbautonome Zellen, die sich online austauschen.

Ziele des internationalen bzw. transnationalen Terrorismus sind häufig westliche Demokratien, da sie als offene Gesellschaften ein ideales Feindbild geben. Die Menschen können sich frei bewegen und haben weitgehend ungehindert Zugang zu öffentlichen Einrichtungen. Die Taten werden systematisch geplant und sollen durch hohe Opferzahlen unter Zivilisten Angst und Schrecken in den liberalen Gesellschaften erzeugen. Der demokratische Staat und seine Bürger sollen dadurch geschwächt werden. Hinzu kommt, dass es umstritten und schwierig ist, schärfere Schutz- und Antiterrormaßnahmen in einer Demokratie durchzusetzen.

Unterschied zwischen „internationalem" und „transnationalem" Terrorismus

Oftmals wird statt vom „internationalen Terrorismus" vom „transnationalen Terrorismus" gesprochen. Die beiden Formen unterscheiden sich hauptsächlich durch die geringere Bedeutung staatlicher Unterstützung beim transnationalen Terrorismus. Waffen und Gelder erhalten diese Gruppen in der Regel aus privaten Quellen bzw. eigenen Netzwerken. Außerdem setzen sie sich aus Bürgern verschiedener Länder zusammen.

Guido Steinberg, Transnationaler Terrorismus, Informationen zur politischen Bildung, Nr. 326, 2/2015, S.17

M7 Terroristische Angriffe in Europa

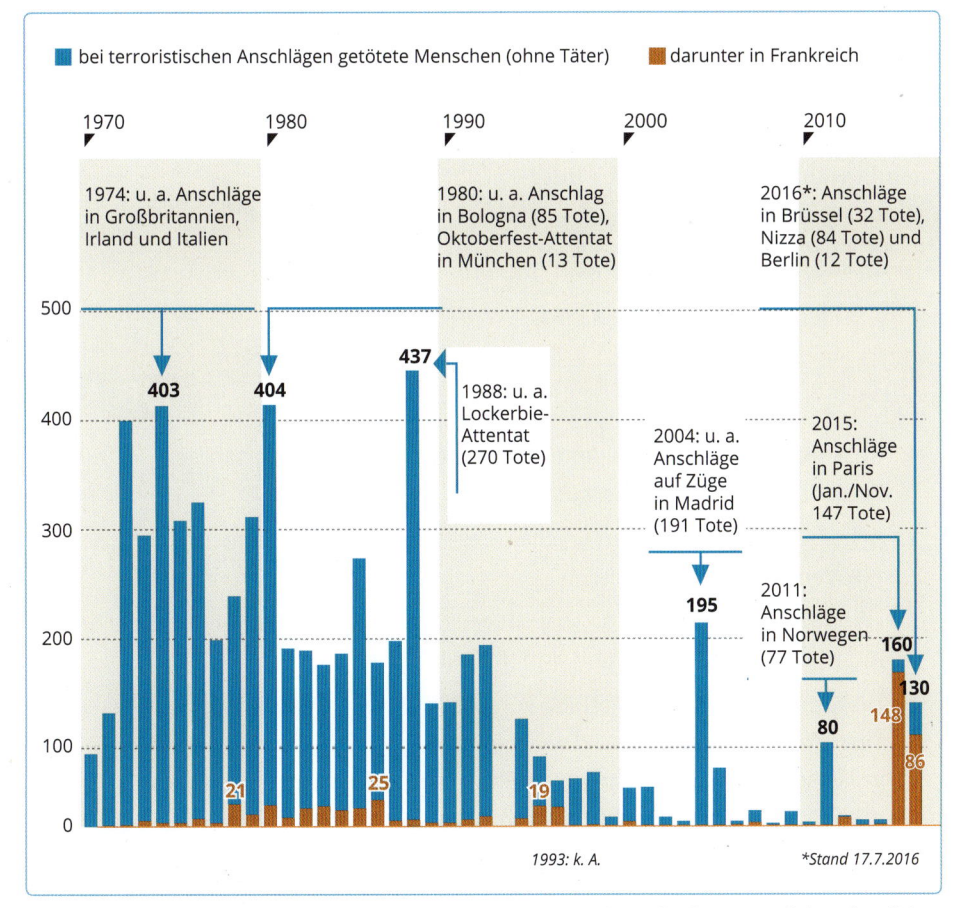

■ bei terroristischen Anschlägen getötete Menschen (ohne Täter)   ■ darunter in Frankreich

1970: 1974: u. a. Anschläge in Großbritannien, Irland und Italien
1980: 1980: u. a. Anschlag in Bologna (85 Tote), Oktoberfest-Attentat in München (13 Tote)
1988: u. a. Lockerbie-Attentat (270 Tote) — 437
2004: u. a. Anschläge auf Züge in Madrid (191 Tote) — 195
2011: Anschläge in Norwegen (77 Tote) — 80
2015: Anschläge in Paris (Jan./Nov. 147 Tote) — 160, 148
2016*: Anschläge in Brüssel (32 Tote), Nizza (84 Tote) und Berlin (12 Tote) — 130, 86

403, 404, 21, 25, 19

1993: k. A.   *Stand 17.7.2016

dpa-Grafik 24451; Quelle: Global Terrorism Database, University of Maryland, vom Bearbeiter aktualisiert, Stand: Januar 2017

M8 Kontroverse: Ist Terrorismus eine Gefahr für Deutschland?

Pro: Für die Sicherheit der Bundesrepublik Deutschland [...] ist und wird auf absehbare Zeit der islamistisch motivierte internationale Terrorismus die virulenteste Bedrohung und eine der größten Herausforderungen für die Sicherheitsbehörden bleiben. Die Bedrohungslage ist allerdings dynamisch und das nicht erst seit dem 11. September 2001. Die Gefährdungen, denen wir uns gegenübersehen, werden in zehn Jahren sicherlich nicht dieselben sein wie heute. Unsere Sicherheitsbehörden stehen daher vor großen Herausforderungen. Der internationale Terrorismus zielt darauf ab, Angst und Schrecken zu verbreiten. Er bedroht nicht nur die individuelle Freiheit und Sicherheit unserer offenen Gesellschaft [...], sondern stellt auch bewährte Strukturen der internationalen Ordnung infrage.

© *Bundesministerium des Innern – 2016, Sicherheit – Terrorismusbekämpfung, www.bmi.bund.de (30.11.2016)*

Kontra: Es gibt einen erheblichen Unterschied zwischen der allgemeinen und der persönlichen Gefährdung. Auch wenn die Gefahr, dass ein Anschlag stattfindet, gegeben ist, ist die Wahrscheinlichkeit, dass ein Einzelner zum Opfer wird, viel geringer als die Gefahr, Opfer eines Verkehrsunfalls oder etwa auch eines Unwetters oder einer schweren Infektion zu werden. Dies gilt auch in Ländern, in denen die Terrorgefahr deutlich höher ist als bei uns. Deshalb sollte man auch im Hinblick auf die bestehende Gefahr des Terrorismus sein Leben nicht einschränken.

© *Bundesministerium des Innern – 2016, Sicherheit – Terrorismusbekämpfung – Häufig gestellte Fragen zum Thema Islamistischer Terrorismus – Muss ich Angst haben?, www.bmi.bund.de (30.11.2016)*

AUFGABEN

1. Beschreibe die beiden Bilder in **M5**. Welche Vorgehensweisen der Terroristen lassen sich daraus ableiten?
2. Arbeite die verschiedenen Erscheinungsformen und Gründe für Terrorismus aus dem Text (**M6**) heraus.
3. Überlege mögliche Gründe, warum westliche Demokratien häufig Ziele des internationalen Terrorismus sind (**M6**, **M7**).
4. Diskutiert in der Klasse mithilfe von **M8**, inwiefern Deutschland von Terrorismus bedroht ist und welche Schwierigkeiten sich aus dessen verschiedenen Erscheinungsformen von terroristischen Anschlägen ergeben könnten (**M8**, unter Zuhilfenahme von **M6**).
5. Nehmt Stellung zur These: Der Terrorismus im 21. Jahrhundert hat den klassischen Krieg als größte Bedrohung für den Frieden abgelöst (**M4, M5 – M8**).

ZU AUFGABE 4
Führe in deinem Bekanntenkreis (Familie, Schule, etc.) eine Umfrage durch. Frage z. B. danach, ob sie aufgrund von möglichen Anschlägen bestimmte Orte meiden, ihren Lebensstil ändern würden, etc. Stelle deine Ergebnisse in der Klasse vor.

Fallbeispiel Islamischer Staat (IS) – eine neue Art von Terrorismus?

M9 Verbreitungsgebiet IS (Stand: November 2016)

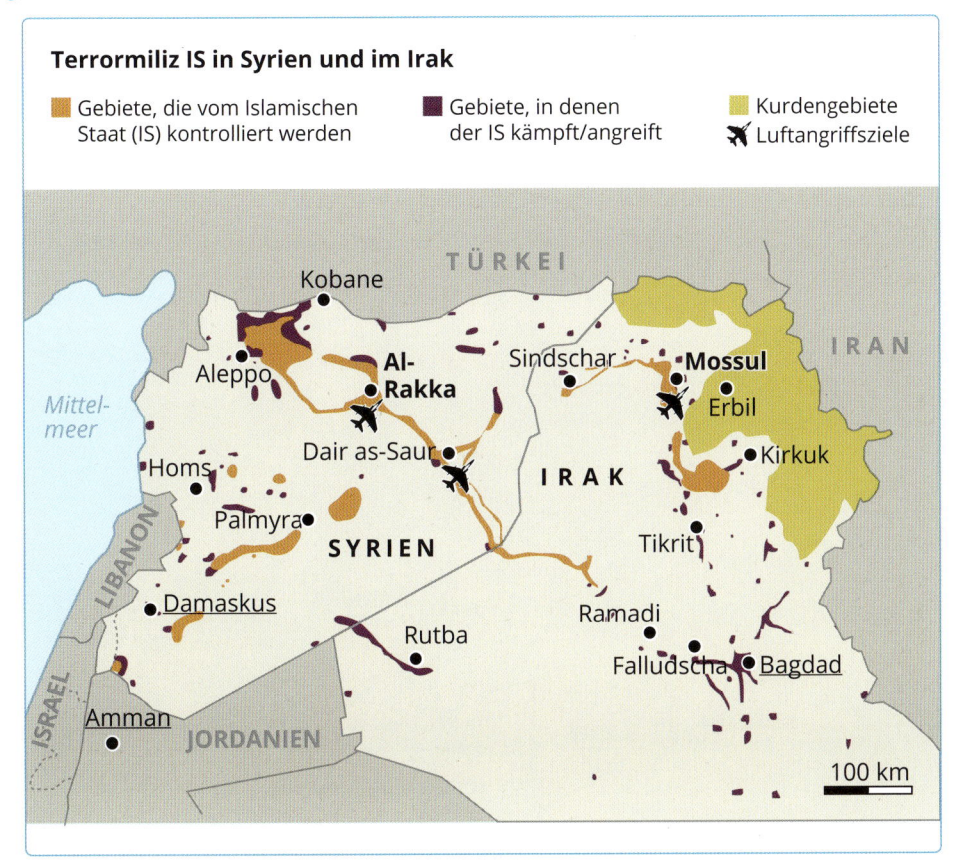

Terrormiliz IS in Syrien und im Irak

- Gebiete, die vom Islamischen Staat (IS) kontrolliert werden
- Gebiete, in denen der IS kämpft/angreift
- Kurdengebiete
- ✈ Luftangriffsziele

dpa-Grafik 23894; Quelle: Institute for the Study of War/dpa; Stand: Karten 17.10.2016

M10 Wer oder was ist der IS?

Der Islamische Staat hat seine Wurzeln im Irak-Krieg der Amerikaner. In den 1990er- und 2000er-Jahren entstanden islamistische Gruppierungen, auch aus Afghanistan, Jordanien oder Pakistan heraus, die sich gegen die amerikanische Besatzung und den neuen irakischen Staat richteten. Die bekannteste darunter trat unter dem Namen Al-Qaida auf. Auch der Islamische Staat, der zu Beginn noch nicht so hieß, war eine solche Gruppe. [...] Beim „Islamischen Staat" handelt es sich um eine islamistische Terrororganisation, deren Mitglieder sich zu einer radikalen Auslegung des sunnitischen Islam bekennen. Der Islamische Staat kontrolliert zurzeit Teile Syriens und des Iraks. Hier hat die Organisation am 29. Juni 2014 ein Kalifat ausgerufen. [...] Die Ideologie des IS besagt, dass sich das Kalifat langfristig auf das Gebiet der Staaten Syrien, Irak, Libanon, Israel,

Al-Qaida
Auch Al-Qaida ist eine islamistische Terrororganisation; führende Person innerhalb der Organisation war von den USA jahrelang gesuchte Anführer Osama bin Laden; verantwortlich für die Anschläge auf das World Trade Center in New York am 11.9.2001.

Islamischer Staat
IS oder auch ISIS für „Islamischer Staat im Irak und in Syrien"; im arabischsprachigen Raum ist der Begriff „Daesh" gebräuchlich.

Kalifat
Reich eines Kalifen. Kalifen gelten als Nachfolger oder Stellvertreter Gottes.

Islamismus/islamistisch
Eine radikale, politische Weltanschauung; Vertreter sehen ihre Art der Auslegung des Islams als die einzig richtige an und fordern deren Durchsetzung (oft gewaltsam) ein.

Palästina und Jordanien erstrecken soll. Im Einflussgebiet des IS gelten die Gesetze der Scharia, Frauen werden unter Androhung ihres Todes gezwungen, einen Schleier zu tragen.
Der UN-Weltsicherheitsrat, die USA, Großbritannien und Deutschland haben die dschihadistisch-salafistische Gruppe als terroristische Vereinigung eingestuft.

© 2016 Landeszentrale für politische Bildung Baden-Württemberg, Was ist der Islamische Staat?, www.lpb-bw.de (28.11.2016)

M11 Attentate des IS und Anschlagsversuche in Europa

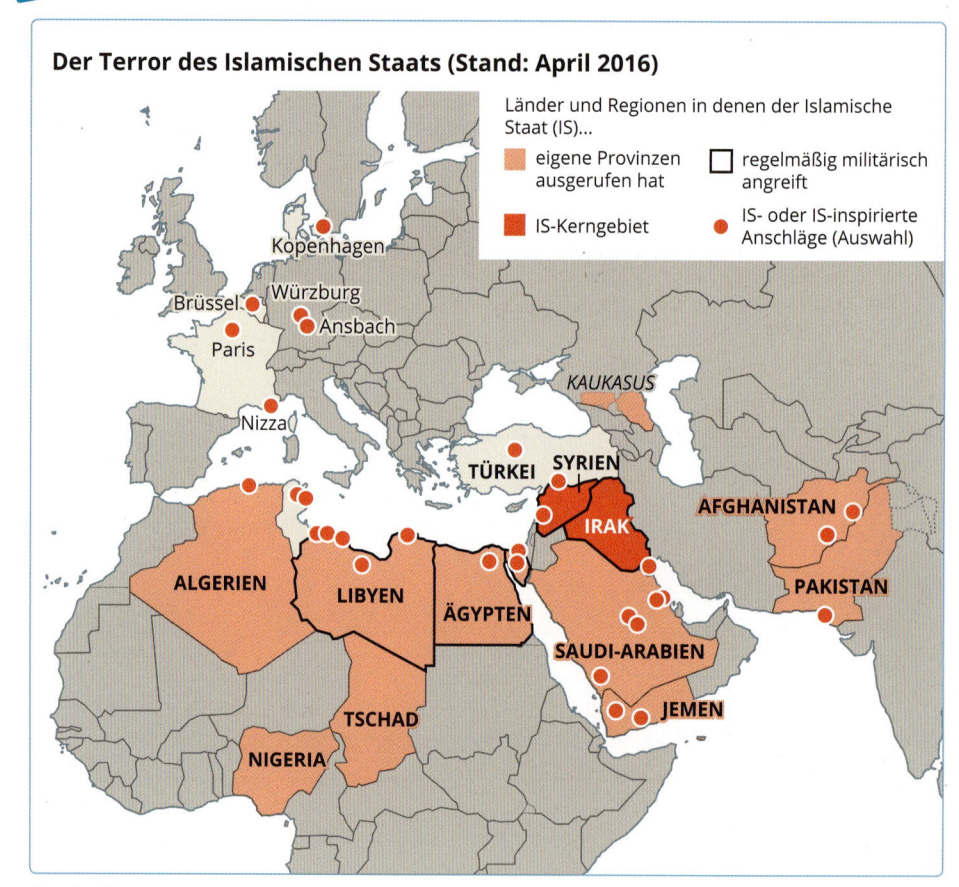

Der Terror des Islamischen Staats (Stand: April 2016)

Länder und Regionen in denen der Islamische Staat (IS)...
- eigene Provinzen ausgerufen hat
- IS-Kerngebiet
- regelmäßig militärisch angreift
- IS- oder IS-inspirierte Anschläge (Auswahl)

Orte: Kopenhagen, Brüssel, Würzburg, Ansbach, Paris, Nizza, KAUKASUS, TÜRKEI, SYRIEN, IRAK, AFGHANISTAN, ALGERIEN, LIBYEN, ÄGYPTEN, SAUDI-ARABIEN, PAKISTAN, JEMEN, TSCHAD, NIGERIA

dpa-Grafik 23325; Quelle: New York Times/Institute for the Study of War/dpa

M12 Wie unterscheidet sich der IS von anderen Terrorgruppen?

Was den Islamischen Staat von vielen anderen Terrorgruppen unterscheidet, ist sein Anspruch, in den von ihm beherrschten Gebieten nicht nur als Kampfgruppe, sondern auch als Regierungsmacht aufzutreten. Inzwischen (Stand: April 2016) hat der Islamische Staat allerdings große Teile seines Einflussgebietes wieder verloren. Die Islamisten sprechen Recht nach dem Gesetz der Scharia, aber sie versuchen auch, die Bevölkerung mit dem Nötigsten zu versorgen. Dazu stellen sie Regionalregierungen mit Bürgermeistern oder Gouverneuren auf. Die Dschihadisten bezahlen

Dschihadismus
Ein Begriff, der u. a. von Sicherheitsbehörden verwandt wird zur Erfassung des Phänomens des gewaltbereiten Islamismus; (Dschihad = „gottgewollte Anstrengung").

Gehälter, liefern Wasser, Strom und Gas, regeln den Verkehr, unterhalten Schulen, Universitäten, Moscheen, Banken und Bäckereien. Diese recht geordneten Strukturen unterscheiden den IS von anderen, nur lose organisierten aufständischen Gruppen und machen seine Stärke aus.

© 2016 Landeszentrale für politische Bildung Baden-Württemberg, Was ist der Islamische Staat?, www.lpb-bw.de (28.11.2016)

Salafismus
Ultrakonservative Strömung innerhalb des Islams; extremistische Weltanschauung

M13 Ist der Islamische Staat eine Art Staat im klassischen Sinne?

Im Interview mit der „Zeit" nimmt Martti Koskenniemi, Professor für Internationales Recht an der Universität Helsinki, Stellung zum IS als Staat.

ZEIT: Es gibt Streit darüber, ob der IS eine Art Staat darstellt. Wenn ja, dann würde es sich bei den Pariser Terroranschlägen [im November 2015] um Angriffe handeln, die von einem staatsähnlichen Gebilde verübt beziehungsweise in Auftrag gegeben wurden.

Koskenniemi: Nein, beim besten Willen nicht – der „Islamische Staat" ist kein Staat im Sinne des internationalen Rechts. Umso einer zu sein, müsste er über ein Territorium, eine Bevölkerung und eine Regierung verfügen, die beide willens und in der Lage sind, internationales Recht einzuhalten.

Trotzdem hat es das ja noch nie gegeben: eine Terrororganisation, die ein riesiges Gebiet besetzt hält, die weltweit Handel treibt und lokale Verwaltungen einrichtet. [...]

Staatlichkeit [kann] sich nicht lediglich auf die effektive Kontrolle über ein Territorium beziehen [...]. Staatlichkeit bezieht sich vor allem auf die Legitimität einer Regierung in einem Gebiet. [...]

Keine Staatlichkeit ohne Legitimität?

Absolut. Die internationale Gemeinschaft ist einfach nicht willens, das Verständnis von Staatlichkeit lediglich auf die Kontrolle über ein Gebiet zu beschränken. Staatlichkeit ist und war immer an ein gewisses Maß an Legitimität gebunden. Und der IS hat überhaupt keine, nicht die geringste.

Martti Koskenniemi im Interview mit Thomas Assheuer, Eine absurde Vorstellung, www.zeit.de, 12.12.2015

Legitimität
hier: Rechtmäßigkeit

AUFGABEN

1. Beschreibe das aktuelle Verbreitungsgebiet des IS (**M9**).
2. Fasse Ursprung, Ausbreitung und Ziele des IS zusammen (**M10**).
3. Werte die Karte in **M11** danach aus, in welchen Ländern und Regionen der Welt der IS Unterstützer hat bzw. Anschläge verübt hat.
4. Arbeitet in Zweiergruppen. Berücksichtigt **M6**.
   a) Arbeitet aus **M12** Unterschiede zu anderen Terrorgruppen heraus.
   b) Ermittelt mithilfe von **M13**, inwiefern der IS eine Art Staat darstellt.
   c) Nehmt Stellung zur These: Der IS ist eine neue Art von Terrorismus.

F ZU AUFGABE 4
Wähle ein Land oder eine Stadt aus der Grafik **M11** heraus, in dem bzw. in der Menschen Opfer eines IS-Anschlags geworden sind.

Jugendliche schließen sich dem IS an – inwiefern können Radikalisierungen im Alltag erkannt und bekämpft werden?

M14 Fallbeispiel: Deutscher Rapper zieht in den IS …

Personalien zu deutschem IS-Kämpfer; Name: Denis Mamadou Gerhard Cuspert; geb. am: 18.10.1975; Geburtsort: Berlin; Eltern: Mutter Deutsche, Vater Ghanaer (verließ die Familie, als Denis noch ein Baby war); Aufgewachsen in: Berlin

Das Foto zeigt den früheren Berliner Rapper und Radikalislamisten Denis Cuspert (alias Deso Dogg bzw. Abu Talha al-Almani) in der vom IS eroberten Stadt Mossul im Irak im Juni 2014. Cuspert ist zudem in einem mutmaßlichen Enthauptungsvideo der Terrormiliz Islamischer Staat (IS) zu sehen. Ein am 4.11.2014 im Internet aufgetauchtes Video zeigt ihn gemeinsam mit anderen IS-Kämpfern, die mehrere Männer umbringen. Es ist nicht zu erkennen, ob Cuspert selbst Opfer tötete.

Ab 2002 Musikaufnahmen als Gangsta-Rapper mit dem Künstlernamen „Deso Dogg", bis 2004 mehrfach Gefängnisaufenthalte wegen verschiedener Delikte, 2005 Teilnahme an der Tour eines anderen Rappers, Zusammenbruch und Psychiatrieaufenthalt, 2009 Veröffentlichung eines eigenen Albums, das gemischte Kritiken erhielt, 2010 Beendigung seiner Musikkarriere und zunehmend Auftreten als radikaler dschihadistischer Salafist und islamistischer Prediger, Aufrufe zum bewaffneten Dschihad, 2012 Ermittlungen gegen ihn wegen des Verdachts der Volksverhetzung, Juni 2012 mit Haftbefehl gesucht, flüchtig, September 2012 Veröffentlichung eines Drohvideos gegen den deutschen Staat, Anfang 2013 von deutschen Sicherheitskräften in Syrien als Kämpfer vermutet.

http://creativecommons.org/licenses/by-sa/3.0/deed.de (1.12.2016)

M15 Was sind mögliche Gründe für eine Radikalisierung?

Häufig handelt es sich um labile und orientierungslose Jugendliche, die Schwierigkeiten in ihrer Lebensführung haben und die in den radikalen Denkweisen und strengen Handlungsempfehlungen Halt, Aufmerksamkeit, Anerkennung und Zugehörigkeit suchen. [...]. Häufig isolieren sie sich im Laufe ihrer Radikalisierung von ihrem bisherigen sozialen Umfeld und verfallen einem radikalen Schwarz-Weiß-Denken. Auch das Internet spielt für die Radikalisierung von Islamisten in Deutschland eine große Rolle. Der IS tritt in seiner Öffentlichkeitsarbeit professionell auf und ist sehr aktiv in den sozialen Netzwerken. Er verbreitet virale Videos und Bilder, in denen der Glaubenskampf mit popkulturellen Elementen glorifiziert wird und junge Muslime zur Teilnahme am heiligen Krieg aufgerufen werden. Das Versprechen ist der Weg ins Paradies und die Erfüllung eines göttlichen Auftrags. Drastische Darstellungen von Gewalt, Angstappelle und Anstachelungen durch klar umrissene Feindbilder sollen die jungen Internetnutzer zur Ausreise nach Syrien motivieren.

© 2016 Landeszentrale für politische Bildung Baden-Württemberg, Warum schließen sich Deutsche dem IS an?, www.lpb-bw.de (28.11.2016)

M16 Lassen sich Radikalisierungen erkennen?

Sicherheitsbehörden gehen von weit mehr als 400 Deutschen aus, die bis jetzt als IS-Kämpfer nach Syrien oder in den Irak gereist sind. Mit tagesschau.de sprach die Islamlehrerin Lamya Kaddor über die Motivation der Jugendlichen.

tageschau.de: Fünf Ihrer ehemaligen Schüler sind nach Syrien gegangen, um dort zu kämpfen. Wie kann man „gefährdete" Jugendliche erkennen?

Kaddor: Ein Anzeichen für eine mögliche Radikalisierung im Salafismus ist zum Beispiel, wenn von heute auf morgen ganz abrupt ein völlig anderer Lebensstil gelebt wird. Wenn plötzlich ganz fromm gebetet und gefastet wird und das „alte" Leben vernachlässigt wird. Wir müssen also die Gesellschaft sensibilisieren. [...].

Gibt es spezielle „Rattenfänger" in Deutschland, die Jugendliche gezielt als IS-Kämpfer anwerben?

Direkt mitbekommen habe ich es noch nicht, dass Jugendliche gezielt für den Heiligen Krieg angeworben werden. Aber ich habe davon gehört, dass bestimmte Menschen versuchen, Jugendliche zu einer radikalen Weltsicht zu bringen. Meistens läuft das über den Freizeitbereich. Bei Sportangeboten nach der Schule oder beim privaten Religionsunterricht, der am Anfang ganz harmlos erscheint. Solche „Rattenfänger" können ganz unterschiedliche Menschen sein, Konvertiten oder auch geborene Muslime. Aber in der Regel sind es vor allem rhetorisch relativ gut ausgebildete Menschen mit einer stark reduzierten, islamistisch geprägten Weltsicht.

Lamya Kaddor, interviewt von Katharina Knocke, Deutsche Jugendliche als IS-Kämpfer: Aus dem Klassenzimmer in den Dschihad, www.tagesschau.de, 21.11.2016

F ZU DEN AUFGABEN 1 – 3
Analyse der Innenministerkonferenz über Radikalisierungsgründe

Mediencode: 71062-12

Informiere dich mithilfe der Analyse der Innenministerkonferenz über Radikalisierungshintergründe und -verläufe von Personen, die nach Irak oder Syrien ausgereist sind. Wähle einzelne Aspekte dieser Analyse aus (z. B. Altersverteilung, Rückkehrerquoten, geschlechtsspezifische Unterschiede, ...) und stelle sie in der Klasse vor.

AUFGABEN

1. Beschreibe die Entwicklung, die Deso Dogg durchlaufen hat (**M14**).
2. Zähle die in **M15** genannten Gründe für eine Ausreise auf. Beziehe sie anschließend auf das Fallbeispiel in **M14**, indem du schilderst, welche der genannten Gründe auf Denis Cuspert zutreffen könnten.
3. Angenommen, ein Klassenkamerad nimmt eine der in **M16** beschriebenen typischen Verhaltensweisen für eine „Radikalisierung" an. Entwickelt in Partnerarbeit Szenarien, wie ihr damit am besten umgehen könntet und überlegt mögliche Maßnahmen, um eine solche Entwicklung zu verhindern.

Terrorismus in Deutschland – sind wir ausreichend geschützt?

M17 Fallbeispiel Terrorismus in Deutschland: Anschlag in Berlin am 19.12.2016

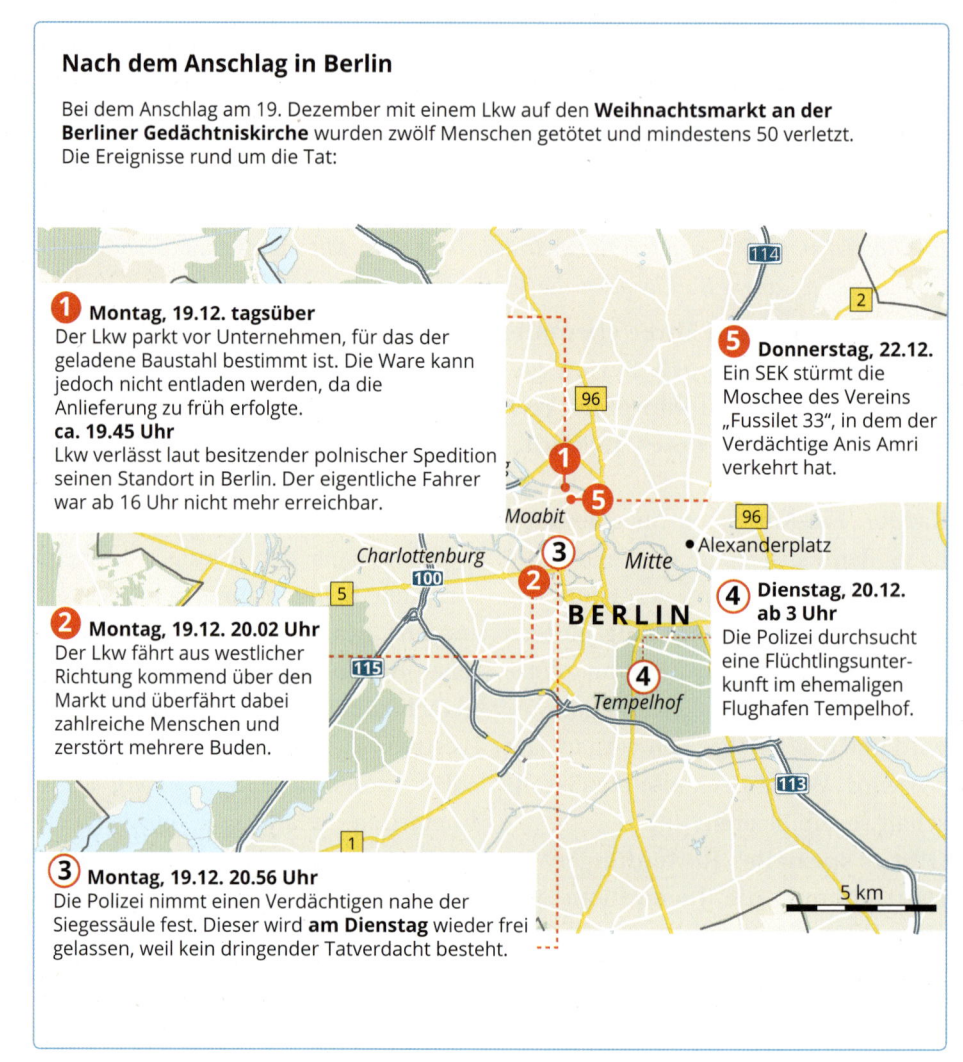

Nach dem Anschlag in Berlin

Bei dem Anschlag am 19. Dezember mit einem Lkw auf den **Weihnachtsmarkt an der Berliner Gedächtniskirche** wurden zwölf Menschen getötet und mindestens 50 verletzt. Die Ereignisse rund um die Tat:

① Montag, 19.12. tagsüber
Der Lkw parkt vor Unternehmen, für das der geladene Baustahl bestimmt ist. Die Ware kann jedoch nicht entladen werden, da die Anlieferung zu früh erfolgte.
ca. 19.45 Uhr
Lkw verlässt laut besitzender polnischer Spedition seinen Standort in Berlin. Der eigentliche Fahrer war ab 16 Uhr nicht mehr erreichbar.

② Montag, 19.12. 20.02 Uhr
Der Lkw fährt aus westlicher Richtung kommend über den Markt und überfährt dabei zahlreiche Menschen und zerstört mehrere Buden.

③ Montag, 19.12. 20.56 Uhr
Die Polizei nimmt einen Verdächtigen nahe der Siegessäule fest. Dieser wird **am Dienstag** wieder frei gelassen, weil kein dringender Tatverdacht besteht.

④ Dienstag, 20.12. ab 3 Uhr
Die Polizei durchsucht eine Flüchtlingsunterkunft im ehemaligen Flughafen Tempelhof.

⑤ Donnerstag, 22.12.
Ein SEK stürmt die Moschee des Vereins „Fussilet 33", in dem der Verdächtige Anis Amri verkehrt hat.

dpa-Grafik 25073; Quelle: dpa/Generalbundesanwalt/Veranstalter Weihnachtsmarkt/maps4news.com/© HERE

M18 Innenpolitische Maßnahmen zur Terrorabwehr

Auf innenpolitischer Ebene sind wegen der erhöhten Terrorgefahr zahlreiche Sicherheitsmaßnahmen getroffen worden.

Biometrischer Pass: Er enthält das biometriefähige Passfoto sowie zwei Fingerabdrücke und soll die Sicherheit des Dokuments gegen Fälschung und Missbrauch gewährleisten.
Weitergabe von Fluggastdaten: Daten von Fluggästen, die in die USA reisen, werden nach verdächtigen

---

Biometrische Merkmale
Biometrische Merkmale erleichtern eine genaue Identifizierung einer Person, z. B. Foto des Gesichts, Fingerabdrücke.

Mustern überprüft, um Terroristen noch vor der Einreise zu entdecken.

Videoaufzeichnung: Überwachungskameras werden als vorbeugende Sicherheitsmaßnahme verstärkt an öffentlichen Plätzen eingesetzt.

Online-Durchsuchung: Heimlicher staatlicher Zugriff auf informationstechnische Systeme (Computer), manchmal mit anschließender Überwachung, um Hinweise auf kriminelle Verbindungen oder Inhalte zu erhalten.

Vorratsdatenspeicherung: Es wird gespeichert, wer mit wem wann per Telefon, Handy oder E-Mail in Kontakt gestanden oder das Internet genutzt hat. Die Daten werden derzeit ohne konkreten Anlass für 7 Tage, ab Juli 2017 für 10 Wochen bzw. Standortdaten von Handys für 4 Wochen gespeichert.

Informationsaustausch mit ausländischen Nachrichtendiensten: Das Bundesamt für Verfassungsschutz kann seit Juli 2016 gemeinsame Dateien anlegen, um Informationen über verdächtige Personen oder Ereignisse auszutauschen.

Identitätsprüfung beim Kauf von Prepaid-Handys: Um einer Verschleierung der wahren Identität künftig vorzubeugen, muss ab Sommer 2017 beim Kauf eines Handys ein amtlicher Lichtbildausweis vorgelegt werden.

M19 Wie wehrt sich Deutschland gegen den IS?

a) Verbot gegen den „Islamischen Staat"

Die Aktivitäten der Terrororganisation „Islamischer Staat" sind in Deutschland ab sofort verboten. Das Verbot umfasse jegliche Beteiligung an der Organisation, etwa über soziale Medien oder bei Demonstrationen sowie die Anwerbung von Geldern oder Kämpfern, so Bundesinnenminister de Maizière in Berlin. [...] Die Terrororganisation „Islamischer Staat" bedroht Andersgläubige mit dem Tod. [...] IS versucht in Deutschland vor allem über soziale Netzwerke Anhänger anzuwerben. Das Verbot gegen den „Islamischen Staat" stützt sich auf § 3 Abs. 1 in Verbindung mit § 15 Abs. 1 und § 18 Satz 2 des Vereinsgesetzes.

© 2016 Presse- und Informationsamt der Bundesregierung, Kampf gegen Terrorismus: Terrormiliz IS in Deutschland verboten, www.bundesregierung.de, 12.9.2014

b) Entzug der Ausweise potentieller Dschihadisten

Wenn der begründete Verdacht besteht, dass sich deutsche Bürger/innen den Dschihadisten des Islamischen Staates anschließen wollen, dann kann ihnen sowohl der Reisepass als auch der Personalausweis (seit Juni 2015) entzogen werden. Stattdessen bekommen sie einen Ersatz-Personalausweis ausgestellt, der einen Ausreise-Sperrvermerk enthält. Bei einer Anhörung im Bundestag warnten Experten vor der stigmatisierenden Wirkung solcher Ersatz-Ausweise.

© 2016 Landeszentrale für politische Bildung Baden-Württemberg, Der Islamische Staat, www.lpb-bw.de (28.11.2016)

M20 Terrorabwehr in Deutschland: vereitelte Anschläge 2007 – 2016

In den vergangenen Jahren wurden mehrere islamistische Sprengstoffanschläge in Deutschland vereitelt oder deren Planung gestoppt. Hier sind Beispielfälle:

September 2007
Die islamistische Sauerland-Gruppe wird gefasst. [Sie wird] wegen geplanter Terroranschläge auf Diskotheken, Flughäfen und US-Einrichtungen in Deutschland zu mehrjährige Freiheitsstrafen verurteilt.

April 2011
Ermittler nehmen in Düsseldorf drei mutmaßliche Al-Qaida-Mitglieder fest, die einen Sprengstoffanschlag in Deutschland geplant hatten. Im Dezember 2011 wird ein vierter Verdächtiger gefasst. Die Männer müssen mehrere Jahre ins Gefängnis.

Februar 2016
Die Polizei kommt einer mutmaßlichen Terrorzelle auf die Schliche und schlägt gleichzeitig in Berlin, [NRW] und Niedersachsen zu. Die vier Verdächtigen hatten womöglich einen Anschlag in Berlin geplant.

Juni 2016
Spezialkräfte der Polizei nehmen drei mutmaßliche Anhänger der Terrormiliz Islamischer Staat in [NRW], Baden-Württemberg und Brandenburg fest. Sie sollen einen Anschlag in der Düsseldorfer Altstadt geplant haben.

September 2016
Ein 16-jähriger Flüchtling aus Syrien wird von der Polizei in Köln festgenommen. Laut den Ermittlern hatte er einen Sprengstoffanschlag geplant und [aus dem] Ausland Anweisungen zum Bombenbau erhalten.

dpa, Ermittlungserfolge: Vereitelte islamistische Anschläge in Deutschland, www.mdr.de, 9.10.2016

AUFGABEN

ZU AUFGABE 1
Recherchiert im Internet weitere Ermittlungsergebnisse im Fall „Berliner Attentat" vom 19.12.2016. Stellt eure Ergebnisse der Klasse vor.

1. Werte die Grafik **M17** dahingehend aus, was genau am 19.12.2016 in Berlin geschehen ist.

2. Bearbeitet **M18** in Kleingruppen.
   a) Erklärt, inwiefern die Maßnahmen zur Terrorabwehr beitragen.
   b) Notiert, was diese Maßnahmen für euch persönlich bedeuten.
   c) Vergleicht eure Ergebnisse in der Klasse.

3. Der Verabschiedung des neuen Gesetzes zur Vorratsdatenspeicherung ging 2015 im Deutschen Bundestag eine heftige Debatte voraus. Erläutert in der Klasse mögliche Gründe für die heftige Debatte (**M18**).

4. Erkläre die in **M19a-b** und **M20** vorgestellten Maßnahmen/Ereignisse, wie der IS in Deutschland bekämpft werden soll und wie/welche Anschläge bereits vereitelt werden konnten.

5. Diskutiert vor dem Hintergrund von **M17 – M20** in der Klasse die Kapitelfrage: „Terrorismus in Deutschland – sind wir ausreichend geschützt"?

Terrorabwehr im Ausland – kann, darf und soll die Bundeswehr einen Beitrag leisten?

M21 Fallbeispiel: Die Bundeswehr im Syrien-Einsatz gegen den Terrorismus

Bundeswehr-Einsatz in Syrien (seit Dezember 2015): Nach den Terroranschlägen von Paris im November 2015 beschloss der Bundestag am 4. Dezember 2015 einen Bundeswehreinsatz mit maximal 1.200 Soldaten in Syrien. Dabei sind deutsche Tornados für Aufklärungsflüge, Flugzeuge für die Luftbetankung von Kampfjets, Satelliten sowie eine Fregatte im Einsatz.

© 2016 Landeszentrale für politische Bildung Baden-Württemberg, Der Islamische Staat, www.lpb-bw.de (28.11.2016)

Die „Operation Inherent Resolve" ist besser bekannt als „Internationale Allianz gegen den IS". Sie wurde beim NATO-Gipfel im September 2014 ins Leben gerufen. Seit Anfang Januar 2016 sind deutsche Tornados im Rahmen des deutschen Einsatzkontingents Counter Daesh regelmäßig im Einsatz.

M22 Rechtliche Grundlagen für einen Einsatz der Bundeswehr

Das Grundgesetz Deutschlands regelt, wie die Bundeswehr eingesetzt werden darf. So ist die Bundeswehr in erster Linie zur Verteidigung des Landes einzusetzen, kann sich aber auch an bewaffneten Auslandseinsätzen beteiligen. Als Voraussetzung hierfür gilt ein Beschluss eines „Systems gegenseitiger Sicherheit" (UNO) oder eines Verteidigungsbündnisses (NATO, EU) und die Zustimmung des Bundestags. Im Innern darf die Bundeswehr nur zur Amtshilfe bei Naturkatastrophen oder schweren Unglücksfällen eingesetzt werden oder wenn der Bestand der Bundesrepublik Deutschland z. B. durch Aufständische gefährdet wird und die Polizei die Lage nicht mehr kontrollieren kann.

M23 Was sind der Auftrag und die Aufgaben der Bundeswehr?

Nach dem Weißbuch des Bundesverteidigungsministeriums von 2016 beinhaltet der Auftrag der Bundeswehr folgende Punkte:

– Verteidigung Deutschlands und seiner Grenzen sowie Schutz der Bürgerinnen und Bürger
– Beitrag zur Widerstandsfähigkeit

Was ist ein Weißbuch?

Ein Weißbuch bietet die Möglichkeit, Regierungshandeln auf dem Feld der Sicherheits- und Verteidigungspolitik national wie international transparent zu machen. In diesem Grundsatzdokument werden die sicherheitspolitischen Leitlinien für die kommenden Jahre formuliert. So trägt das Weißbuch auch dazu bei, die öffentliche Debatte über Sicherheitspolitik zu befördern.

Heike Pauli, Was ist ein Weißbuch, www.bmvg.de, 16.02.2015

von Staat und Gesellschaft gegen äußere Bedrohungen
- Sicherung der außenpolitischen Handlungsfähigkeit
- Beitrag zur Abwehr sicherheitspolitischer Bedrohungen (gemeinsam mit Partnern und Verbündeten) für die offene Gesellschaft sowie sichere Welthandels- und Versorgungswege
- Beitrag zur Verteidigung von Verbündeten
- Förderung der internationalen Sicherheit und Stabilität
- Stärkung der europäischen Integration, transatlantischen Partnerschaft und multinationalen Zusammenarbeit

Daraus abgeleitet ergeben sich u. a. folgende Aufgaben der Bundeswehr:
- Landes- und Bündnisverteidigung im Rahmen der NATO und der EU, zum Schutz der Staatsbürger und Partner und zur Abschreckung möglicher Gegner
- Internationales Krisenmanagement, z. B. im Rahmen internationaler Organisationen, aber auch im Kampf gegen transnationalen Terrorismus
- Heimatschutz, d. h. nationale Krisen- und Risikovorsorge sowie Unterstützungsleistungen in Deutschland, inkl. Beiträgen zur Terrorabwehr im Rahmen der verfassungsmäßigen Voraussetzungen
- Partnerschaft und Kooperation, auch über EU und NATO hinaus, als Beitrag zur internationalen Verteidigungsdiplomatie und Einsatzfähigkeit
- Humanitäre Not- und Katastrophenhilfe

© *Bundesministerium der Verteidigung, Auftrag der Bundeswehr, Weißbuch 2016 zur Sicherheitspolitik und zur Zukunft der Bundeswehr, Berlin 2016, S. 90 – 93*

M24 Aktuelle Einsätze der Bundeswehr (Stand: Januar 2017)

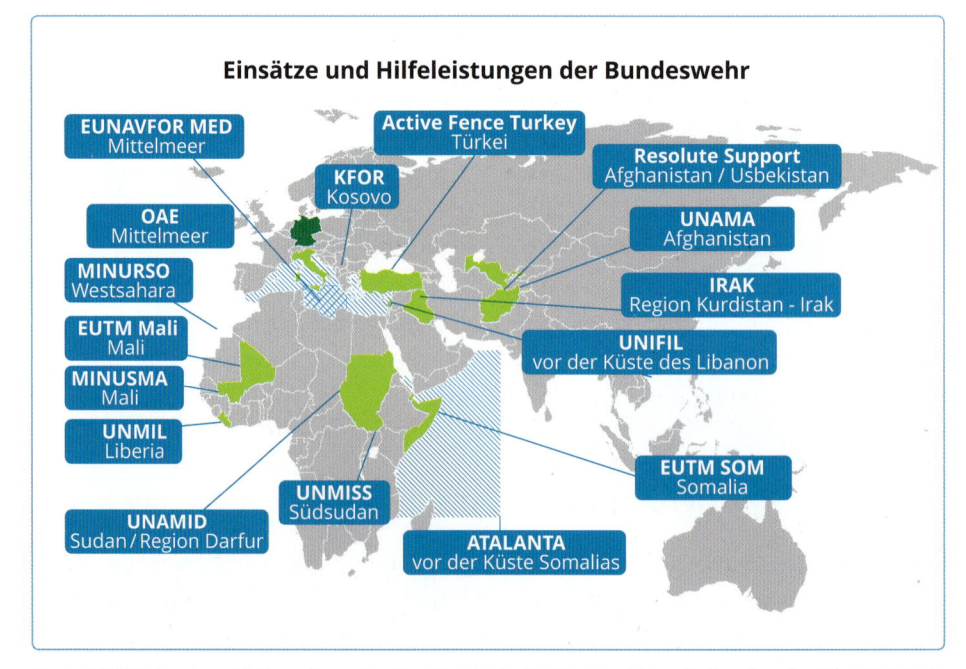

Einsätze und Hilfeleistungen der Bundeswehr

- EUNAVFOR MED – Mittelmeer
- Active Fence Turkey – Türkei
- KFOR – Kosovo
- Resolute Support – Afghanistan / Usbekistan
- OAE – Mittelmeer
- UNAMA – Afghanistan
- MINURSO – Westsahara
- IRAK – Region Kurdistan - Irak
- EUTM Mali – Mali
- UNIFIL – vor der Küste des Libanon
- MINUSMA – Mali
- UNMIL – Liberia
- EUTM SOM – Somalia
- UNAMID – Sudan / Region Darfur
- UNMISS – Südsudan
- ATALANTA – vor der Küste Somalias

Nach: © BMVg Presse und Informationsstab, Aktuelle Lage in den Einsatzgebieten der Bundeswehr, Nr. 47/2016, S.1

M25 Syrien-Einsatz der Bundeswehr kontrovers: Pro und Kontra

a) Pro Syrien-Einsatz der Bundeswehr

Aus [zwei] Gründen beteiligen wir uns jetzt militärisch mit 1.200 Soldatinnen und Soldaten der Bundeswehr im Kampf gegen den IS:
1. Die Ausbreitung des IS hat einen Nimbus von Unbesiegbarkeit erzeugt, dem zunehmend junge Männer aus Westeuropa verfallen, über 3.000 sind es mittlerweile, davon sind rund 800 aus Deutschland. Ein weiterer Zustrom sollte in unserem ureigenen Sicherheitsinteresse verhindert werden.
2. Die Franzosen haben in diesem Jahr zwei schreckliche Anschläge erleben müssen […]. In dieser Situation ausgerechnet die besonders enge Partnerschaft zwischen Deutschland und Frankreich aufzukündigen, würde Europa großen Schaden zufügen. […] Kein Staat wird mit den Herausforderungen des extremistischen Terrors alleine fertig. Sollten auch wir in Deutschland Anschläge nicht verhindern können, werden wir auf Unterstützung durch unsere Partner angewiesen sein. Solidarität ist keine Einbahnstraße.

Rainer Arnold, Pro & Contra Deutscher Syrien-Einsatz: Auf in den Kampf?, www.taz.de, 3.12.2015

b) Kontra Syrien-Einsatz der Bundeswehr

[F]ür diesen Kriegseinsatz gibt es kein klares Ziel, keine politische Strategie, keine klare völkerrechtliche Legitimation durch ein Mandat der Vereinten Nationen und keine Exitstrategie. Die Lage in Syrien ist extrem unübersichtlich, zahlreiche Staaten mit widersprüchlichen Interessen treiben dort ihr perfides Machtspiel ohne Rücksicht auf Menschenleben und die politische Stabilität in der Region. Wer genau wird denn unter welchen Begrenzungen Zugriff auf die Aufklärungsdaten der deutschen Tornados haben und wie wird sichergestellt, dass beispielsweise die Türkei sie nicht missbraucht, um gegen die Kurden zu agieren? […] Die Bundesregierung […] müsste sich für die Umsetzung der UN-Resolutionen einsetzen, die ein Ende der grausamen Fassbomben-Bombardements und humanitären Zugang zu den Gebieten in Syrien verlangen. All das wären wichtige und sinnvolle Beiträge […] für die Menschen in Syrien und im Irak – ein Militäreinsatz ohne klares Ziel, voller offener Fragen und mit zahlreichen Risiken ist es nicht.

Agnieszka Brugger, Pro & Contra Deutscher Syrien-Einsatz: Auf in den Kampf?, www.taz.de, 3.12.2015

AUFGABEN

1. Beschreibe Deutschlands Rolle im Kampf gegen den IS (**M21**).
2. Stelle die rechtlichen Grundlagen eines Bundeswehreinsatzes dar (**M22**).
3. Ordne die einzelnen Aufgaben dem Auftrag der Bundeswehr zu (**M23**).
4. Vergleiche die derzeitigen Einsatzgebiete der Bundeswehr mit ihrem Auftrag und Aufgaben (**M22 – M24**).
5. An den Einsätzen der Bundeswehr (**M21**) wurde auch Kritik geübt. Diskutiert in der Klasse mithilfe von **M25**, inwieweit die Bundeswehr einen Beitrag zu Terrorabwehr im Ausland leisten kann/darf/soll.

H ZU AUFGABE 2
Achte genau auf die Formulierungen: Darf die Bundeswehr auch innerhalb Deutschlands tätig werden?

F ZU AUFGABE 4
Suche dir einen der Einsätze aus M24 heraus und recherchiere, welche Aufgaben die Bundeswehr dort übernommen hat. Stelle deine Ergebnisse in der Klasse vor.

WAS WIR WISSEN

Krieg und Frieden
M2, M3

Krieg ist, wenn Staaten oder Gruppen versuchen, einen Streit mit Gewalt zu lösen. Dabei werden Soldaten und Waffen eingesetzt, die von einer zentralen Stelle Befehle erhalten. Ob Kriege entstehen, hängt häufig davon ab, wie das Zusammenleben in einem Land funktioniert. Wo Menschen unterdrückt werden, arm sind oder hungern, ist es schwieriger, Frieden zu schaffen. Man spricht von „positivem Frieden", wenn auch Gerechtigkeit in einer Gesellschaft verwirklicht ist.

Es werden unterschiedliche Typen von Kriegen unterschieden. In jüngerer Zeit wurde vor allem über den sogenannten asymmetrischen Krieg diskutiert. Dort stehen hochgerüstete Armeen eines Staates Gruppierungen wie Milizen oder Terrorgruppen gegenüber. Zentral war lange, dass die nationale Sicherheit in Form von sicheren Grenzen gewährleistet wurde. Der erweiterte Sicherheitsbegriff berücksichtigt auch ein breiteres Verständnis möglicher Sicherheitsbedrohungen aus verschiedenen Blickrichtungen.

Terrorismus und der Islamische Staat (IS)
M6, M10, M18, M19

Seit den terroristischen Anschlägen in den USA am 11. September 2001 gilt der transnationale Terrorismus als eine der größten Herausforderungen der Gegenwart. Terroristen wollen durch geplante Gewaltanwendung (auch und gerade gegen Zivilisten) Angst und Schrecken erzeugen, um so politische oder religiöse Ziele zu erreichen.

Ein Beispiel für ein überregional handelndes terroristisches Netzwerk ist der islamisch-fundamentalistische „Islamische Staat" (IS). In jüngerer Zeit wurden erneut auch europäische Staaten Ziel von Anschlägen, besonders viele Opfer gibt es jedoch in Staaten des Nahen Ostens und in Asien. Über die Ursachen und die angemessenen Reaktionen auf eine terroristische Bedrohung gibt es sehr unterschiedliche Auffassungen in Politik und Gesellschaft.

Terrorabwehr – die Bundeswehr im Ausland
M22 – M24

Die Bundeswehr sieht heute ihre Hauptaufgabe weniger in der Landesverteidigung als vielmehr in der Abwehr möglicher Risiken für die Sicherheit Deutschlands und seiner Bündnispartner weltweit. Im Rahmen der Vereinten Nationen, der NATO oder der Europäischen Sicherheits- und Verteidigungspolitik nimmt Deutschland Aufgaben bei der Sicherung des Friedens und der Abwehr des Terrorismus wahr.

5.2 Die NATO und die Vereinten Nationen

Die NATO – im Wandel vom „Verteidigungsbündnis" zur „Weltpolizei"?

M1 Welche Staaten gehören zur NATO?

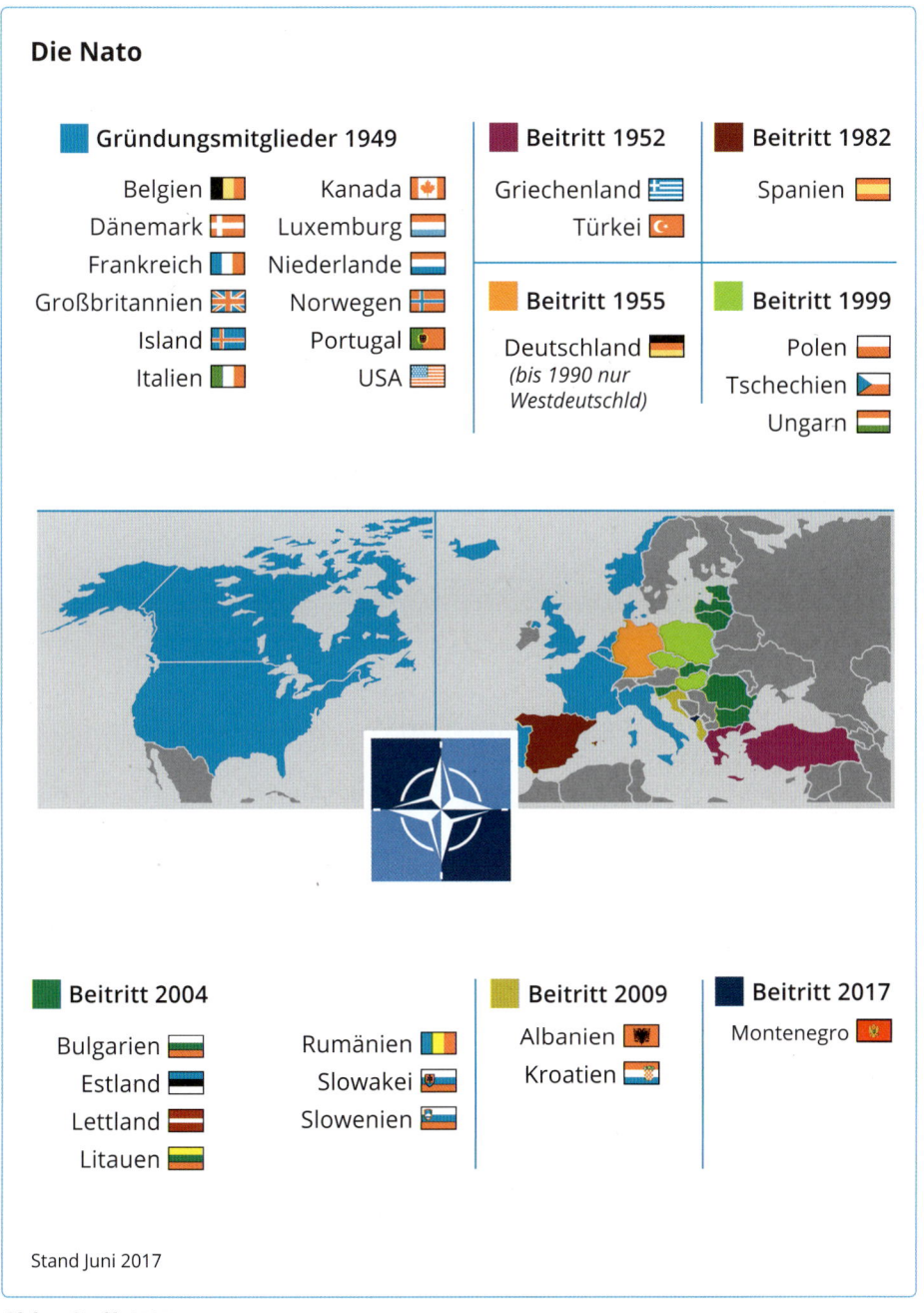

Die Nato

Gründungsmitglieder 1949
- Belgien
- Dänemark
- Frankreich
- Großbritannien
- Island
- Italien
- Kanada
- Luxemburg
- Niederlande
- Norwegen
- Portugal
- USA

Beitritt 1952
- Griechenland
- Türkei

Beitritt 1955
- Deutschland (bis 1990 nur Westdeutschld)

Beitritt 1982
- Spanien

Beitritt 1999
- Polen
- Tschechien
- Ungarn

Beitritt 2004
- Bulgarien
- Estland
- Lettland
- Litauen
- Rumänien
- Slowakei
- Slowenien

Beitritt 2009
- Albanien
- Kroatien

Beitritt 2017
- Montenegro

Stand Juni 2017

Erklärfilm „NATO"

Mediencode: 71062-13

Globus Grafik 2727

Kalter Krieg
So wird der Konflikt zwischen den Westmächten unter Führung der USA und dem Ostblock unter Führung der Sowjetunion bezeichnet, den diese von 1945 bis 1989 mit allen Mitteln unterhalb der Schwelle eines offenen Krieges austrugen.

M2 Die Entstehung der NATO als Verteidigungsbündnis

Am 4. April 1949 unterzeichneten in Washington zehn westeuropäische Staaten sowie die USA und Kanada den Nordatlantikvertrag und gründeten damit die NATO (North Atlantic Treaty Organization). Der Kalte Krieg zwischen den von der Sowjetunion dominierten kommunistischen Staaten Osteuropas und dem nichtkommunistischen Westen war bereits voll entbrannt. [...] Ziemlich genau 40 Jahre lang war es die Hauptaufgabe der NATO, einen potenziellen Gegner durch die eigene militärische Stärke abzuschrecken.

© Bundeszentrale für politische Bildung, Elke Diehl/Jürgen Faulenbach/Christine S. Hesse/Jutta Klären, Die Entstehung der NATO, Informationen zur politischen Bildung, Nr. 274, Internationale Beziehungen II, Bonn 1/2002, S. 18 ff.

M3 Aus dem NATO-Vertrag: Artikel 5 (Beistandsklausel)

NATO Vertrag, Artikel 5: Die Parteien vereinbaren, dass ein bewaffneter Angriff gegen eine oder mehrere von ihnen in Europa oder Nordamerika als ein Angriff gegen sie alle angesehen werden wird; sie vereinbaren daher, dass im Falle eines solchen bewaffneten Angriffs jede von ihnen [...] der Partei oder den Parteien, die angegriffen werden, Beistand leistet, indem jede von ihnen unverzüglich für sich und im Zusammenwirken mit den anderen Parteien die Maßnahmen, einschließlich der Anwendung von Waffengewalt, trifft, die sie für erforderlich erachtet, um die Sicherheit des nordatlantischen Gebiets wiederherzustellen und zu erhalten.

© Ständige Vertretung der Bundesrepublik Deutschland bei der Nordatlantikvertrags-Organisation, Der Nordatlantikvertrag: Artikel 5, www.nato.diplo.de (1.12.2016)

Warschauer Pakt
Von 1955 bis 1991 unter Führung der Sowjetunion bestehendes Militärbündnis der damaligen „Ostblock"-Staaten

M4 Die NATO im Wandel – auf dem Weg zur neuen „Weltpolizei"?

Mit dem Ende des Kalten Krieges strebten ehemalige, nun unabhängige Staaten des Warschauer Paktes eine Mitgliedschaft in der NATO an, um Sicherheit vor dem aus ihrer Sicht (über)mächtigen Russland zu erhalten. Die NATO vergrößerte ihr Bündnisgebiet nach und nach immer weiter nach Osten und versuchte dabei, das Verhältnis zu Russland nicht zu stark zu belasten.

Als im ehemaligen Jugoslawien Krieg ausbrach (1991 – 1999), entschloss sich die NATO 1995 erstmals zum Eingreifen auch außerhalb ihres eigenen Bündnisgebietes. Von den Vereinten Nationen (UN) wurde das Eingreifen legitimiert*. Eine neue Herausforderung stellte einige Jahre später der Völkermord im Kosovo dar. Ein Mandat der Vereinten Nationen, das die NATO zum Eingreifen ermächtigt hätte, lag nicht vor – Russland hatte in diesem Fall ein Veto im UN-Sicherheitsrat eingelegt. Angesichts der sich abzeichnenden humanitären Katastrophe entschloss sich das Bündnis 1999, auch ohne UN-Mandat mit militärischen Mitteln einzugreifen. Es zeigte sich, dass die NATO ihre Aufgabe nun neben der Verteidigung des Bündnisgebietes darin sah, in ganz Europa für Sicherheit und Stabilität zu sorgen, in Ausnahmefällen auch ohne UN-Mandat.

Mit den Anschlägen vom 11. September 2001 auf die USA wurde zum ersten Mal in der Geschichte der NATO der Bündnisfall festgestellt. Seither engagiert sich die NATO auch im fernen Afghanistan. Insgesamt hat sich die NATO damit zu einer globalen Sicherheitsorganisation gewandelt. Im Neuen Strategischen Konzept von 2010 wurden deshalb u. a. folgende, zentrale Punkte beschlossen:

- Beibehaltung des Prinzips der kollektiven Verteidigung,
- Reaktion auf neuartige Bedrohungen, wie z. B. Cyberattacken,
- Errichtung eines neuen NATO-Raketenabwehrschirms,
- Ausweitung der Einsatzmöglichkeiten außerhalb der Landesgrenzen (der Mitgliedstaaten), z. B. zur Terrorismusbekämpfung,
- Annäherung an Russland,
- Festhalten am Prinzip der Abschreckung,
- Verankerung des Ziels der atomaren Abrüstung.

Schon im Jahr 2011 wurden die Richtlinien des „Neuen Strategischen Konzepts" Realität. Die NATO beteiligte sich am Bürgerkrieg in Libyen gegen das Gaddafi-Regime. Letzteres bekämpfte nach den Aufständen im Zuge des „Arabischen Frühlings" die eigene Bevölkerung durch Luftangriffe. Die UN reagierte mit der UN-Resolution 1973, für deren Durchsetzung die NATO am 31. März 2011 das Kommando über den gesamten Militäreinsatz übernahm.

Durch die Krise in der Ukraine und die russische Annexion** der ukrainischen Halbinsel Krim verschlechterten sich die Beziehungen zu Russland. Die NATO reagierte mit dem „Readiness-Action-Plan", der dem Sicherheitsbedürfnis vor allem der östlichen Bündnisstaaten entgegenkommt.

*Legitimieren: Rechtmäßig anerkennen, mit einer Vollmacht (etwas zu tun) ausstatten

**Annexion: Aneignung eines bis dahin fremden Staatsgebietes

UN-Resolution 1973
Forderung nach einem Waffenstillstand und Ende der Gewalt gegen die Bevölkerung in Libyen

Readiness Action Plan
2014 beschlossen die NATO-Staaten in Wales – unter dem Eindruck der Krim-Annexion Russlands – vor allem folgende Schritte:
- Die Einrichtung einer schnellen Eingreiftruppe
- eine regelmäßige Präsenz und bedeutende Aktivitäten von Luft-, Land- und Seestreitkräften im östlichen Teil des Bündnisses auf Rotationsbasis
- höhere Verteidigungsausgaben

AUFGABEN

1. Bearbeite die Materialien **M1** und **M2** wie folgt:
   a) Arbeite aus **M1** heraus, von wem die NATO wann gegründet wurde.
   b) Erläutere die Gründe, warum die NATO entstanden ist (**M2**).

2. Arbeite aus der Beistandsklausel (**M3**) heraus, was sie für die Mitgliedstaaten bedeutet.

3. Bearbeitet **M4** in Kleingruppen.
   a) Arbeitet aus **M2** und **M4** einzelne Meilensteine der NATO-Geschichte stichpunktartig heraus.
   b) Prüft, inwiefern die jeweiligen Einsätze mit der Ursprungsaufgabe (**M2**) übereinstimmen.
   c) Diskutiert auf der Grundlage eurer Ergebnisse die Kapitelfrage: Ist die NATO heute eher ein Verteidigungsbündnis oder eine neue „Weltpolizei"?

F ZU DEN AUFGABEN 1–3
Halte mithilfe des Erklärfilms (Randspalte zu M1) vor der Klasse ein Kurzreferat über den Aufbau und die Struktur der NATO.

Die NATO und Russland – auf dem Weg zum neuen Kalten Krieg?

M5 NATO-Russland-Beziehungen in der Krise

1997 unterzeichneten die NATO und Russland in Paris die „NATO-Russland-Grundakte". Die Akte regelt die gegenseitigen Beziehungen, Zusammenarbeit und Sicherheit zwischen der NATO und Russland, u. a. wurde die Stationierung von Truppen in den östlichen NATO-Mitgliedstaaten vertraglich geregelt. Nach der Krim-Annexion im Jahr 2014 ist die NATO-Russland-Beziehung jedoch „angespannt".

Erklärfilm „Krim-Krise"

Mediencode: 71062-14

a) Die NATO-Strategie zwei Jahre nach der Krim-Annexion

Jens Stoltenberg, NATO-Generalsekretär seit 2014

„Wir haben uns auf eine zweigleisige Strategie geeinigt", berichtet [Stoltenberg]. „Auf der einen Seite steht eine defensive Abschreckung, auf der anderen ein politischer Dialog mit Russland". Stoltenberg beschreibt damit den Kurs der NATO für die Zeit bis zum Gipfel in Warschau im Juli [2016]. Zwei Jahre, nachdem die Allianz wegen der Annexion der Krim alle Kontakte zu Russland komplett gekappt hat, versucht sie einen Neustart im Verhältnis zu Moskau. Es soll wieder geredet werden […]. Der Spagat wird nicht einfach. Denn die [NATO-Außen-]Minister schnürten in Brüssel ein neues Paket, dass die Abschreckung der Allianz gegenüber Russland verstärken soll. Insgesamt vier Bataillone von bis zu 1.000 Mann will die Nato im Baltikum und Polen stationieren.

Matthias Gebauer, Nato-Verhältnis zu Russland: Mehr abschrecken, mehr reden, www.spiegel.de, 20.5.2016

b) Russische Reaktion auf die „zweigleisige Strategie" der NATO

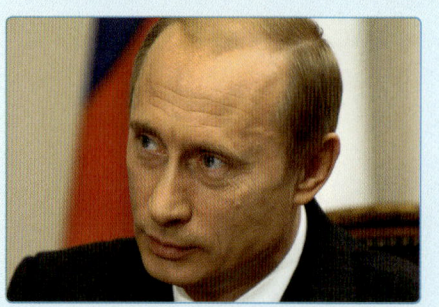

Wladimir Putin, Präsident Russlands seit 2012

Für Russland ist die Aufrüstung im Osten eine Provokation. Präsident Wladimir Putin wird nicht müde, der NATO wegen der geplanten Präsenz in den baltischen Staaten und Polen eine absichtliche Aggression und einen Bruch der Abmachungen mit Russland zu unterstellen. Moskau kündigte deshalb umgehend eine Aufstockung der Truppen an den westlichen Grenzen an. Putin gab sich völlig arglos und behauptete, er reagiere nur auf die Vorstöße des westlichen Bündnisses.

Ebd.

c) Erklärung von Abgeordneten der Mitgliedstaaten

Rund 250 Abgeordnete aus den nationalen Parlamenten der 28 Mitgliedstaaten verabschiedeten einstimmig eine Erklärung, die „Russlands Gewaltanwendung gegen seine Nachbarn und versuchte Einschüchterung der (NATO-)Verbündeten" anprangert. Angesichts dessen habe die NATO „keine Wahl" gehabt, als „die Aussicht auf eine aggressive russische Handlung gegen ein Bündnismitglied als eine potenzielle Bedrohung zu sehen und maßvolle, angemessene Reaktionen zu beschließen". NATO-Generalsekretär Jens Stoltenberg sagte in Polen, man sende „ein starkes Signal an jeden potenziellen Gegner, dass ein Angriff gegen Polen wie ein Angriff gegen die gesamte Allianz gesehen würde". „Die Herausforderung durch Russland ist real und ernst", erklärte der aus den USA stammende Vorsitzende der Parlamentarierversammlung, Michael Kerner.

ZEIT ONLINE/afp/mi, Die Herausforderung durch Russland ist real und ernst, www.zeit.de, 31.5.2016

M6 NATO beschließt Aufnahme Montenegros

Die Ost-Erweiterung der NATO gilt als einer der Hauptgründe für die Spannungen zwischen Russland und dem Westen. Doch das Bündnis will sich von Moskau nicht vorschreiben lassen, wen es aufnimmt. Nun kommt Montenegro. […] Ungeachtet russischer Warnungen hat die NATO die Aufnahme des Balkanstaats Montenegro beschlossen. Bei einem Außenministertreffen in Brüssel wurde am Donnerstag von allen 28 Mitgliedstaaten das sogenannte Beitrittsprotokoll unterzeichnet. NATO-Generalsekretär Jens Stoltenberg sprach von einem „historischen Schritt". Die Erweiterung des Bündnisses sei wichtig für die Stabilität auf dem westlichen Balkan. Gleichzeitig zeige sie, dass die NATO weiter offen für neue Partner sei. Die Unterzeichnung des Beitrittsprotokolls ermöglicht es Montenegro, ab sofort an allen Bündnistreffen als Beobachter teilzunehmen.

dpa, Nato beschließt Aufnahme Montenegros, www.handelsblatt.de, 18.5.2016

M7 Russischer NATO-Botschafter zum „NATO-Russland-Verhältnis"

Der russische NATO-Botschafter Alexander Gruschko hat die Beziehungen zu dem westlichen Militärbündnis als „sehr schlecht" beschrieben. „Unsere frühere Partnerschaft gilt nicht mehr", sagte Gruschko […] kurz vor dem ersten Treffen des NATO-Russland-Rates seit fast zwei Jahren am heutigen Mittwoch. „Heute befinden wir uns in einer sehr gefährlichen Situation, die zu einer verschlechterten Sicherheitslage in vielen Bereichen führen kann, die über Jahre hinweg ruhig und sicher gewesen sind."
Gruschko kritisierte die grundsätzliche Haltung der NATO gegenüber Russ-

NATO-Russland-Rat
2002 wurde der NATO-Russland-Rat zur Verbesserung der Zusammenarbeit gegründet; durch Sondervertrag Einbindung Russland in die Verteidigungs- und Sicherheitspolitik der NATO, ohne selbst Mitglied zu sein.

land. Das Militärbündnis setze gleichzeitig auf Abschreckung und politischen Dialog. Dieser Ansatz sei „nicht überlebensfähig". Die NATO müsse sich entscheiden, was für ein Verhältnis mit Russland sie haben wolle. [...] Trotzdem signalisierte Gruschko Gesprächsbereitschaft. „Wir haben eine Menge Meinungsunterschiede, aber das sollte uns nicht davon abhalten, miteinander zu sprechen."

ZEIT ONLINE/dpa/vvö, Russland nennt Nato-Ostpolitik „nicht überlebensfähig", www.zeit.de, 20.4.2016

M8 „NATO-Russland-Verhältnis" in der Karikatur

Karikatur: Harm Bengen/Baaske Cartoons

AUFGABEN

ZU DEN AUFGABEN 1 – 6
Entwickle zusammen mit einem Partner Lösungsvorschläge für das Verhältnis zwischen Russland und der NATO (M5 – M8). Stellt diese in der Klasse vor.

ZU AUFGABE 7
Recherchiere das Verhalten Russlands in der Ukraine-Krise und stelle deine Ergebnisse der Klasse vor.

1. Nenne die Bestandteile der NATO-Doppelstrategie (**M5a**).
2. Charakterisiere die russische Reaktion darauf (**M5a-b**).
3. Lege den Inhalt der Erklärung der Parlamentarischen Versammlung der NATO und die Aussage Stoltenbergs und Kerners dar (**M5c**).
4. Erschließe dir mögliche Gründe sowie Folgen der NATO-Aufnahme Montenegros (**M6**).
5. Arbeite heraus, wie der russische NATO-Botschafter die Beziehung zwischen Russland und NATO sieht (**M7**).
6. Analysiert die Karikatur in **M8** in Kleingruppen, indem ihr u. a. klärt, welche Aussageabsicht der Karikaturist verfolgt. Überdenkt abschließend eure Ergebnisse aus den Aufgaben 1 – 5 neu.
7. Wie schätzt ihr die Lage ein? Wie könnte sich das Verhältnis zwischen Russland und der NATO weiterentwickeln?

Die Vereinten Nationen – Garant für den Frieden?

M9 Die Vereinten Nationen als Friedensstifter – karikiert

Karikatur: Schwarwel

UN, UNO oder VN
Die Vereinten Nationen werden in diesem Kapitel unterschiedlich abgekürzt:
- UN: United Nations
- UNO: United Nations Organization
- VN: Vereinte Nationen

M10 Was sind die Aufgaben der Vereinten Nationen?

Die UN wurde 1945 als Nachfolgeorganisation des Völkerbundes in San Francisco gegründet, ihr Hauptsitz ist New York [...]. [2017] waren 193 Staaten Mitglied der UN. Ihre Hauptaufgaben bestehen in der Sicherung des Friedens und der Beseitigung von Friedensbedrohungen, der Verständigung der Völker untereinander, der internationalen Zusammenarbeit zur Lösung wirtschaftlicher, kultureller, sozialer und humanitärer Probleme [, dem Schutz der Menschenrechte] u. a. m. – dies alles auf der Grundlage der Gleichberechtigung der Staaten und der Selbstbestimmung der Völker (Art. 1 UN-Charta*).

Die UN-Flagge

Anja Hirschberger/Martina Klein/Klaus Schubert/Thomas Volker, Vereinte Nationen, Das Politiklexikon, 6. Aufl., Bonn 2016, S. 319

*Charta: Verfassung, Arbeitsgrundlage einer Organisation

UN-Generalversammlung und UN-Sekretariat

Ein weiteres Hauptorgan der UN ist die UN-Generalversammlung, in der alle Mitgliedstaaten mit jeweils einer Stimme vertreten sind. Ihre Beschlüsse sind nicht bindend. Für die Verwaltung der UN ist das Generalsekretariat zuständig, an dessen Spitze der UN-Generalsekretär steht.

UN-Charta: Einsatz von Gewalt

Die Charta der Vereinten Nationen aus dem Jahr 1945 (Kapitel I, Artikel 2) verbietet Gewalt. Es gelten nur zwei Ausnahmen: das Recht zur Selbstverteidigung im Fall eines bewaffneten Angriffs und der Einsatz von Waffengewalt, der vom UN-Sicherheitsrat durch eine sogenannte Resolution legitimiert wird. Eine solche Resolution kommt jedoch nur zu Stande, wenn die fünf ständigen Mitglieder des UN-Sicherheitsrats zustimmen oder sich enthalten. Zudem müssen insgesamt mind. 9 der 15 Sicherheitsratsmitglieder einem Resolutionsentwurf zustimmen, damit ein Mandat an alle oder bestimmte Mitgliedstaaten erteilt werden kann.

M11 Der Sicherheitsrat der Vereinten Nationen – Hauptakteur der UN

Der Sicherheitsrat der Vereinten Nationen

- trägt die Hauptverantwortung für die Wahrung des Weltfriedens und der internationalen Sicherheit
- fasst Beschlüsse mit bindender Wirkung für alle UN-Mitglieder

5 ständige Mitglieder (mit Vetorecht in Sachfragen): China, Frankreich, Großbritannien, Russland, USA

10 ausgewählte Mitglieder – jährliche Wahl von 5 Mitgliedern auf 2 Jahre durch die UN-Generalversammlung

Aufgaben:
- Empfehlungen zur Aufnahme neuer Mitglieder in die UN
- Vorschlag zur Wahl des UN-Generalsekretärs
- Wahl der Mitglieder des Internationalen Gerichtshofs (gemeinsam mit der Generalversammlung)
- Empfehlungen zur Beilegung von Streitigkeiten
- Untersuchungen von Konflikten
- Entsendung von Friedenstruppen
- Förmliche Feststellung einer Bedrohung des Friedens, eines Friedensbruchs oder einer Angriffshandlung
- Wirtschaftliche oder diplomatische Sanktionen
- Militärische Sanktionen

Bergmoser + Höller Verlag AG, Zahlenbilder 615124

M12 Mögliche UN-Maßnahmen für den Frieden

→ **Friedensschaffende Maßnahmen**
Diplomatische Maßnahmen zur friedlichen Lösung eines Konflikts. Neben der Bereitstellung guter Dienste, Vermittlung und Schlichtung können sie auch diplomatische Isolationsmaßnahmen und Sanktionen umfassen.

→ **Friedenserzwingende Maßnahmen**
Maßnahmen zur Wiederherstellung des Friedens in Konfliktgebieten unter Einsatz militärischer Mittel. Die Zustimmung der Konfliktparteien ist nicht erforderlich.

→ **Friedenserhaltende Maßnahmen**
Aktivitäten zur Eindämmung, Entschärfung und/oder Beendigung von Feindseligkeiten zwischen Staaten oder in Staaten durch Intervention einer neutralen dritten Partei unter internationaler Organisation und Leitung. Militärische Streitkräfte und zivile Organisationen können die politische Streitbeilegung ergänzen und für die Wiederherstellung und Wahrung des Friedens sorgen. Friedenserhaltende Maßnahmen beinhalten die Stationierung einer Friedenstruppe im Krisengebiet. Die Zustimmung der Konfliktparteien ist erforderlich.

→ **Friedenskonsolidierende Maßnahmen**
Maßnahmen zur Bestimmung und Förderung von Strukturen, die geeignet sind, den Frieden zu festigen und zu konsolidieren, um das Wiederaufleben eines Konflikts zu verhindern. Diese können sowohl militärisches als auch ziviles Eingreifen erfordern.

Eine klare Grenzziehung zwischen den einzelnen „Typen" von Maßnahmen ist häufig schwierig. Friedenserhaltung setzt in vielen Fällen zunächst einmal die Schaffung von Frieden voraus, zugleich können vorausgehende oder begleitende „friedenserzwingende Maßnahmen" unerlässlich sein.

Arbeitsgemeinschaft Jugend und Bildung e.V. (Hg.), Frieden und Sicherheit, Wiesbaden 2003, S. 24

M13 UN-Blauhelme – weltweit im Einsatz

Blauhelme im Einsatz: UN-Missionen weltweit

1 Nahost
UNTSO: Überwachung des Waffenstillstands
Mitarbeiter: **365**
Budget: **69** Mio. US-Dollar
Einsatz seit: **Mai 1948**

2 Indien u. Pakistan
UNMOGIP: Militärbeobachtergruppe
Mitarbeiter: **114**
Budget: **21** Mio. Dollar
Einsatz seit: **Jan. 1949**

3 Zypern
UNFICYP: Friedenstruppe
Mitarbeiter: **1105**
Budget: **55** Mio. Dollar
Einsatz seit: **März 1964**

4 Syrien
UNDOF: Beobachtertruppe für Truppenentflechtung
Mitarbeiter: **1120**
Budget: **58** Mio. Dollar
Einsatz seit: **Juni 1974**

5 Libanon
UNIFIL: Interimstruppe
Mitarbeiter: **11 352**
Budget: **483** Mio. Dollar
Einsatz seit: **März 1978**

6 Westsahara
MINURSO: Mission für das Referendum
Mitarbeiter: **483**
Budget: **53** Mio. Dollar
Einsatz seit: **April 1991**

7 Kosovo
UNMIK: Mission zur Übergangsverwaltung
Mitarbeiter: **350**
Budget: **38** Mio. Dollar
Einsatz seit: **Juni 1999**

8 Liberia
UNMIL: Friedensmission
Mitarbeiter: **1580**
Budget: **110** Mio. Dollar
Einsatz seit: **Sept. 2003**

9 Darfur
UNAMID: Hybridmission mit Afrikanischer Union
Mitarbeiter: **17 131**
Budget: **911** Mio. Dollar
Einsatz seit: **Juli 2007**

10 Dem. Rep. Kongo
MONUSCO: Stabilisierungsmission
Mitarbeiter: **20 946**
Budget: **1142** Mio. Dollar
Einsatz seit: **Juli 2010**

11 Abyei
UNISFA: Interims-Sicherheitstruppe
Mitarbeiter: **4791**
Budget: **267** Mio. Dollar
Einsatz seit: **Juni 2011**

12 Südsudan
UNMISS: Friedensmission
Mitarbeiter: **17 154**
Budget: **1071** Mio. Dollar
Einsatz seit: **Juli 2011**

13 Mali
MINUSMA: Stabilisierungsmission
Mitarbeiter: **14 938**
Budget: **1048** Mio. Dollar
Einsatz seit: **März 2013**

14 Zentralafrikan. Rep.
MINUSCA: Stabilisierungsmission
Mitarbeiter: **14 036**
Budget: **883** Mio. Dollar
Einsatz seit: **April 2014**

15 Haiti
MINUJUSTH: Stabilisierungsmission
Mitarbeiter: **1241**
Budget: **25** Mio. Dollar
Einsatz seit: **Oktober 2017**

Budget jeweils 1. Juli 2017 bis 30. Juni 2018, UNTSO und UNMOGIP 1. Juli 2016 bis 30. Juni 2017   Stand Nov. 2017   Quelle: UN

Globus-Grafik 27716

M14 Die Blauhelmsoldaten – Markenzeichen der UN

Die klassische Aufgabe der „Blauhelmsoldaten" der UN ist die Friedenserhaltung (Peacekeeping). Im Gegensatz zur Friedenserzwingung sollen die Soldaten in der Regel den nach Beendigung eines Konflikts in einer Krisenregion oft brüchigen Frieden sichern.

Für das klassische Peacekeeping gelten folgende Leitsätze:

- Die Entsendung erfolgt nur im Konsens mit den Konfliktparteien. Letztere müssen den Konflikt beenden wollen und sich einig über die Rolle der Blauhelmsoldaten sein (z. B. Sicherung der Grenze, Bildung einer Pufferzone, Beobachtung von Wahlen).
- Die Verantwortung für den Einsatz liegt bei den Vereinten Nationen.
- Für die Blauhelmsoldaten gilt, dass sie strikt unparteiisch sein müssen.
- Die Blauhelmsoldaten durften zunächst nur leichte Waffen zur Selbstverteidigung tragen, um keiner Partei einen Vorwand zu bieten, die Soldaten in die Kampfhandlungen miteinzubeziehen. Mit

zunehmender Anzahl von Staaten, die ihre Bevölkerung nicht mehr schützen konnten (Failed States, z. T. mit einer Vielzahl innerstaatlicher Akteure, die sich gegenseitig bekämpfen), entwickelte sich das sogenannte „Robuste Peacekeeping". Dabei ist auch die begrenzte Anwendung von Gewalt erlaubt.

M15 Kritik an den Blauhelm-Einsätzen

Vielfach hat sich gezeigt, dass zwar von den Mitgliedstaaten ständig um die 150.000 Einsatzkräfte als verfügbar gemeldet werden, dass aber im Ernstfall oft nur ein Bruchteil dieser Kräfte von den jeweiligen Regierungen tatsächlich bereit gestellt werden kann. [...] Der Gedanke, die Friedenstruppe aus möglichst vielen Ländern zusammen zu stellen, ist zwar in der Theorie gut, aber in der Praxis erweist sich das oft als Nachteil. Die vielen unterschiedlichen Sprachen und Strukturen behindern oft die Zusammenarbeit. Auch die Bürokratie des UN-Sicherheitsrates wird oft kritisiert. Vor allem dann, wenn schnelles Handeln wichtig ist, kosten die Strukturen des UN-Sicherheitsrates, der als einziges Organ den Einsatz beschließen kann, wertvolle Zeit. [...] Um all diesen Problemen entgegen zu wirken, werden in letzter Zeit oft Mandate an Dritte, also an externe Dienstleister vergeben. [...] Diese Variante birgt aber immer das Risiko, dass fremde Interessen mitspielen. Als Alternative wird eine ständige Einsatztruppe vorgeschlagen, die auch in der UN-Charta vorgesehen ist.

Manuel Fuchs, Blauhelme: Kritik und Schwierigkeiten, www.globalisierung-fakten.de (2.12.2016)

Blauhelme im Einsatz in Haiti im Jahr 2015

Erklärfilm „Vereinte Nationen"

Mediencode: 71062-15

ZU AUFGABE 2
Recherchiere u. a. mithilfe des obigen Erklärfilms den genauen Aufbau der UN und stelle ihn in der Klasse vor.

ZU AUFGABE 4
Wähle einen der UN-Einsätze aus **M13** und recherchiere dazu weitere Informationen. Stelle deine Erkenntnisse in der Klasse vor.

AUFGABEN

1. Analysiere die Karikatur (**M9**). Was möchte der Karikaturist zum Ausdruck bringen? Worauf könnte sich seine Kritik begründen?
2. Beschreibe Aufbau und Aufgaben der Vereinten Nationen (**M10, M11**).
3. Charakterisiere die möglichen Maßnahmen der UN danach, inwieweit Frieden gewaltsam durchgesetzt werden kann (**M12**).
4. Charakterisiere das Einsatzgebiet von UN-Friedensmissionen (**M13**).
5. Arbeitet in Kleingruppen.
   a) Nennt die Merkmale klassischen Peacekeepings (**M14**).
   b) Erläutert die Entwicklung der Blauhelm-Einsätze (**M14**).
   c) Ermittelt mithilfe von **M14** mögliche Kritikpunkte an den Blauhelm-Einsätzen (**M15**).
6. Führt abschließend auf der Grundlage von **M9 – M15** eine Pro-Kontra-Diskussion über die Frage: „Sind die Vereinten Nationen ein Garant für den Weltfrieden?"

Die Vereinten Nationen – zum Scheitern verurteilt?

M16 Fallbeispiele: Die UN und ihre Resolutionen

a) UN-Sicherheitsrat verabschiedet Resolution gegen den IS

Der UN-Sicherheitsrat forderte in einer am 20.11.2015 in New York einstimmig verabschiedeten Resolution alle Mitglieder der Vereinten Nationen auf, den Kampf gegen den IS zu verstärken und zu koordinieren, um Terrorakte des IS zu unterbinden.
Sie sollten die Finanzströme der Terrormiliz blockieren und ausländische Islamisten nicht nach Syrien gelangen lassen.
Frankreich hatte den Entwurf nach den Terroranschlägen in Paris am 14.11.2015 eingebracht.

© 2016 Landeszentrale für politische Bildung Baden-Württemberg, Der Islamische Staat, www.lpb-bw.de (28.11.2016)

b) Russland legt Veto gegen die Syrien-Resolution ein

Der UN-Sicherheitsrat hat [...] zwei rivalisierende Resolutionen für eine erneute Waffenruhe in Syrien scheitern lassen. Zunächst legte Russland [...] sein Veto gegen einen von Frankreich und Spanien eingebrachten Entwurf ein. Kurz darauf erhielt ein von Russland eingebrachter Gegenentwurf nur vier Ja-Stimmen – deutlich weniger als die neun erforderlichen. [...] Beide Resolutionsentwürfe forderten alle Beteiligten zu einer sofortigen Waffenruhe auf. Im russischen Entwurf fehlte allerdings die Forderung nach einem Ende aller Luftangriffe und militärischen Flüge über Aleppo.

dpa, Syrien-Resolutionen scheitern im UN-Sicherheitsrat, www.heute.de, 8.10.2016

Resolution
UN-Resolutionen sind ausgearbeitete Beschlüsse der Vereinten Nationen. Beschließt der UN-Sicherheitsrat (→ M11) Resolutionen, sind sie völkerrechtlich verbindlich. Resolutionen der UN-Generalversammlung (→ Randspalte zu M11) sind hingegen nicht verbindlich, sondern haben nur einen empfehlenden Charakter.

M17 Schwierigkeiten bei UN-Einsätzen: Beispiel Syrien

21 Hilfsorganisationen haben dem Sicherheitsrat der Vereinten Nationen völliges Versagen in der Syrien-Krise vorgeworfen. Den UN sei es nicht gelungen, die Menschen in dem Land zu schützen, hieß es in dem am Donnerstag veröffentlichten Bericht „Failing Syria" (Versagen in Syrien) [...] Seit 2011 seien 220.000 Menschen getötet worden. Die Helfer werfen dem Sicherheitsrat vor, dass keine seiner drei Resolutionen etwas bewirkt habe. Statt geschützt zu werden, hätten die Syrer das blutigste Jahr des Konflikts erlebt. [...] Die Zahl der kaum zu erreichenden Hilfebedürfti-

Nach einem Bombenanschlag von Regierungstruppen rettet ein Mann ein Kind aus einem zerbombten Haus am 30.5.2016 in Aleppo.

gen habe sich trotz einer UN-Resolution auf 4,8 Millionen mehr als verdoppelt. 5,6 Millionen Kinder seien auf Hilfe von außen angewiesen, fast ein Drittel mehr als im Vorjahr. [...] Den Helfern von UN und anderen Hilfsorganisationen könnte auch noch das Geld ausgehen. Schon 2013 waren die UN-Hilfsmaßnahmen nur zu 71 Prozent finanziert, heißt es in dem Bericht. Im vergangenen Jahr seien es dann nur noch 57 Prozent gewesen. [...] „Allein in den Camps entlang der türkisch-syrischen Grenze leben über 250.000 Flüchtlinge, die vollständig auf internationale Unterstützung angewiesen sind", erklärte das Welternährungsprogramm (WFP) dazu.

dpa, Weltsicherheitsrat versagt in Syrien, www.handelsblatt.de, 12.3.2015

M18 Thesen zur Rolle der UN

- Die Vereinten Nationen können auf viele erfolgreiche (Blauhelm-) Einsätze zurückblicken.
- Wenn es den Sicherheitsrat der Vereinten Nationen nicht gäbe, müsste man ihn erfinden.
- Die Vereinten Nationen übernehmen nur rein militärische Aufgaben.
- Die Stärke der Vereinten Nationen ist es, Sicherheit und Ordnung in einem Land wiederherzustellen.
- Der Sicherheitsrat kann Kriege verhindern.
- Der Sicherheitsrat kann Waffenstillstände erzwingen und Verhandlungen in Gang setzen.
- Das Vetorecht der fünf ständigen Mitglieder blockiert die Arbeit im Sicherheitsrat.

AUFGABEN

1. Arbeitet in Kleingruppen.
   a) Erklärt, was genau die beiden UN-Resolutionen erreichen möchten (**M16**).
   b) Ermittelt den in den Texten **M16a-b** genannten Aspekt, der eine erfolgreiche Verabschiedung der Resolutionen erschweren könnte.
2. Liste in Einzelarbeit die Probleme auf, die beim UN-Einsatz in Syrien aufgetreten sind (**M17**).
3. Einigt euch in Kleingruppen auf eine der gestellten Thesen in **M18** und erklärt, warum ihr sie für zutreffend/nicht zutreffend haltet. Stellt eure Ergebnisse in der Klasse vor.
4. Arbeite gemeinsam mit deinem Nachbarn aus den Materialien dieses Kapitels 5.2 die Stärken und Schwächen der UN heraus (**M9 – M18**).
5. Nimm Stellung zu der Frage, ob die UN zum „Scheitern verurteilt ist".

ZU AUFGABE 4
Verwende dabei eine Tabelle, die die Stärken und Schwächen einander gegenüberstellt.

METHODE

M19 Analyse eines internationalen Konflikts – Syrien

I. Worum geht es?
Die Situation in Syrien Ende 2015
a) Überblick: Wer kontrolliert welche Gebiete in Syrien?

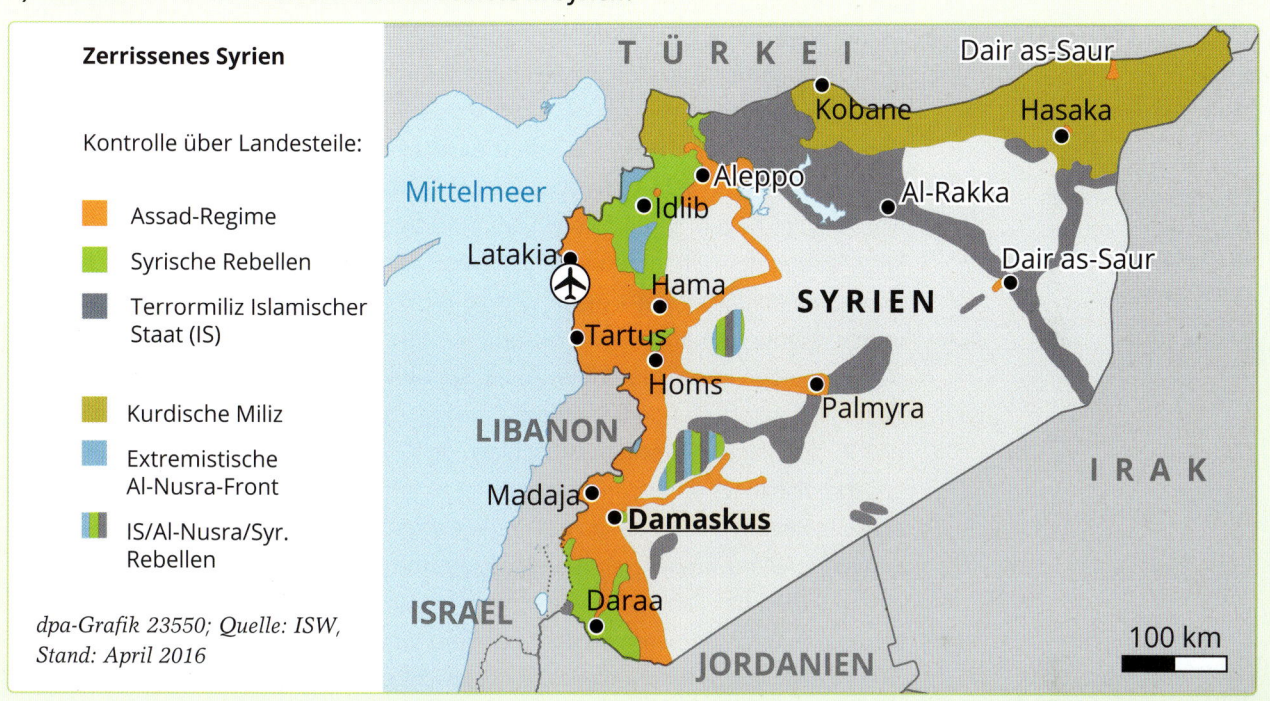

Zerrissenes Syrien

Kontrolle über Landesteile:
- Assad-Regime
- Syrische Rebellen
- Terrormiliz Islamischer Staat (IS)
- Kurdische Miliz
- Extremistische Al-Nusra-Front
- IS/Al-Nusra/Syr. Rebellen

dpa-Grafik 23550; Quelle: ISW, Stand: April 2016

b) Die Situation in Syrien vor dem Konflikt

Bis zu Beginn der Unruhen Mitte März 2011 glaubten viele Beobachter nicht an eine Revolte in Syrien. Ideologisch war das Volk, das Jahrzehnte lang durch einen antiisraelischen und panarabischen Diskurs geprägt wurde, in der Tat näher am Regime als in den prowestlichen Autokratien in Tunesien oder Ägypten.
5 Doch auch in Syrien hatte sich die Wut auf Korruption, Willkürherrschaft und schlechte Lebensbedingungen angestaut, und vor allem war durch die Bilder von mutigen Demonstrationen in Tunesien, Ägypten und Libyen die Angst vor dem Regime geschwunden. Die syrische Gesellschaft vor dem Krieg war ein buntes Mosaik religiöser Gruppen. Der Assad-Clan gehört zur Minderheit der Alawiten
10 (ca. 12 %). [...] Die übrigen Minderheiten, wie Christen oder Drusen, unterstützten, zumindest in ihrer Mehrheit, [...] das säkulare Baath-Regime [herrschende Partei in Syrien, Anm. d. R.], da sie eine Vormacht radikalislamischer Sunniten fürchten. Das Assad-Regime hatte zwar die gemäßigte sunnitische Handelsklasse erfolgreich an sich binden können, doch begann mit dem Aufstand auch die-
15 se Allianz zu bröckeln.

Baschar Hafiz al-Assad, Vorsitzender der Baath-Partei und seit 2000 Präsident Syriens, führt einen Krieg gegen die eigene Bevölkerung.

Carsten Wieland, Dossier: Innerstaatliche Konflikte – Syrien, www.bpb.de, 17.11.2015

METHODE

c) Die Situation in Syrien Ende 2015

Zwischen dem Scheitern der Genfer Syrien-Verhandlungen Anfang 2014 und neuen diplomatischen Initiativen Ende 2015 waren die Ereignisse in Syrien fast zwei Jahre lang durch das Schlachtfeld geprägt. Die Frontlinien haben sich festgefressen mit wenigen Ausnahmen. Der Aufbau einer Zivilverwaltung in den von Rebellen kontrollierten Gebieten wird weiterhin durch das Abwerfen von Fassbomben auf Wohngebiete erschwert.

Das syrische Regime unter Präsident Baschar al-Assad konnte einen schmalen Streifen wichtiger Städte im Westen des Landes und das Alawitengebirge im Nordwesten halten. Seine Armee kämpft mit Verbänden der schiitischen Hisbollah-Miliz aus dem Libanon und schiitischen Milizen aus dem Irak, unterstützt von iranischen Militärberatern, gegen gemäßigte und islamistische Rebellen, die sich immer wieder zu neuen Gruppen und Verbänden formieren. Zugleich konnten sich die beiden konkurrierenden Al-Qaida-nahen Organisationen, der IS und Jabhat al-Nusra (JaN), auf dem Schlachtfeld behaupten. Der IS musste jedoch im Norden Rückschläge einstecken. Luftschläge der USA und der Alliierten werden fortgesetzt, allerdings ohne den IS nachhaltig zu schwächen. Im März 2015 verlor das syrische Regime neben Raqqa eine zweite vollständige Provinz, als die Stadt Idlib von einer Allianz moderater, islamistischer und JaN-Truppen eingenommen wurde. Im Süden des Landes hingegen konnte sich eine gut organisierte gemäßigte Struktur in ihren Gebieten an der Grenze zu Jordanien konsolidieren.

Diese Entwicklungen haben das Gleichgewicht nicht entscheidend verändert. Ein Game Changer war dagegen die Entscheidung Russlands Ende September 2015, nicht nur politisch, mit Waffenlieferungen und Militärberatern, sondern auch mit eigenen Soldaten, Schiffen und Flugzeugen im Syrienkrieg zu intervenieren. Beobachter verglichen die Situation mit 2013, als die Hisbollah auf Druck des Iran massiv ins Kriegsgeschehen eingriff, um den Sturz Assads abzuwenden. Russland entschied sich für eine Militärintervention, um die Ausgangslage Assads auf dem Schlachtfeld, aber auch bei möglichen Verhandlungen zu stärken. Denn zeitgleich zu den russischen Luftschlägen, die entgegen russischer Propaganda mehrheitlich Rebellenstellungen trafen und nicht IS-Positionen, startete Russland diplomatische Initiativen. Der Westen scheint zugleich akzeptiert zu haben, dass Assad für eine Übergangszeit an der Macht bleiben kann. Dies haben zuletzt auch Saudi-Arabien und die Türkei angedeutet.

Ein Hoffnungsschimmer stellte die erstmalige Teilnahme Irans an Syrien-Gesprächen Ende Oktober 2015 in Wien dar. Dort verhandelten neben den USA und Russland auch die weiteren Veto-Mächte Großbritannien, Frankreich und China sowie Deutschland, Italien und die regionalen Player Iran, Saudi-Arabien, Katar, die Türkei, Libanon, Jordanien, Irak, Ägypten, Oman und die VAE.

Carsten Wieland, Dossier: Innerstaatliche Konflikte – Syrien, www.bpb.de, 17.11.2015

Fassbomben
Fassbomben sind Fässer, die mit Sprengmitteln und Metallteilen gefüllt vom Himmel geworfen werden. Vor allem die Sprengstoffmenge und die Metallteile sind verheerend.

Tipp zu den Hintergründen des Syrien-Konfliktes
Eine ausführliche Sammlung von Internetlinks zum Konflikt in Syrien findet sich unter: *http://www.politischebildung.de/syrien.html#c7269*

METHODE

II. Gehe dabei so vor:

In jedem Konflikt lassen sich drei Aspekte ausmachen:
- ein Widerspruch, d. h. eine Unvereinbarkeit von Zielen, Interessen bzw. Bedürfnissen,
- ein den Konflikt anzeigendes und allzu oft verschärfendes Verhalten (z. B. Konkurrenz, Aggressivität, Hass, Gewalt) der Konfliktparteien sowie
- eine auf den Konflikt bezogene und diesen – bewusst oder unbewusst – rechtfertigende Einstellung/Haltung. Diese ist eng verbunden mit den Wahrnehmungen und Annahmen der Konfliktparteien in Bezug auf ihre eigene Stellung im Konflikt und die Bewertung der anderen Parteien (z. B. Feindbilder).

Erklärfilm „Syrien-Konflikt"

Mediencode: 71062-16

Leitfragen zur Untersuchung des Konflikts

1 Worin besteht der Gegenstand des Konflikts (Widerspruch) und worum wird gestritten?
- Vorgeschichte des Konflikts?
- Wer sind die Akteure? Welche Interessen und Ziele verfolgen sie?

2 Welche Haltungen haben die Konfliktparteien?
- Wie begründen (legitimieren) die Konfliktparteien ihre Ziele (Tradition, Religion, Recht …)?
- Welche Einstellung haben die Akteure zu den verschiedenen Mitteln der Konfliktlösung?

3 Wie verhalten sich die Konfliktparteien?
- Welche Standpunkte werden formuliert und mit welchen Mitteln werden diese durchgesetzt (Propaganda, Einschüchterung, militärische Mittel)?
- Wie reagieren die Konfliktparteien auf unterschiedliche Mittel der Konfliktlösung?

4 Welche Folgen ergeben sich für die Wahl einer geeigneten Konfliktlösung?
- Wie kann dem Konflikt begegnet werden?
- Wie kann eine dauerhafte Konfliktlösung aussehen?
- Welche Maßnahmen sind von wem zu ergreifen?

5 Welche Folgen hat dies für mein eigenes (politisches) Handeln?
- Was kann ich tun?

Aufgabe

Analysiere den Syrien-Konflikt wie in **M19** angegeben. Nutze dabei auch die Materialien 9 und 10 aus Unterkapitel 5.1 sowie die Materialien 7, 11, 15 und 16 aus Unterkapitel 5.2. Stelle dein Ergebnis anschließend der Klasse vor.

WAS WIR WISSEN

Die NATO
M1 – M7

Die NATO wurde im April 1949 als politisch-militärisches Verteidigungsbündnis der westlich-demokratischen Staaten gegen die Ausdehnung des sowjetischen Einflussbereichs gegründet. Die Mitgliedsländer gehen eine gegenseitige Beistandsverpflichtung bei einem bewaffneten Angriff auf ein Mitglied ein. Aufgrund der veränderten Sicherheitslage hat die NATO 1999 eine neue Strategie beschlossen. Sie beinhaltet das ganze Spektrum militärischer Handlungsmöglichkeiten (Friedenserzwingung, Friedenserhaltung, Friedenskonsolidierung) auch außerhalb des Bündnisgebietes und – in Ausnahmefällen – ohne Mandat der Vereinten Nationen. Im Jahr 2010 erweiterte die NATO ihre Strategie aus dem Jahr 1999 u. a. mit dem Ziel, sich stärker an den Nachfolgestaat des ehemaligen Hauptgegners Sowjetunion, Russland, anzunähern. Angesichts der anhaltenden Spannungen mit Russland im Zusammenhang mit der Ukraine-Krise wird diese Annäherung aber bereits wieder von einigen NATO-Mitgliedern in Frage gestellt.

Die Vereinten Nationen
M10 – M18

Die Vereinten Nationen wurden am 24.10.1945 von 51 Staaten als globale Friedensorganisation gegründet. Heute sind fast alle Länder der Welt Mitglied der VN. Zu ihren Zielen gehört insbesondere die Wahrung des Weltfriedens und der internationalen Sicherheit durch ein allgemeines Gewaltverbot. Der Sicherheitsrat ist das wichtigste Organ der VN. Allein seine Beschlüsse (Resolutionen) sind für alle Staaten bindend. Der Sicherheitsrat besteht aus fünf ständigen Mitgliedern (USA, Großbritannien, Frankreich, China und Russland) und zehn nichtständigen Mitgliedern. Jedes ständige Mitglied ist mit einem Vetorecht ausgestattet, kann also Entscheidungen des Sicherheitsrates blockieren.

In der Generalversammlung haben alle Mitgliedstaaten eine Stimme. Die Generalversammlung kann jedoch nur Empfehlungen verabschieden, die völkerrechtlich nicht verbindlich sind.

Die Handlungsmöglichkeiten der VN lassen sich folgendermaßen umschreiben:
- friedensschaffende Maßnahmen (diplomatische Aktivitäten, Vermittlung, Schlichtung, politische Isolierung);
- friedenserzwingende Maßnahmen (wirtschaftliche Sanktionen, Einsatz von Waffengewalt);
- friedenserhaltende Maßnahmen (Überwachung eines Waffenstillstandes, Trennung der Konfliktparteien, Wahrnehmung von Polizeiaufgaben);
- friedenskonsolidierende Aufgaben (Aufbau zivil- und rechtsstaatlicher Strukturen, gemeinsame Projekte, Durchführung von Wahlen).

WAS WIR KÖNNEN

Konfliktfälle und ihre Regelung

Fall 1
Die ethnische Mehrheit eines Landes terrorisiert die Minderheiten, mehr als 100.000 Menschen wurden grausam getötet oder gezwungen, in die Nachbarländer zu fliehen. Wirtschaftssanktionen und diplomatische Bemühungen wurden von den Machthabern ignoriert.

Fall 2
Ein Land mit einem autoritären Regime wird verdächtigt, Atomwaffen zu produzieren. Es weigert sich immer wieder, internationale Inspektionen zuzulassen.

Fall 3
Nach einem verheerenden Bürgerkrieg haben sich die Bürgerkriegsparteien einigen können und einen Friedensvertrag geschlossen, doch ist der Friede noch brüchig. Immer wieder kommt es zu Verletzungen des Waffenstillstandes durch einzelne Gruppen.

Fall 4
Ein Land beherbergt Terroristen, die wiederholt internationale Attentate mit großen Opferzahlen ausgeführt haben. Es weigert sich, die Terroristen auszuliefern.

Fall 5
Das Militär eines Landes marschiert in einem Nachbarland ein und besetzt staatliche Einrichtungen. Die Rohstoffvorkommen werden ausgebeutet und die Bevölkerung schikaniert.

Fall 6
In einem Land werden zunehmend Terroranschläge verübt. Drahtzieher ist ein transnational operierendes Terrornetzwerk.

Aufgabe
Ihr seid Regierungsberater und sollt entscheiden, welche Maßnahmen zur Konfliktlösung in den folgenden Fällen ergriffen werden sollen. Es kann sich dabei auch um eine Abfolge von Maßnahmen handeln. Entscheidet gegebenenfalls auch, welche internationale Organisation mit der Durchführung der Maßnahmen beauftragt werden soll. Begründet eure Entscheidung ausführlich. Beachtet dabei auch mögliche Konsequenzen eurer Entscheidung.

Lexikon
der Ausbildungsberufe
AUSGABE 2014/2015
BERUF
AKTUELL

Wahlpflicht 1: Entscheidungen und Konflikte im Unternehmen

Die Unternehmensspitze entscheidet darüber, was produziert wird, wie viele Arbeitsplätze es gibt und wie diese aussehen. Diese unternehmerischen Entscheidungen treffen auf die Interessen der Mitarbeiterinnen und Mitarbeiter im Unternehmen.

KOMPETENZEN

Am Ende des Kapitels solltet ihr Folgendes können:
- Führungsstile und Arbeitsbeziehungen im Betrieb beschreiben
- grundlegende Rechtsformen des Unternehmens unterscheiden
- Interessenkonflikte im Unternehmen identifizieren und beurteilen

WAS WISST UND KÖNNT IHR SCHON?

Die Personen auf den Bildern stehen stellvertretend für verschiedene Lebenssituationen im Unternehmen: der bereits verstorbene Unternehmer Steve Jobs, Arbeitnehmer bei der Fahrradproduktion und Auszubildende. Stellt zu den Beziehungen zwischen Unternehmer, Arbeitnehmer und Auszubildendem im Unternehmen Vermutungen auf.

Wie führt man ein Unternehmen?

M1 Aufgaben der Unternehmensleitung

Karikatur: Thomas Plaßmann

Unternehmerischer Erfolg hängt wesentlich von einer erfolgreichen Unternehmensführung ab. Dem Unternehmer und seinen Mitarbeitern kommen dabei folgende Aufgaben zu:

- wirtschaftliche Ziele zu formulieren und diese im Unternehmen umzusetzen
- das Unternehmen den Zielen entsprechend auszurichten und zu organisieren
- neue Entwicklungen (z. B. Kundenbedürfnisse, Technologien) rasch zu erkennen und das Geschäftsmodell entsprechend auszurichten
- die besten Mitarbeiter an sich zu binden
- Produkte und Unternehmensabläufe immer wieder mit neuen Ideen und Kreativität zu verbessern

M2 Frust im Job: Jeder sechste Arbeitnehmer hat keinen Bock

autoritärer Führungsstil
Der Unternehmer trifft alle Entscheidungen in eigener Verantwortung und veranlasst deren Durchführung durch detaillierte Anweisungen an alle nachgeordneten Ebenen.

kooperativer Führungsstil
Der Unternehmer trifft die Entscheidungen im Zusammenwirken mit den Mitarbeitern. Die Aufgabenerfüllung wird den Mitarbeitern eigenverantwortlich zur Durchführung übertragen.

Die Stimmung hat sich aufgehellt, doch die Zahlen bleiben alarmierend: Laut einer Gallup-Umfrage haben 17 Prozent der deutschen Arbeitnehmer innerlich gekündigt. [...]

Viele Angestellte in Deutschland sind nur wenig motiviert. Das ist das Ergebnis einer Umfrage unter mehr als 1.300 Beschäftigten, die das Beratungsunternehmen Gallup vorgestellt hat. [...] Glaubt man Gallup, dann ist dieser Wert nun erstmals im vergangenen Jahrzehnt wieder gesunken. Von 2002 bis 2012 war er kontinuierlich gestiegen: von 16 auf 24 Prozent. Dennoch hat noch immer jeder sechste Mitarbeiter bereits seine „innerliche Kündigung" mit sich ausgemacht. Der Begriff wurde vom Führungsforscher Martin Hilb geprägt. Er bezeichnet diesen Zustand als eine Art Selbstjustiz des Arbeitnehmers. Der Angestellte fühlt sich ungerecht behandelt und arbeitet nur noch so viel, wie ihm angesichts dieser Behandlung als fair erscheint. Er stellt also durch Arbeitsverweigerung sein Gerechtigkeitsgefühl wieder her. Die Ursachen für geringe emotionale Mitarbeiterbindung ließen sich in der Regel auf Defizite bei der Personalführung zurückführen, erklärte der Gallup-Sprecher. Die Mitarbeiter, die sich innerlich verabschiedet haben, fehlen demnach häufiger. Sie entwickeln so gut wie nie Ideen, wie sich die Arbeitsabläufe und Produkte des Unternehmens verbessern lassen, und einige verlassen irgendwann das Unternehmen – was zu Verlusten beim Know-how führt. Und beim Geld: Laut Gallup-Schätzung entsteht durch schlecht motivierte Mitarbeiter ein volkswirtschaftlicher Schaden von 98,5 bis 118,4 Milliarden Euro pro Jahr.

bos, Spiegel Online, 31.3.2014

M3 Unternehmensführung – zwei Modelle

Zwei der führenden Drogeriemärkte haben eine völlig unterschiedliche Philosophie: Der eine spart, wo er kann, und misstraut seinen Mitarbeitern. Der andere gibt mehr aus, als er müsste, und glaubt an das Gute in seinen Angestellten (vgl. Kap. 2, M10, M12, M13).

> Die Firma – Gründer: Anton Schlecker, 65, Metzgermeister. Er eröffnet den ersten Drogeriemarkt 1975. Leitet den Konzern mit Ehefrau Christa. Filialen in Deutschland: ca. 9.000, im Schnitt 200 m² groß und eng gestellt, oft an abgelegenen Standorten. Zahl der Angestellten: ca. 52.000. In vielen Filialen erledigt eine einzige Angestellte alle Jobs: einräumen, kassieren, beraten, putzen, bestellen. Mehrarbeit bleibt oft unbezahlt. Bezirksleiter statten regelmäßig Besuche ab und bewerten die Mitarbeiter mit Schulnoten, bei vielen schlechten Noten droht eine Abmahnung. Um den Aufbau der XL-Märkte zu finanzieren, entließ Schlecker Mitarbeiter mit Tarifverträgen und stellte ihnen frei, sich über eine neu gegründete Leiharbeitsfirma zu bewerben – zu deutlich niedrigeren Stundenlöhnen.

> Die Firma – Gründer: Götz Werner, 66, Drogist. Er eröffnet den ersten Drogeriemarkt 1973. Gibt die Leitung 2008 an Erich Harsch ab. Filialen in Deutschland: ca. 1.100, im Schnitt 600 m² groß, meist in City-Lagen. Werner glaubt, dass sich der Gewinn eines Marktes durch gut ausgebildetes Personal steigern lässt. Zahl der Angestellten: ca. 33.000. Die Mitarbeiter bestimmen das lokale Sortiment, Dienstpläne und sogar Gehälter selbst. Vorgesetzte werden meist von der Belegschaft gewählt. Verbesserungsvorschläge werden mit allen diskutiert, Neuerungen in einer Filiale müssen meist nicht mit der Zentrale abgesprochen werden. Wird mehr erwirtschaftet als erwartet, erhält jeder einen gleich hohen Warengutschein.

> Die Philosophie – Anton Schlecker: „Man muss mit Nachdruck schauen, dass die Spielregeln eingehalten werden." Schlecker betreibt eine sehr konservative Art des Führungsstils: Der Chef entscheidet allein, Verbesserungsvorschläge von Mitarbeitern sind nicht erwünscht, Betriebsräte und Gewerkschaften werden als „notwendiges Übel" nur widerwillig geduldet. Schlecker nennt das: „zielorientierte Beharrlichkeit und konsequentes Festhalten an für richtig erkannten Grundprinzipien".

> Die Philosophie – Götz Werner: „Wir sind keine Organisation, die Druck macht, sondern eine, die Sog erzeugt." Werner ist bekennender Anthroposoph und hat das Unternehmen nach dem Leitsatz „Zutrauen veredelt den Menschen" ausgerichtet. Er setzt auf flache Hierarchien und Transparenz bis in die Führungsebene, auf die Eigenverantwortung aller Mitarbeiter und Nachhaltigkeit bei Produkten und Logistik. Dieser Ansatz schlägt sich auch in der Firmensprache nieder: Personalkosten heißen „Mitarbeitereinkommen" oder „Kreativposten", die Firma ist eine „Arbeitsgemeinschaft".

Nach: Kathrin Behrens, Brigitte 20/2010, S. 104 f.

AUFGABEN

1. Analysiere die Karikatur und entscheide, ob du diesen Mitarbeiter als Unternehmensleiter einstellen würdest (**M1**). Begründe deine Entscheidung.
2. Erkläre den Begriff „innere Kündigung" und nenne Ursachen und Folgen (**M2**).
3. a) Ordne die unterschiedlichen Führungsstile (**Randspalte**) den Unternehmen in **M3** zu.
   b) Die Firma Schlecker ist inzwischen pleite, die Firma dm zum Marktführer aufgestiegen. Entwickle deine persönliche Einschätzung zum Zusammenhang zwischen Führungsstil und Geschäftserfolg.

Welche Rechtsform braucht ein Unternehmen?

M4 Wie findet man als Unternehmer die richtige Rechtsform?

Jedes Unternehmen hat eine bestimmte Rechtsform, die bei der Gründung festgelegt werden muss. Diese hat rechtliche, finanzielle und steuerliche Folgen. Für die Wahl der Rechtsform sind folgende Überlegungen entscheidend:

- Wer soll das Unternehmen leiten?
- Wer soll für das Unternehmen haften?
- Wie viel Formalitäten sind bei der Gründung zu erledigen?
- Wie sollen die Gewinne verteilt werden?
- Wie hoch ist die Steuerbelastung?
- Wie soll das Unternehmen finanziert werden?
- Welche Unternehmensdaten müssen veröffentlicht werden?
- Welcher Aufwand soll für die Buchführung betrieben werden?

M5 Die wichtigsten Unternehmensformen

Gesellschaft bürgerlichen Rechts (GbR)

Schließen sich mindestens zwei Gesellschafter zur Führung eines Geschäftsbetriebes zusammen, ohne dabei eine neue juristische Person zu gründen, so kommt die Rechtsform der GbR in Betracht. Alle Gesellschafter sind geschäftsführungs- und vertretungsbefugt. Sie haften neben dem Gesellschaftsvermögen persönlich und unbeschränkt für die Verbindlichkeiten der Gesellschaft. Das interne Vertragsverhältnis kann weitgehend frei gestaltet werden. Der Gesellschaftsvertrag ist an keine Form gebunden, sollte aber schriftlich gefasst werden. Betreiben allerdings die Gesellschafter einer GbR ein Gewerbe von einer bestimmten Größe, so müssen sie sich in das Handelsregister eintragen. Die Firma wird dann zur Offenen Handelsgesellschaft (OHG). Es entstehen weitere Auflagen bezüglich der Führung des Geschäftsbetriebs.

Juristische Person
Zusammenschluss von Personen (und Vermögen) zu einer eigenen Rechtspersönlichkeit mit Rechten und Pflichten (z. B. Verein)

Einzelunternehmen

Besonders gut für den Einstieg geeignet ist die Einzelunternehmung: Sie kommt ohne weitere Formalitäten allein durch Aufnahme der Geschäftstätigkeit (üblicherweise nach Erteilen des Gewerbescheins und einer Mitteilung gegenüber dem Finanzamt) zustande. Dafür ist kein Mindestkapital erforderlich. Als Einzelunternehmer ist der Gründer uneingeschränkt „Herr im Haus". Gewinne fließen ungeteilt in seine Taschen – er muss dafür aber auch bei Verlusten oder Schäden in vollem Umfang mit seinem Privatvermögen geradestehen. Die überwiegende Anzahl der Unternehmen in Deutschland sind Einzelunternehmen.

Gesellschaft mit beschränkter Haftung (GmbH)

Die GmbH wird in zunehmendem Maße im wirtschaftlichen Bereich eingesetzt, weil sie vielseitig verwendbar und das Haftungsrisiko durch Beschränkung auf das Vermögen der GmbH kalkulierbar und überschaubar ist. Sie ist eine Kapitalgesellschaft mit eigener Rechtspersönlichkeit, die zu jedem gesetzlich zulässigen Zweck von einer oder mehreren natürlichen oder juristischen Personen errichtet werden kann. Nach außen wird die GmbH durch den/die Geschäftsführer vertreten. Fremdgeschäftsführung ist möglich, das heißt, die Geschäftsführung muss nicht in den Händen der Gesellschafter liegen. Sie können vielmehr gesellschaftsfremde Personen zu Geschäftsführern bestellen. Wirksamkeit erlangt die GmbH durch die Eintragung im Handelsregister. Das Haftungsrisiko ist auf das Gesellschaftsvermögen beschränkt. Das Mindeststammkapital der GmbH beträgt 25.000 Euro. Der Betrag der Stammeinlage kann für die einzelnen Gesellschafter verschieden bestimmt werden.

Erklärfilm „Einzelunternehmung"
Mediencode: 71062-17

Aktiengesellschaft (AG)

Die AG ist eine Kapitalgesellschaft mit eigener Rechtspersönlichkeit (juristische Person). Rechtsgrundlage ist das Aktiengesetz. Eine AG kann durch eine (kleine AG) oder mehrere Personen gegründet werden mit einem Grundkapital von mindestens 50.000 Euro. Dieses Grundkapital wird aufgeteilt in Anteile (Aktien), die für die Anteilseigner oder Aktionäre bestimmte Rechte verbriefen. Die AG haftet mit ihrem Firmenvermögen für Schulden; die Aktionäre tragen nur das Risiko des Wertverlustes ihrer Aktien, was bis zum Totalausfall führen kann. Organe einer AG sind der Vorstand als Leitungsgremium der Gesellschaft, der Aufsichtsrat als Kontrollorgan für den Vorstand und die Hauptversammlung als Zusammenkunft der Aktionäre, die z. T. den Aufsichtsrat wählt und formal über die Geschäftspolitik beschließt. Aktiengesellschaften werden vor allem dann gegründet, wenn große Mengen Kapital beschafft werden müssen.

Erklärfilm „Personengesellschaft"
Mediencode: 71062-18

AUFGABEN

1. Ordne die passende Rechtsform für folgende Unternehmen zu: Bäckerei, Fahrradgeschäft mit deinem Freund, Unternehmen zur Entwicklung eines neuartigen Motors (**M4**, **M5**).
2. Begründe, warum im Zuge der Industrialisierung Aktiengesellschaften gegründet wurden und welche Vorteile damit bis heute verbunden sind (**M4**, **M5**).

Konfliktfall Kündigung – die Rolle des Betriebsrates im Unternehmen

M6 Konfliktfall Kündigung

Für ein mittelständisches Unternehmen, das Werkzeugmaschinen herstellt, hat sich aufgrund der internationalen Situation in den letzten beiden Jahren die wirtschaftliche Lage drastisch verschlechtert.

Die daraus resultierenden Umsatzeinbußen und die nicht mehr ausgelasteten Kapazitäten veranlassen die Unternehmensleitung, bei den Personalkosten Einsparungen vorzunehmen.

Eine Maßnahme betrifft die Dreherei des Unternehmens. Von bisher vier beschäftigten Drehern soll ein Arbeitnehmer entlassen werden.

In der Dreherei sind folgende Arbeitnehmer beschäftigt:

Heiner Schmidt ist 54 Jahre alt und seit 18 Jahren im Betrieb. Er ist verheiratet und hat zwei Kinder, die 16 und 19 Jahre alt sind. Die Ehefrau ist nicht berufstätig. Die Familie hat große finanzielle Belastungen durch den Bau eines Eigenheims. Die Leistungen von Heiner Schmidt werden als zufriedenstellend beurteilt. Der für Heiner Schmidt zuständige Meister ist der Auffassung, dass er sich nicht in die Bedienung der neuen Maschine einarbeiten kann. Sein Bruttomonatslohn beträgt etwa 2.900,- €.

Silke Wortmann, 25 Jahre alt, ist nicht verheiratet und seit acht Jahren im Betrieb. Ihre Leistungen werden mit sehr gut beurteilt. Der Bruttomonatslohn beträgt etwa 2.500,- €.

Kurt Reiche, 30 Jahre, ist seit einem Jahr im Betrieb und hat Erfahrungen mit modernen Produktionsanlagen und -verfahren. Seine Leistungsbeurteilung ist gut. Sein Bruttomonatslohn beträgt etwa 2.700,- €.

Michael Hansen, seit zwölf Jahren im Betrieb, ist 38 Jahre alt und verheiratet. Er hat ein Kind (13 Jahre), die Ehefrau ist berufstätig. In seiner Beurteilung steht, dass Michael Hansen mit schwierigen Situationen fertig werden kann. Sein Bruttomonatslohn beträgt etwa 3.100,- €.

Nach: Institut für ökonomische Bildung

M7 Kündigungsgründe

Betriebsbedingte Gründe	Personenbedingte Gründe	Verhaltensbedingte Gründe
z. B.: Absatzschwierigkeiten, Rationalisierungsmaßnahmen, Änderung des Produktionsverfahrens, Betriebseinschränkungen ...	z. B.: Fehlende Eignung des Arbeitnehmers, mangelhafte oder abnehmende Leistungsfähigkeit, häufige oder lang andauernde Krankheit ...	Unterlassene oder unberechtigte Krankmeldung, unentschuldigtes Zu-Spät-Kommen, Beleidigung des Arbeitgebers ...

Jugendvertretung

In Betrieben mit in der Regel mindestens fünf Arbeitnehmern, die das 18. Lebensjahr noch nicht vollendet haben oder zu ihrer Berufsausbildung beschäftigt sind und das 25. Lebensjahr noch nicht vollendet haben, sind nach dem Betriebsverfassungsgesetz Jugend- und Auszubildendenvertretungen zu wählen (§§ 60 ff. BetrVG). Die Jugend- und Auszubildendenvertretung nimmt die spezifischen Interessen der beiden Gruppen wahr und kann Betriebsratsbeschlüsse einmal für die Dauer von einer Woche zwecks Erörterung von Verständigungsmöglichkeiten aussetzen lassen. Sie kann zu allen Betriebsratssitzungen Vertreter entsenden. Der Betriebsrat hat die Jugend- und Auszubildendenvertretung zu Besprechungen zwischen Arbeitgeber und Betriebsrat hinzuziehen, wenn Angelegenheiten der betreffenden Gruppen vom Betriebsrat behandelt werden.

M8 Die allgemeinen Mitbestimmungsrechte des Betriebsrates

Betriebsrat und Mitbestimmung

Mitbestimmung
Arbeitgeber und Betriebsrat haben ein gleichberechtigtes Initiativrecht. Sie können Entscheidungen nur gemeinsam treffen. Bei unüberbrückbaren Meinungsverschiedenheiten entscheidet die Einigungsstelle.
Beispiel: Arbeitszeit, Sozialplan, Lohngestaltung

Zustimmung
Der Arbeitgeber darf eine Maßnahme nur mit Einverständnis des Betriebsrats durchführen. Der Betriebsrat hat aber kein Recht zur Durchsetzung eines Alternativvorschlages.
Beispiel: Einstellungen, Versetzungen, Ein- und Umgruppierungen

Betriebsrat

Anhörung
Der Arbeitgeber teilt dem Betriebsrat seine Absichten mit und fordert den Betriebsrat unter Fristsetzung zur Stellungnahme auf.
Beispiel: Entlassungen

Information
Der Arbeitgeber teilt dem Betriebsrat anhand von Unterlagen seine Pläne mit.
Beispiel: Personalplanung

Beratung
Arbeitgeber und Betriebsrat erörtern eine Angelegenheit in einem gemeinsamen Gespräch.
Beispiel: Gestaltung von Arbeitsplatz, Arbeitsablauf und Arbeitsumfang

Horst-Udo Niedenhoff, Mitbestimmung in der Bundesrepublik Deutschland, 13. Auflage, Köln 2003, S. 87

Betriebe ab fünf Mitarbeitern müssen laut Betriebsverfassungsgesetz auf Wunsch der Belegschaft einen Betriebsrat einrichten. Dieser ist das gesetzliche Organ zur Vertretung der Arbeitnehmerinteressen und zur Wahrung der betrieblichen Mitbestimmung gegenüber dem Arbeitgeber in Betrieben des privaten Rechts. Der Betriebsrat hat die Aufgabe, die Beschäftigten bei Einstellungen in Lohn und Gehaltsfragen sowie bei Kündigungen und vielen weiteren Themenbereichen vor der Willkür des Arbeitgebers zu schützen. Arbeitsbedingungen sind mit dem Betriebsrat so zu gestalten, dass sie die Bedingungen aus Recht und Gesetz sowie nach den Tarifverträgen erfüllen. Bei den vielen unterschiedlichen Interessen zwischen Arbeitgebern und Beschäftigten können sich die einzelnen Arbeitnehmer nur schwer allein durchsetzen. Der Betriebsrat jedoch vertritt die Interessen aller Arbeitnehmer im Betrieb.

F
Erläutere, warum leitende Angestellte dem Betriebsrat nicht angehören können.

AUFGABEN

1. Bildet ausgehend von **M6** Zweiergruppen. Dabei vertritt einer die Interessen der Unternehmensleitung, der andere die des Betriebsrats. Ihr habt zehn Minuten Zeit, um euch zu entscheiden, welcher Arbeitnehmer durch die Unternehmensleitung gekündigt werden soll bzw. wie der Betriebsrat diese Entscheidung kommentiert. Die Unternehmensleitung teilt ihre Entscheidung mit, der Betriebsrat muss dazu gehört werden. Stellt das Ergebnis der Klasse vor.

2. Erkläre, warum der Staat die gesetzliche Pflicht zur Einrichtung eines Betriebsrates geschaffen hat (**M7**, **M8**).

Konfliktfall Lohn – wie verlaufen Tarifverhandlungen?

M9 Konfliktfall Lohn – das Tauziehen in der Tarifauseinandersetzung

Erste Verhandlungsrunde – keine Annäherung
Die erste Verhandlungsrunde für die 75.000 Stahlbeschäftigten in Nordrhein-Westfalen, Niedersachsen und Bremen am Freitag brachte keine Annäherung zwischen Arbeitgebern und IG Metall.

IG-Metall begründet Forderungen
„Wer mehr Wert schafft, hat auch mehr verdient." Unter diesem Motto starten die Tarifverhandlungen für die rund 75.000 Stahl-Beschäftigten in Nordwestdeutschland. Die IG Metall fordert sieben Prozent mehr Geld, die unbefristete Übernahme der Auszubildenden und eine bessere Altersteilzeit.

Die Arbeit in den Stahlbetrieben ruht
Die IG Metall-Tarifkommission hat entschieden: Am morgigen Mittwoch wird es die ersten Warnstreiks in der nordwestdeutschen Stahlbranche geben.

IG Metall entscheidet über Warnstreiks
Die Arbeitgeber legten auch in der zweiten Stahl-Tarifverhandlung in Gelsenkirchen kein Angebot vor.

Dritte Verhandlung bringt Ergebnis für Beschäftigte
3,8 Prozent höhere Einkommen und die unbefristete Übernahme der Ausgebildeten. Das haben IG Metall und Arbeitgeber heute in der dritten Tarifverhandlung in Düsseldorf für die 75.000 Stahlbeschäftigten in Nordrhein-Westfalen, Niedersachsen und Bremen vereinbart. Der Tarifvertrag zur Altersteilzeit wurde verlängert.

Nach: www.igmetall.de (12.8.2012)

M10 Die Gestaltung der Arbeitswelt durch Tarifverträge

Tarifverträge

- **Arbeitgeberverbände** / einzelne Arbeitgeber
- **Gewerkschaften** (Arbeitnehmerverbände)

Tarifvertrag
regelt: Rechte und Pflichten der Tarifvertragsparteien, Inhalt, Abschluss und Beendigung von Arbeitsverhältnissen, betriebliche und betriebsverfassungsrechtliche Fragen

Manteltarifvertrag
regelt: allgemeine Arbeitsbedingungen wie Arbeit, Urlaub, Kündigungsfristen, Akkord
Laufzeit: mehrere Jahre

Rahmentarifvertrag
regelt: Lohngruppeneinteilung nach Tätigkeitsmerkmalen
Laufzeit: mehrere Jahre

Lohntarifvertrag
regelt: Löhne und Gehälter, Akkordlöhne, Zulagen und Zuschläge
Laufzeit: meist ein Jahr

Nach: Bergmoser + Höller Verlag AG, Zahlenbilder 240 021

M11 Die Tarifautonomie

Die Tarifautonomie überantwortet die Lohnfindung, aber auch die Gestaltung vieler Details der Arbeitswelt den Tarifvertragsparteien. Die Tarifautonomie ist in Art. 9 Abs. 3 Grundgesetz garantiert. Darin heißt es: „Das Recht, zur Wahrung und Förderung der Arbeits- und Wirtschaftsbedingungen Vereinigungen zu bilden, ist für jedermann und für alle Berufe gewährleistet. Abreden, die dieses Recht einschränken oder zu behindern suchen, sind nichtig, hierauf gerichtete Maßnahmen sind rechtswidrig." Tarifvertragsparteien sind Gewerkschaften, einzelne Arbeitgeber sowie Vereinigungen von Arbeitgebern. Der Staat schafft den rechtlichen Rahmen, darf sich aber in die konkreten Auseinandersetzungen der Tarifpartner nicht einmischen. Die Mitglieder der Tarifpartner sind zur Einhaltung der ausgehandelten Tarifverträge verpflichtet. Die Rechte und Pflichten der Tarifparteien werden im Tarifvertragsgesetz genauer geregelt.

M12 Die Tarifpartner: Arbeitgeberverbände und Gewerkschaften

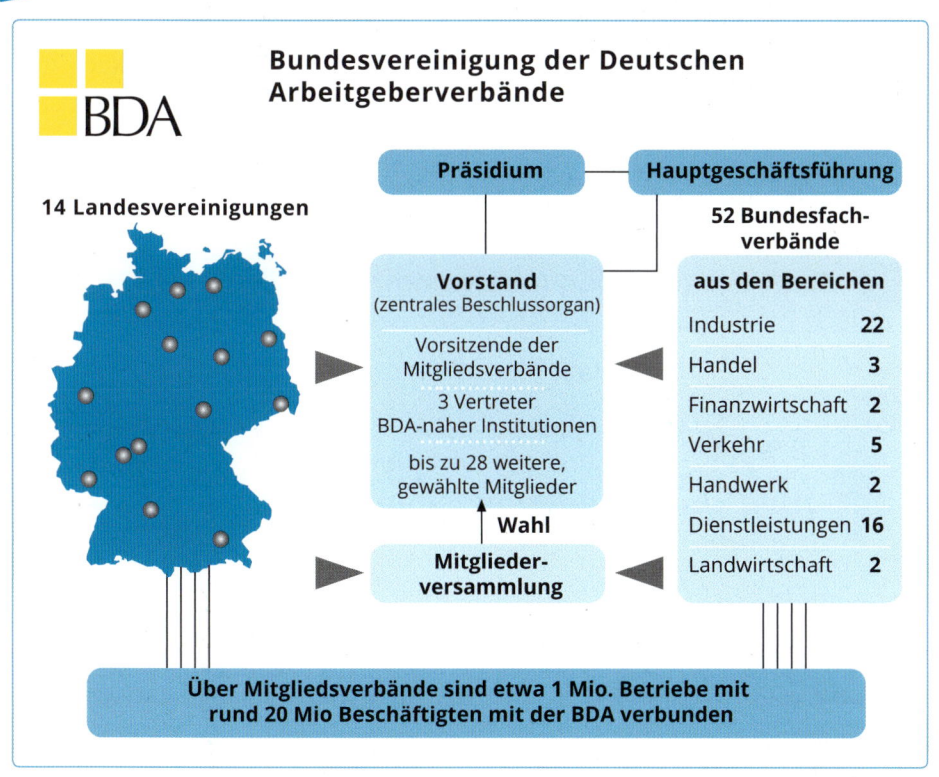

Bundesvereinigung der Deutschen Arbeitgeberverbände

BDA

14 Landesvereinigungen

Präsidium — Hauptgeschäftsführung

Vorstand (zentrales Beschlussorgan)
- Vorsitzende der Mitgliedsverbände
- 3 Vertreter BDA-naher Institutionen
- bis zu 28 weitere, gewählte Mitglieder

Wahl

Mitgliederversammlung

52 Bundesfachverbände aus den Bereichen:
Industrie	22
Handel	3
Finanzwirtschaft	2
Verkehr	5
Handwerk	2
Dienstleistungen	16
Landwirtschaft	2

Über Mitgliedsverbände sind etwa 1 Mio. Betriebe mit rund 20 Mio Beschäftigten mit der BDA verbunden

Bergmoser + Höller Verlag AG, Zahlenbilder 236 150   Quelle: BDA Stand: 2014

Die Arbeitgeber sind heute in einer Vielzahl von Verbänden und Vereinigungen organisiert. Einer der wichtigsten Dachverbände ist die Bundesvereinigung der Deutschen Arbeitgeberverbände. Als Tarifpartei gegenüber den Gewerkschaften treten einzelne Arbeitgeber oder die Fachverbände der Bundesvereinigung der Deutschen Arbeitgeberverbände auf.

Arbeitnehmerorganisationen in Deutschland

DGB – Deutscher Gewerkschaftsbund
8 Einzelgewerkschaften mit 6,10 Mio. Mitgliedern

Mitglieder in 1.000 – Ende 2014

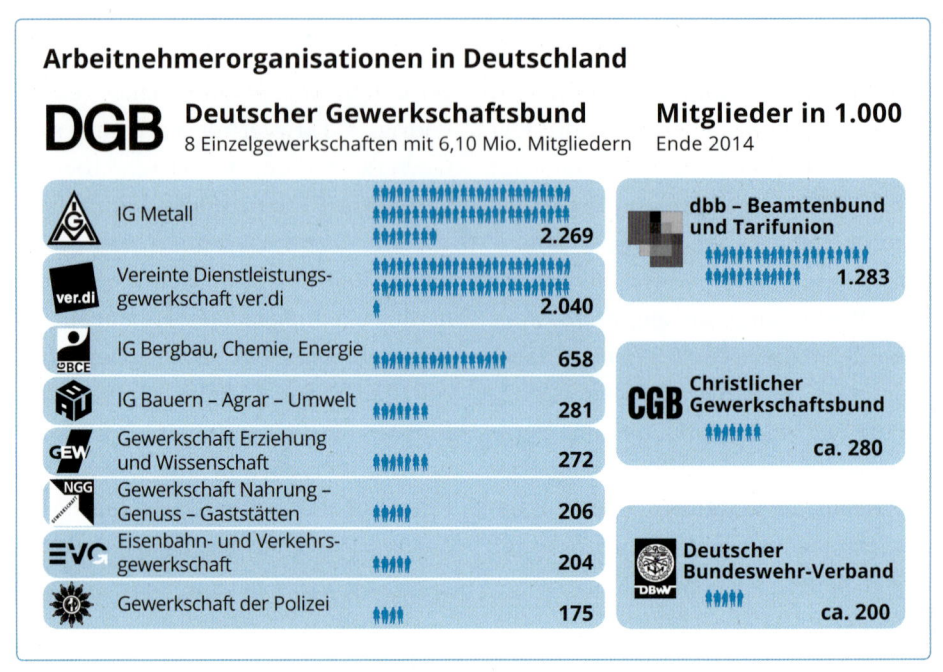

Gewerkschaft	Mitglieder (in 1.000)
IG Metall	2.269
Vereinte Dienstleistungsgewerkschaft ver.di	2.040
IG Bergbau, Chemie, Energie	658
IG Bauen – Agrar – Umwelt	281
Gewerkschaft Erziehung und Wissenschaft	272
Gewerkschaft Nahrung – Genuss – Gaststätten	206
Eisenbahn- und Verkehrsgewerkschaft	204
Gewerkschaft der Polizei	175
dbb – Beamtenbund und Tarifunion	1.283
CGB – Christlicher Gewerkschaftsbund	ca. 280
Deutscher Bundeswehr-Verband	ca. 200

Bergmoser + Höller Verlag AG, Zahlenbilder 240 110

Die Gewerkschaften vertreten die Ansprüche der Arbeitnehmer. Sie sehen ihre Aufgabe vor allem darin, in Tarifverträgen bessere Lohn- und Arbeitsbedingungen zu verankern und die Mitbestimmungsrechte der Arbeitnehmer zu sichern.

M13 Spielregeln für den Arbeitskampf

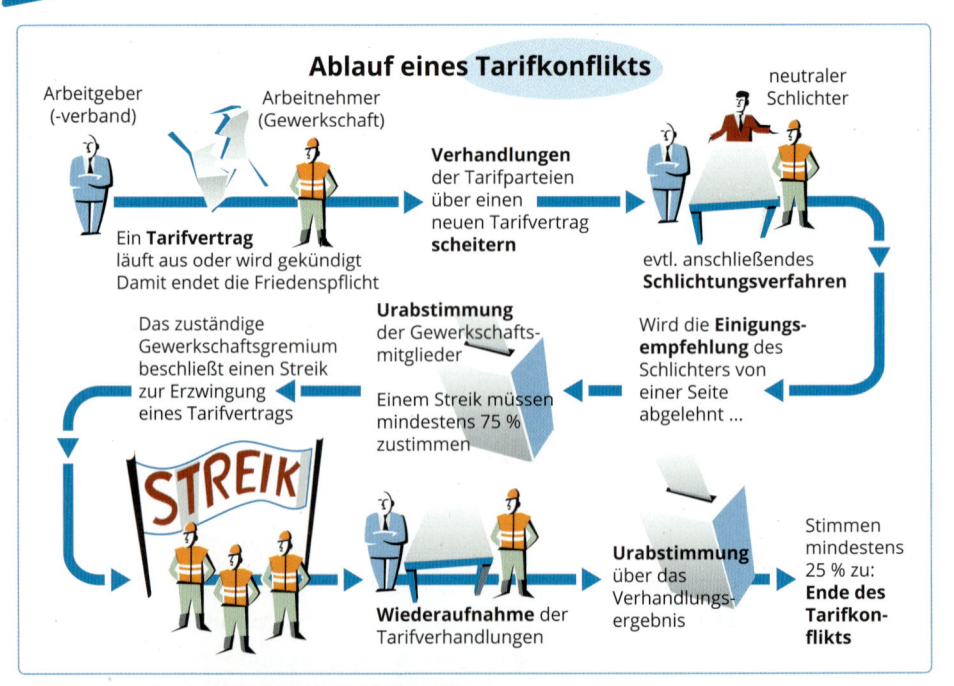

Ablauf eines Tarifkonflikts

- Arbeitgeber (-verband) / Arbeitnehmer (Gewerkschaft)
- Ein **Tarifvertrag** läuft aus oder wird gekündigt. Damit endet die Friedenspflicht.
- **Verhandlungen** der Tarifparteien über einen neuen Tarifvertrag **scheitern**
- evtl. anschließendes **Schlichtungsverfahren** mit neutralem Schlichter
- Wird die **Einigungsempfehlung** des Schlichters von einer Seite abgelehnt ...
- **Urabstimmung** der Gewerkschaftsmitglieder – Einem Streik müssen mindestens 75 % zustimmen
- Das zuständige Gewerkschaftsgremium beschließt einen Streik zur Erzwingung eines Tarifvertrags
- **STREIK**
- **Wiederaufnahme** der Tarifverhandlungen
- **Urabstimmung** über das Verhandlungsergebnis
- Stimmen mindestens 25 % zu: **Ende des Tarifkonflikts**

Bergmoser + Höller Verlag AG, Zahlenbilder 244 108

Erklärfilm „Streik"

Mediencode: 71062-19

Rechtliche Grundlagen für Arbeitskämpfe
Tarifautonomie (Art. 9 Abs. 3 GG und § 2 Abs. 1 Tarifvertragsgesetz)

M14 Kontrovers diskutiert: Argumente in der Lohnpolitik

Der Einfluss der Gewerkschaften

Gewerkschaften verfolgen in Deutschland eine Reihe von Zielen: Dazu gehören Lohnerhöhungen und mehr Mitbestimmung für die Arbeitnehmer, politische Ziele und Umverteilung der Einkommen. Grundsätzlich können Gewerkschaften dafür zwei Wege einschlagen: den Weg über Tarifverhandlungen mit den Arbeitgebern oder über das Einwirken auf politische Entscheidungen der Gesetzgebung. [...] Die Lohnpolitik der Gewerkschaften lässt sich nach Konzepten gliedern: Sie kann

- sich an der Produktivität orientieren,
- versuchen, die Arbeitskosten konstant zu halten,
- versuchen, Löhne stärker zu erhöhen als die Arbeitsproduktivität (expansive Lohnpolitik),
- Vollbeschäftigung anstreben.

Die Reaktion der Arbeitgeber

Wenn die Löhne schneller steigen als die Arbeitsproduktivität, steigen die Lohnstückkosten und sinken die Gewinne der Unternehmen. Kaum anzunehmen, dass Unternehmen das wollen. Mögliche Reaktionen auf eine aggressive gewerkschaftliche Lohnpolitik sind:

1. Überwälzen von Lohnkosten: Steigen die Lohnkosten, können Unternehmen versuchen, über Preiserhöhungen diese gestiegenen Kosten wieder „hereinzuholen". Dabei besteht die Gefahr einer sogenannten Lohn-Preis-Spirale, welche die gesamtwirtschaftliche Stabilität gefährden kann. Der Staat muss dann seine Rolle als Vermittler (Schlichtung) konsequent nutzen, um dies zu verhindern.
2. Mehr produzieren: Dies geht nur, wenn bei den Unternehmen noch ungenutzte Kapazitäten vorhanden sind und die Nachfrage steigt. Dies birgt allerdings die Gefahr einer Inflation.
3. Rationalisieren: Bei höheren Lohnkosten können Unternehmen versuchen, Arbeitskräfte durch vermehrten Einsatz von Kapital zu ersetzen – zum Beispiel durch Maschinen. Die Arbeitslosigkeit wächst.
4. Verlagern der Produktion in Niedriglohnländer: Unternehmen können in Länder mit niedrigeren Löhnen abwandern. Allerdings ist der Lohn nur ein Argument bei der Entscheidung für den Standort. Andere Argumente sind: Produktivität der Arbeitnehmer, Image des Unternehmens, politische Stabilität im Niedriglohnland.
5. Investitionen einschränken: bedeutet wiederum Arbeitslosigkeit.

© 2015 Wirtschaftslexikon.co (10.11.2015)

Arbeitsproduktivität
Arbeitsproduktivität bedeutet, dass sich die Wertschöpfung in Bezug auf den Arbeitseinsatz erhöht hat bzw. das angestrebte Ergebnis mit einer geringeren Menge von Arbeitsstunden erreicht wurde. Einfluss auf die Arbeitsproduktivität haben vor allem technischer Fortschritt und Arbeitsintensität.

Produktivität
Arbeitsergebnis/Arbeitseinsatz

AUFGABEN

1. a) Sortiere die Meldungen über die Tarifverhandlungen in der Metallbranche chronologisch. Ordne die Ereignisse, die genannt werden, anschließend in das Ablaufschema für Tarifkonflikte ein (**M9**, **M13**).
   b) Beurteile das Ergebnis der Verhandlungen (**M9**, **M13**).
2. Erkläre hypothesenartig, warum sich Arbeitgeber und Arbeitnehmer zu großen Interessenverbänden zusammenschließen (**M9** – **M13**).
3. Analysiere ausgehend von **M14** eine aktuelle Tarifauseinandersetzung hinsichtlich der konkreten Ziele der beteiligten Gewerkschaft und der erwiderten Reaktionen der Arbeitgeber.

Rollenspiel – eine Tarifverhandlung durchführen

M15 Worum kämpfen die Piloten? – Was fordert die Lufthansa?

Bis zur Kündigung des entsprechenden Tarifvertrags Ende 2013 war es Lufthansa-Piloten möglich, ab einem Alter von 55 Jahren frühzeitig in Rente zu gehen. Bis die Auszahlung der gesetzlichen Rente begann, erhielten die Piloten dann bis zu 60 Prozent ihrer letzten Bezüge. Das Geld dafür kam aus dem Topf der Lufthansa-Übergangsversorgung.

Teil dieser Regelung war aber auch, dass sich die Piloten spätestens im Alter von 60 Jahren aus dem Cockpit verabschieden mussten. Ein Lufthansa-Kapitän, der länger arbeiten wollte, klagte dagegen und bekam 2011 vom Europäischen Gerichtshof Recht. Die Lufthansa argumentiert, dass damit auch die Rechtsgrundlage für die Frühverrentung der Piloten weggefallen sei. Deshalb kündigte das Unternehmen den Tarifvertrag. Zudem sei die Übergangsversorgung ausschließlich vom Arbeitgeber finanziert – die Lufthansa zahle jedes Jahr acht Prozent des Gehaltes eines Piloten in die Kasse.

Die Piloten verweisen ihrerseits auf immense Belastungen aufgrund langer Arbeitszeiten und wegen vieler Nachtflüge. Dies habe langfristig gesundheitliche Folgen. Vor diesem Hintergrund müsse es Piloten auch künftig möglich sein, selbst zu entscheiden, wann sie sich nicht mehr fit genug fühlten, um ein Flugzeug zu führen.

Die Gewerkschaft widersprach zudem der Darstellung, dass die Übergangsversorgung einseitig von den Arbeitgebern finanziert sei. Vielmehr hätten die Piloten diese durch Lohnverzicht angespart, so VC-Sprecher Jörg Handwerg [...].

Die Pilotengewerkschaft Vereinigung Cockpit pocht [außerdem] auf zehn Prozent mehr Gehalt bei einer Laufzeit von 24 Monaten. Die Lufthansa bietet zunächst eine vom Geschäftserfolg abhängige Steigerung und ab 2016 ein Plus von drei Prozent.

© tagesschau.de, Worum die Piloten kämpfen, www.tagesschau.de, 21.3.2015

M16 Die Verhandlungsführer

Du bist Julia Müller, 48-jährige Juristin, und arbeitest in leitender Position als Tarifexpertin bei der Bundesvereinigung der Deutschen Arbeitgeberverbände (BDA). In dieser Funktion unterstützt du aufgrund deiner langjährigen Verhandlungserfahrungen die Vertreter der Deutschen Lufthansa AG, die auch durch ihren Personalreferenten Peter Maier vertreten wird, während der Tarifverhandlungen. In diesen Verhandlungen wirst du dich vor allem von den folgenden Überzeugungen leiten lassen:
- Die Finanzierung der Übergangsversorgung und höhere Löhne sind für die Lufthansa AG Kosten und mindern den Gewinn und den Spielraum für Investitionen.
- Gehaltserhöhungen müssen als Preiserhöhungen an die Verbraucher weitergegeben werden.
- Höhere Verbraucherpreise vermindern jedoch die Konkurrenzfähigkeit am Markt.

- Um im globalen Wettbewerb vor allem gegen die staatlich finanziell geförderten Airlines aus Asien erfolgreich konkurrieren zu können, müssen alle an einem Strang ziehen.

Im Namen der Deutschen Lufthansa AG gehst du mit folgendem Vorschlag in die Tarifverhandlungen: Der für zwei Jahre gültige Tarifvertrag soll vorsehen, dass die Piloten erst ab 60 Jahren anstelle wie bisher bereits ab 55 Jahren in den Ruhestand gehen können. Eine Lohnsteigerung mit einem maximalen Plus von drei Prozent für die Piloten soll zudem erst ein Jahr nach Abschluss des neuen Tarifvertrags greifen.

Du bist Peter Maier, 54-jähriger Diplom-Wirtschaftsingenieur und Leiter der Personalabteilung der Deutschen Lufthansa AG und in dieser Funktion auch für die Tarifpolitik des Unternehmens verantwortlich. Du vertrittst in den anstehenden Tarifverhandlungen – gemeinsam mit der Vertreterin des Arbeitgeberverbandes – die Lufthansa. Tarifpolitisch wirst du dich während der Verhandlungen vor allem von folgenden Überlegungen leiten lassen:

- Die Lufthansa AG benötigt niedrigere Betriebs- und Lohnkosten, um die dadurch eingesparten finanziellen Mittel für die Weiterentwicklung des Unternehmens im durch hohe Anforderungen geprägten internationalen Luftverkehrsgeschäft flexibel einsetzen zu können. Als Drohpotenzial führst du die Möglichkeit auf, eine neue Billigfluglinie zu gründen, deren Piloten nicht nach dem Konzerntarifvertrag bezahlt werden müssen und dank der geringeren Löhne die Kosten im Vergleich zur Lufthansa AG um 40 Prozent senken würden.
- Um im globalen Wettbewerb vor allem gegen die staatlich finanziell geförderten Airlines aus Asien erfolgreich konkurrieren zu können, müssen alle an einem Strang ziehen.

Hinsichtlich der Ausgestaltung eines neuen Tarifvertrages lehnst du die Beibehaltung des Renteneintrittsalters von 55 Jahren für die Piloten strikt ab, da die Betriebskosten bei 5.000 beschäftigten Piloten dadurch einerseits nicht sinken würden und andererseits die Konkurrenzfähigkeit gegenüber anderen internationalen Fluggesellschaften nicht ansteigen würde.

Du bist Stefan Schulze, 56-jähriger ehemaliger Pilot und Mitglied des Vorstandes von VC (Vereinigung Cockpit). Dein Arbeitsschwerpunkt ist die Tarifpolitik innerhalb der Lufthansa AG. In dieser Funktion unterstützt du aufgrund deiner langjährigen Verhandlungserfahrungen die Piloten, die auch durch die Betriebsrätin Claudia Schmidt vertreten werden, während der anstehenden Tarifverhandlungen. In diesen Verhandlungen wirst du dich vor allem von den folgenden Überzeugungen leiten lassen:

- Die Lufthansa AG trägt die soziale Verantwortung für angemessene Arbeitsbedingungen sowie die Arbeitsplatzsicherheit ihrer gegenwärtigen Beschäftigten.
- Die Piloten tragen aufgrund von langen Arbeitszeiten und zahlreichen Nachtflügen ganz allein das Risiko, gesundheitliche Folgeschäden davonzutragen.
- Gestiegene Lebenshaltungskosten machen Lohnanpassungen erforderlich (Inflationsargument).
- Die gestiegene Produktivität der Arbeitnehmer sollte durch Lohnerhöhungen belohnt werden (Leistungsargument).
- Arbeitgebergewinne und – gerade bei großen Aktiengesellschaften wie der Lufthansa AG – die Gewinne der Aktionäre (Shareholder) sind viel höher als Arbeitnehmerlöhne (Gerechtigkeitsargument) – und zudem stark gestiegen.

Darüber hinaus sind für dich folgende Überlegungen hinsichtlich der Situation bei der Deutschen Lufthansa AG und im internationalen Luftverkehrsgeschäft wichtig:

- Piloten brauchen wegen ihrer immensen Belastung am Arbeitsplatz die Sicherheit, bei körperlichen und seelischen Gebrechen bereits mit 55 Jahren aus dem Berufsleben ausscheiden zu können; die Ausweitung des Renteneintrittsalters von 55 Jahre auf 60 Jahre widerspricht einer solchen Perspektive und mindert die Motivation und das Engagement der Arbeitnehmer.
- Durch frühere Lohnzurückhaltung haben die Piloten dazu beigetragen, dass die Lufthansa AG die Wirtschaftskrise erfolgreich bewältigen konnte; im Gegenzug sollten die Beschäftigten nun dafür belohnt werden.
- Die Arbeitnehmerseite verfügt über eine gute Machtposition: Trotz des globalen Wettbewerbs können die Arbeitsplätze der bereits bei der Lufthansa AG beschäftigten Piloten nicht in nennenswertem Umfang ins Ausland verlagert werden. Aufgrund des hohen Organisationsgrades der Piloten verfügt die Vereinigung Cockpit zudem über ein großes Streikpotenzial. Ein Streik würde der Lufthansa AG bereits in kurzer Zeit Einbußen in Millionenhöhe zufügen.

Im Namen der durch die Vereinigung Cockpit organisierten Piloten gehst du mit folgendem Vorschlag in die Tarifverhandlungen: Eine Anhebung des Renteneintrittsalters von 55 Jahre auf 60 Jahre ist nicht hinnehmbar. Außerdem pochst du auf zehn Prozent mehr Gehalt bei einer tarifvertraglichen Laufzeit von 24 Monaten.

Du bist Claudia Schmidt, 40-jährige Mutter eines Schulkindes, und arbeitest seit zehn Jahren als Pilotin bei der Lufthansa. Als engagiertes Gewerkschaftsmitglied und Betriebsrätin wurdest du von den Piloten zu deren Repräsentantin gewählt und nimmst in dieser Funktion an den anstehenden Tarifverhandlungen teil. In dieser Funktion vertrittst du gemeinsam mit Vereinigung Cockpit-Vorstandsmitglied Stefan Schulze die Interessen der Beschäftigten. Dabei wirst du dich vor allem von den folgenden Überzeugungen und Forderungen leiten lassen:
- Da die Lufthansa in den vergangenen Jahren wenig Personal eingestellt hat, mussten viele Piloten Überstunden ableisten; hierfür forderst du eine zusätzliche Vergütung.
- Aufgrund der immens belastenden Nacht- und Fernstreckenflüge sowie der stark gestiegenen Risiken des internationalen Terrorismus forderst du einen Sonder- und Sicherheitszuschlag auf das Gehalt der Piloten.
- Die gut ausgebildeten Piloten tragen maßgeblich zum Unternehmenserfolg und dem weltweit guten Ruf der Lufthansa AG bei. Als Wertschätzung dieser Leistung forderst du daher eine Garantie, dass die Piloten nach wie vor mit 55 Jahren in den Ruhestand gehen können. Eine Erhöhung des Renteneintrittsalters auf 60 Jahre soll hingegen vom Tisch.

Nach einer Idee von Jan Weber, Praxis Politik 1/2011, S. 42 – 47

M17 Ablauf und Spielregeln des Rollenspiels

An den Tarifverhandlungen nehmen auf Seiten der Arbeitgeber ein Vertreter des Unternehmens Lufthansa AG und die Verhandlungsführerin des Arbeitgeberverbandes sowie auf Seiten der Arbeitnehmer eine Vertreterin der Piloten sowie ein Verhandlungsführer der Gewerkschaft Vereinigung Cockpit teil. Die Gruppe der Protokollanten sorgt für einen reibungslosen und regelkonformen Ablauf der Verhandlungen.

Für die Tarifverhandlungen gilt der folgende Zeitplan:

1. Runde: 2 Min. Redezeit für das Eingangsstatement; je Verhandlungsseite 6 Min. Verhandlungszeit

2. Runde: 2 Min. Redezeit für das Eingangsstatement (ggf. veränderte

Angebote an die Gegenseite); je Vertragsseite 5 Min. Verhandlungszeit

3. Runde: 2 Min. Redezeit für das Eingangsstatement (ggf. veränderte Angebote an die Gegenseite); je Vertragsseite 4 Min. Verhandlungszeit

Jede Verhandlungsrunde wird durch einen der (moderierenden) Protokollanten zusammengefasst (Welche Ergebnisse konnten erzielt werden? Was bleibt offen?). Im Anschluss an jede Verhandlungsrunde haben die Gruppen Gelegenheit, ihre Verhandlungsstrategie zu überdenken und bei Bedarf neu festzulegen (an einem „Strategietisch", 5 Min.). Kommt auch in der 3. Verhandlungsrunde keine Einigung zustande, kann eine Schlichtung mit zwei Verhandlungsrunden eingeleitet werden, für die die Vorgaben der 3. Verhandlungsrunde gelten. Im Falle einer Ablehnung des Schlichterangebotes können erneut zwei weitere Verhandlungsrunden angesetzt werden, für die ebenfalls die Zeitvorgaben der 3. Runde gelten. Diese können möglicherweise von Streiks begleitet werden.

Für die Verhandlungsseiten gelten folgende Regeln:

Die Gewerkschaft/Arbeitnehmer können während der Verhandlungen ihre Forderungen folgendermaßen verändern:

→ Ein Abrücken vom Renteneintrittsalter 55 Jahre ist nur in Halbjahresschritten möglich.

→ Forderungen nach Lohnerhöhungen können in viertel Prozentschritten zurückgenommen werden.

→ Forderungen nach einer Sonder- und Sicherheitszulage können nur nacheinander und nicht auf einmal zurückgenommen werden.

Die Arbeitgeber können während der Verhandlungen ihre Angebote folgendermaßen anpassen:

→ Ein Abrücken vom geforderten neuen Renteneintrittsalter 60 Jahre ist nur in Halbjahresschritten möglich.

→ Angebote für Lohnerhöhungen können in viertel Prozentschritten angehoben werden.

→ Eine vom Geschäftserfolg abhängige angebotene Steigerung des Gehalts vor dem Jahr 2016 wird nur bei einem Entgegenkommen der Gewerkschaft/Arbeitnehmer im Bereich „Sonder- und Sicherheitszulage" aufrechterhalten.

Nach einer Idee von Jan Weber, Praxis Politik 1/2011, S. 42 – 47

AUFGABEN

1. Bereitet euch mithilfe der Rollenkarten (M16) auf das Rollenspiel vor, indem ihr
   - euch mit den Argumenten eurer Rolle vertraut macht,
   - euch mit dem Ablauf von Tarifverhandlungen (M13) vertraut macht und darauf aufbauend,
   - eine Verhandlungsstrategie entwickelt (Leitfragen: Was sind unsere Minimalziele, auf die wir keinesfalls verzichten werden? Wo könnten wir unseren Verhandlungspartnern entgegenkommen?),
   - für den ersten Verhandlungstag ein maximal zweiminütiges Eingangsstatement entwickelt, in dem ihr eure Forderungen und deren wesentliche Begründung verdeutlicht und
   - einen Gruppensprecher bestimmt, der eure Rolle im Rollenspiel vertritt.

2. Führt das Rollenspiel entsprechend des Ablaufplans und der Spielregeln durch (M17).

3. Prüft, inwieweit sich euer Verhandlungsergebnis einer realistischen Einigung angenähert haben könnte. Analysiert in diesem Zusammenhang, welche Konfliktpartei sich aus welchen Gründen eher durchgesetzt hat (M15 – M17).

4. Beurteilt euer Verhandlungsergebnis zuerst aus den Perspektiven der Konfliktparteien und danach aus gesamtbetrieblicher Sicht.

WAS WIR WISSEN

Unternehmensführung
M1 – M3

In Deutschland ist das Einzelunternehmen vorherrschend. Es wird geleitet von einer einzelnen Person, dem Einzelunternehmer: Er handelt selbstständig und auf eigenes Risiko. Der Unternehmer setzt die Unternehmensziele, plant die Maßnahmen, mit denen die Ziele erreicht werden sollen, organisiert deren Umsetzung und kontrolliert die Ergebnisse. Von ihm wird erwartet, dass er vertraute Routinen verlässt und neue Lösungen durchsetzt, um die Existenz des Unternehmens auf Dauer zu sichern. Stark hierarchische Strukturen werden immer mehr durch flache Hierarchien und neue Arbeitsformen wie Projekt- und Teamarbeit abgelöst. Dies geht einher mit einer größeren Verantwortung und steigenden Anforderungen an den einzelnen Mitarbeiter.

Rechtsformen
M4, M5

Unternehmen sind nach festgelegten Regeln organisiert, sie haben eine bestimmte Rechtsform. Diese kann frei gewählt werden. Die Rechtsformen unterscheiden sich z. B. hinsichtlich der Finanzierungsmöglichkeiten und der Haftung. So sind je nach Rechtsform die Möglichkeiten zur Aufnahme neuen Eigen- oder Fremdkapitals eingeschränkt oder auch – wie im Fall von Aktiengesellschaften, die an die Börse gehen können – erweitert. Bei Personengesellschaften und Einzelunternehmen umfasst die Haftung, anders als bei Kapitalgesellschaften, neben dem Betriebsvermögen auch das gesamte Privatvermögen der Eigentümer.

Betriebsrat
M7, M8

Mitarbeiter und Unternehmens- oder Betriebsleitung haben oft auch unterschiedliche Interessen, wenn es um die Gestaltung von Arbeitsverhältnissen geht. Besonders konfliktträchtig sind dabei Personalfragen, insbesondere bei Kündigungen und Fragen der Arbeitszeitregelung. Die Interessenvertretung der Arbeitnehmer im Betrieb ist der von den Arbeitnehmern gewählte Betriebsrat. Betriebe ab fünf Mitarbeitern müssen laut Betriebsverfassungsgesetz auf Wunsch der Belegschaft einen Betriebsrat einrichten. Dieser hat abgestufte Rechte der Mitwirkung in wirtschaftlichen, personellen und sozialen Angelegenheiten. Die Mitbestimmung im engeren Sinn besteht im Zustimmungsrecht (z. B. bei Einstellungen) und im Mitbestimmungsrecht (z. B. bei der täglichen Arbeitszeit). Bei Kündigungen muss der Betriebsrat angehört werden.

Tarifkonflikte
M10 – M17

In einem Unternehmen haben Arbeitgeber und Arbeitnehmer das gemeinsame Interesse am Erfolg des Unternehmens. Wenn es um die Verteilung des erwirtschafteten Gewinns oder um die Folgen wirtschaftlicher Misserfolge geht, unterscheiden sich die Interessen jedoch. In der Öffentlichkeit werden besonders die Auseinandersetzungen um die Bezahlung von Arbeitskräften, die Tarifkonflikte, wahrgenommen. Gewerkschaften und Arbeitgebervereinigungen haben das Recht, ohne staatliche Einmischung Tarifverträge auszuhandeln (Tarifautonomie). Diese Tarifverhandlungen bestehen aus zahlreichen Schritten, in denen die Tarifparteien versuchen, ihre Interessen durchzusetzen. Endergebnis dieser Verhandlungen sind Tarifverträge, die für den Zeitraum eines oder mehrerer Jahre Löhne und Arbeitsbedingungen ganzer Wirtschaftszweige regeln.

WAS WIR KÖNNEN

1. Welche Rolle spielt der Staat bei der Gestaltung der Arbeitsbeziehungen in Deutschland?

a) Der Staat regelt die Gestaltung der Arbeitsbeziehungen in Deutschland.

b) Der Staat hält sich bei der Gestaltung der Arbeitsbeziehungen in Deutschland zurück.

c) Der Staat verhält sich mal so, mal so.

2. Für das Zusammenwirken von Arbeitgebern und Arbeitnehmern gilt:

a) Die Bearbeitung der Konflikte zwischen beiden Seiten liegt allein in den Händen dieser beiden Gruppen.

b) Die Bearbeitung der Konflikte zwischen beiden Seiten liegt in der Hand des Staates.

c) Die Bearbeitung der Konflikte zwischen beiden Seiten liegt in den Händen der beiden Gruppen und des Staates.

3. Die Mitbestimmungsrechte des Betriebsrates gehen besonders weit ...

a) bei wirtschaftlichen Entscheidungen.

b) bei sozialen und personellen Angelegenheiten.

c) bei Fragen der Produktpreisgestaltung.

4. Warum sieht das Arbeitsrecht Schutzrechte für die Arbeitnehmer vor?

a) Weil der einzelne Arbeitnehmer in einer gegenüber dem Arbeitgeber schwächeren Position ist.

b) Weil es in Deutschland grundsätzlich Vertragsfreiheit gibt.

c) Damit es eine ausgewogene Machtbalance zwischen Arbeitgeber und Arbeitnehmer gibt.

5. Welchen Faktoren wird häufig ein Einfluss auf die Höhe der Tariflohnerhöhungen nachgesagt?

a) der Entwicklung der Produktivität

b) der Entwicklung der Börsenkurse

c) der Entwicklung des Preisniveaus

6. Wie verändert sich die Machtposition der Arbeitnehmerorganisationen bei hoher Arbeitslosigkeit?

a) Ihre Position verbessert sich, da nun mehr Arbeitskräfte zur Verfügung stehen.

b) Ihre Position verschlechtert sich, da sich Arbeitgeber durch einen zu starken Lohnanstieg veranlasst sehen, weitere Arbeitsplätze abzubauen.

c) Ob hohe oder niedrige Arbeitslosigkeit spielt für die Arbeitnehmerorganisationen bei Tarifverhandlungen keine Rolle.

Aufgabe
Bestimmt jeweils die richtige(n) Antwort(en) auf die Fragen.

What does Europe mean to you?

Was bedeutet Europa für mich? Dieser Frage stellten sich spontan sechs junge Leute aus verschiedenen Teilen Europas während eines internationalen Schultreffens im Rahmen des Elvis-Projektes in Ås, Norwegen, vom 11. bis zum 14. März 2012 am Rande der Konferenz.

The European Union does not really mean that much to me. [...] I do not see how the European Union can affect you in a big way.

Jerrel, Gulpen, Niederlande

It was Europe who gave us a chance to participate in the Elvis projects in which different schools from all over Europe are working together.

Jonas, Westerloo, Belgien

Europe should be the mother of all the little nations so that she can coordinate them in times of trouble like an economic crisis.

Marco, Lecce, Italien

Europe is full of cultures and different religions. I´m very glad to have the European Union, so that we can travel to each others' countries to open up our minds.

Isabell, Enger, Deutschland

It´s a big community having a free trade in which the Europeans are working together and in which they look after each other.

Lianne, Wroughton, England

Europe is different countries with different cultural backgrounds mixed together. History was and is really important to Europe. It will influence on how Europe will be like in the future.

Hannah, Ås, Norwegen

Wahlpflicht 2: Leben und Arbeiten in der Europäischen Union

„Die EU ist so weit weg, das geht mich nichts an!" Stimmt diese Feststellung wirklich oder haben wir viel mehr mit Entscheidungen der Europäischen Union zu tun als wir denken? In diesem Kapitel erfahrt ihr, inwiefern uns die EU im Alltag umgibt.

KOMPETENZEN

Am Ende des Kapitels solltet ihr Folgendes können:
- Beispiele für Einflussnahmen der EU auf das Alltagsleben in den Mitgliedstaaten nennen
- die Europäische Union als möglichen Rahmen individueller und beruflicher Lebensplanung kennen

WAS WISST UND KÖNNT IHR SCHON?

1. Notiert in Einzelarbeit ausgehend von den Statements auf der linken Seite ein eigenes Statement, in dem ihr darstellt, was Europa und insbesondere die Europäische Union für euch persönlich bedeutet.
2. Vergleicht eure Statements in Kleingruppen.
3. Ordnet die Inhalte in positive und negative Einstellungen zur EU und sortiert nach Themenschwerpunkten.

Leben in Europa – gibt es eine europäische Jugend?

M1 Freizeit in Europa

Studenten aus fünf Nationen bei einer Party im Rahmen des Erasmus-Programms in Groningen

Flashmob zu Ehren von Michael Jackson in Paris

DreamHack (LAN-Party) in Jönköping/Schweden

Kissenschlacht unter Jugendlichen am Internationalen Tag der Kissenschlacht in Bologna

Desiderius Erasmus von Rotterdam (1466 – 1536) war ein bedeutender niederländischer Gelehrter. Nach ihm wurde das ERASMUS-Programm für Studenten in der Europäischen Union benannt.

M2 Was eint, was trennt die Jugend Europas?

„Die Pfade werden kurviger", der französische Soziologe Vincenzo Cicchelli über die Jugend Europas, was sie eint, was sie trennt – und woran sie sich in diesen unsicheren Zeiten orientieren kann.

Le Monde: Haben die jungen Europäer eine gemeinsame Kultur?
Cicchelli: Ja. Die Jugendlichen hören die gleiche Musik – Rock, Pop, Rap –, sie lesen die gleichen Comicbücher, tragen die gleiche Kleidung, spielen die gleichen Videospiele, und sie machen ausgiebig Gebrauch von den neuen Kommunikationsmitteln: Internet, Chat, SMS, soziale Netzwerke. Es ist eine Kultur des Kontakts, unmittelbar und abgeschirmt von den

Eltern, die sich entfalten konnte, weil die Familie sie zugelassen hat, sie selber nutzt und weil die Erziehung sich vor allem stark verändert hat. Sie ist nicht mehr an Autorität gebunden, sondern an eine ausgehandelte Autonomie. Alle Untersuchungen zeigen, dass Junge und Erwachsene nunmehr gemeinsame Werte haben, die weder der religiöse Glaube noch der Gehorsam sind, sondern die Autonomie, der Respekt vor anderen, die Toleranz, die Sorge um sich.

Le Monde: Führen die Jugendlichen also von einem Ende zum anderen Europas das gleiche Leben?

Cicchelli: Nein, die Unterschiede zwischen den Ländern bleiben unverkennbar. Skandinavien zum Beispiel ist geprägt von einer starken Vorstellung von Autonomie, mit einem frühzeitigen Weggang von den Eltern, aber mit einem staatlich geförderten Studium: diese lange Zeitspanne vor dem Eintritt ins Berufsleben wird positiv erlebt, wie eine Experimentierphase, in der die Jugendlichen reisen, arbeiten, studieren können. In den südlichen Ländern ist es hingegen die Familie, die das Studium finanziert, den Kindern hilft, sich niederzulassen, was erklärt, warum sie das Elternhaus später verlassen. Aber heute erschüttert diese Generation eine massive Arbeitslosigkeit, die mehr als die Hälfte der jungen Spanier betrifft, 30 Prozent der Italiener. Und es ist kein Zufall, dass man in diesen Ländern ‚die Empörten' trifft, die ‚eine Arbeit, eine Zukunft' wollen. Frankreich nimmt eine Mittelstellung ein, wo der Staat das Studium finanziert und ein Wohngeld zahlt, das die familiären Zuschüsse ergänzt. Großbritannien hat eine Sonderstellung, aufgrund seiner liberalen Option, die die jungen Leute drängt, sich finanziell sehr früh selbst zu tragen und sich für kurze, übrigens teure, Studien zu entscheiden – auch wenn die Krise dieses Modell verändert.

Le Monde: Erasmus und die immer häufigeren Aufenthalte in den Ländern Europas – tragen sie dazu bei, eine neue Kultur zu formen?

Cicchelli: Ein bisschen, aber Erasmus betrifft sehr wenige Studenten, weniger als zwei Prozent. Die Austausche tragen gleichwohl dazu bei, ein Generationsbewusstsein zu entwickeln. Es entsteht auch ein europäischer Markt des Studiums und der Diplome, mit Studenten, die ihre Abschlüsse jenseits der Grenzen ihres Heimatlandes machen.

Interview von Isabelle Rey-Lefebvre mit Vincenzo Cicchelli, Süddeutsche Zeitung, 31.5.2012, S. 15

ERASMUS

Das Programm ERASMUS richtet sich an **Hochschulen** und ist auf die Lehr- und Lernbedürfnisse von Studierenden ausgerichtet. Auch Einrichtungen und Organisationen, die allgemeine oder **berufliche Bildungslehrgänge mit Fachhochschulniveau** anbieten, können sich beteiligen. Das Programm ist mit einem Etat von **3,114 Milliarden Euro** ausgestattet. Ziel war es, bis 2013 drei Millionen Studierenden die Möglichkeit zu geben, einen Teil ihres Studiums im Ausland zu absolvieren.

Nationale Agentur für ERASMUS

ist der Deutsche Akademische Austauschdienst (DAAD)
→ *http://eu.daad.de*

🇫 Informiert euch über europäische Bildungsprogramme. Ladet dazu ehemalige Praktikanten und Studenten ein und befragt diese nach ihren Erfahrungen.

🇫 Erläutere die Voraussetzungen, die staatliche Hochschulen in der EU erfüllen müssten, damit tatsächlich ein „europäischer Markt des Studiums entsteht" bzw. ausgebaut wird (**M2, Z. 73 ff.**).

AUFGABEN

1. Stellt in einer Tabelle, ausgehend von **M1**, **M2** und euren Erfahrungen mit Jugendaustauschen oder Studienfahrten, Gemeinsamkeiten und Unterschiede jugendlicher Lebenswelten in Europa gegenüber.

2. Stelle zusammen, welche Vorteile ein Praktikum, ein Auslandsjahr oder ein Studium im Ausland bringen kann.

Arbeiten, zur Schule gehen und Studieren in der Europäischen Union

M3 Zur Ausbildung ins EU-Ausland

Deutsche Auszubildende in Schweden

Unterwegs in den schwedischen Wäldern. Und das mit riesigen Forstmaschinen wie Harvester oder Forwarder. Für vier angehende Forstwirte und eine angehende Forstwirtin aus Schleswig-Holstein und Hamburg wurden die sieben Wochen, die sie über Erasmus+ in Schweden verbrachten, zum Abenteuer. Dabei gab es neben der Arbeit mit den Großmaschinen auch eine zweiwöchige Rundreise mit Betriebsbesichtigungen und Exkursionen sowie einen einwöchigen Schulaufenthalt an der Partnerschule vor Ort. Für [zwei Auszubildende] ging es nach Svenljunga, eine Kleinstadt 95 Kilometer östlich von Göteborg. [...] „Dort können unsere Auszubildenden Erfahrungen machen, die in Deutschland in dieser Form nicht möglich sind", erläutert Dr. Borris Welcker [...]. Dabei eröffnet sich den deutschen Forstwirtinnen und -wirten einerseits die Möglichkeit zum Einblick in die Großmaschinentechnik, andererseits lernen sie neue Formen der Waldbewirtschaftung und weitere Herausforderungen kennen. Das, so Welcker, erweitere ihren persönlichen und fachlichen Horizont und verbessere ihre Chancen auf dem Arbeitsmarkt.

Manfred Kasper, www.na-bibb.de, 12.10.2016

In der EU können sich alle, Arbeitskräfte, Touristen, Rentner ..., frei bewegen und niederlassen – genauso auch Auszubildende. Es gibt ein spezielles EU-Programm [...], das die Ausbildung über europäische Grenzen hinweg mit Geld und organisatorischer Unterstützung fördert. Über 8.000 junge Leute aus Deutschland machen davon jedes Jahr Gebrauch und absolvieren einen Teil ihrer Lehre in einem anderen Land.

Das Programm arbeitet mit Unternehmen und Institutionen zusammen. So entstehen Projekte, für die sich junge Leute (Auszubildende, junge Arbeitnehmer, aber auch junge Arbeitslose) bewerben können.

Das kostet vielleicht am Anfang etwas Überwindung, sich auf ein solches Projekt in einem anderen Land einzulassen. Aber die Erfahrungen, die die Jugendlichen machen, sind sehr positiv.

Auch bei Studenten wird die Mobilität gefördert. Hierfür gibt es das Erasmus-Programm. Es bietet Studierenden die finanzielle und organisatorische Unterstützung eines Auslandsaufenthaltes an einer europäischen Partnerhochschule. Durch ein europäisches Punktesystem ist sichergestellt, dass die Leistungen im Ausland auch auf das Studium zu Hause angerechnet werden.

Eckart D. Stratenschulte, Europa. Das Wissensmagazin für Jugendliche, S. 8

M4 Ein Austauschjahr in den Niederlanden

Jonas, als Austauschschüler bist du für einen längeren Zeitraum von Deutschland in die Niederlande umgezogen. Welche Vorteile hatte es dabei für dich, dass du innerhalb der Europäischen Union umgezogen bist?

Es war sehr praktisch, dass ich in der EU geblieben bin, so musste ich mir vorher kein Visum ausstellen lassen, denn ein einfacher Reisepass oder sogar ein Personalausweis reichen aus. So war die Anmeldung in der Gemeinde kein Problem. Außerdem gibt es innerhalb der EU weniger Probleme mit dem Bezahlen, da die meisten Länder den Euro haben, so auch die Niederlande. [...]

Vor Ort hast du viele Kontakte in der Gastfamilie, der Schule und dem Sportverein. Fühlst du dich dabei als Deutscher, Niederländer „auf Zeit" oder als Europäer?

Eigentlich fühle ich mich ein bisschen als alles. Für mich selbst bin ich ein Niederländer auf Zeit, da ich hier lebe, fast nur Niederländisch spreche und mich echt gut in die niederländische Kultur eingelebt habe. In den Momenten, in denen ich durch Facebook oder Skype Kontakt nach Deutschland habe, fühle ich mich auch deutsch. [...] Als ich einen Tag mit meinem Gastbruder und seinen Cousins und Cousinen in Belgien war, habe ich mich sehr europäisch gefühlt.

Was heißt es für dich konkret, wenn du dich „europäisch" fühlst? Was macht für dich „Europa" aus?

Europäisch sein heißt für mich, dass ich fühle, dass ich überall in Europa willkommen bin und dass man auch sieht, wie Europa zusammenwächst. Das macht Europa für mich auch aus: offene Grenzen, ein bisschen Gastfreundschaft und einfach der Zusammenhalt, der zwischen vielen Ländern herrscht, aber auch noch vergrößert und ausgeweitet werden kann. Europäisch leben heißt, dass man sich nicht nur in seinem eigenen Land zu Hause fühlt, sondern überall in Europa, und dass es nicht nur um das Wohl des eigenen Landes geht, sondern um das Wohl in ganz Europa.

Interview: Jan Weber, Die Europäische Union – Errungenschaften und Herausforderungen, Bamberg 2012, S. 9

Jonas (16, rechts) mit seinem Gastbruder Jeroen

AUFGABEN

1. Arbeite heraus, was für Jonas ein „gemeinsames Europa" ausmacht (**M4**).
2. Beurteile, ob du selbst einen Ausbildungsabschnitt im Ausland absolvieren würdest (**M3**)?
    a) Fertige eine Liste mit Argumenten an.
    b) Vergleicht eure Ergebnisse in der Klasse und diskutiert über die Möglichkeiten.
3. Die EU führt in allen Mitgliedsländern regelmäßig Meinungsumfragen zu zentralen Europathemen durch. Führt eine ähnliche Umfrage in der Klasse durch. Ihr könnt die Meinung der Klasse anschließend mit der Haltung in der Gesamtbevölkerung vergleichen (→ http://ec.europa.eu/public_opinion).

WAS WIR WISSEN

Jugendliche in Europa
M2

Die Lebensstile der Jugendlichen in Europa gleichen sich auf der einen Seite immer stärker an. Von einer einheitlichen europäischen Jugendkultur im Rahmen der Europäischen Union kann man auf der anderen Seite jedoch noch nicht sprechen, weil sich die wirtschaftlichen und kulturellen Lebensverhältnisse von Jugendlichen in den europäischen Ländern zum Teil immer noch erheblich voneinander unterscheiden.

Arbeiten, zur Schule gehen und Studieren in der EU
M3, M4

In vielen Bereichen haben sich die Lebensrealitäten der Jugendlichen innerhalb der Europäischen Union bereits angeglichen. Dazu tragen auch vielfältige Möglichkeiten, Ausbildung und Studium im europäischen Ausland zu absolvieren und die Anerkennung von Abschlüssen in der EU bei.

Die Gestaltung des EU-Binnenmarktes zum Nutzen der EU-Bevölkerung ist allerdings ein kontinuierlicher Prozess, der stets aufs Neue zwischen den zuständigen EU-Organen und den Nationalstaaten ausgehandelt wird. So gibt es immer wieder unterschiedliche Vorstellungen in den Mitgliedsländern über Reichweite und Ausgestaltung von EU-Regelungen. Obwohl bspw. Bildung und Ausbildung wichtige Zukunftsbereiche sind, erkennen Österreich, Griechenland, Finnland und Portugal bestimmte Berufsqualifikationen aus anderen Mitgliedstaaten immer noch nicht an. In diesem EU-Politikfeld sind daher weitere Integrationsschritte nötig: von der Anerkennung von Bildungsabschlüssen, einheitlichen Standards für Bewerbungen bis zu Kooperationen von Schulen und Universitäten über nationale Grenzen hinweg.

WAS WIR KÖNNEN

Durch den Tag mit Familie Schmitz ...

Familie Schmitz hat vier Mitglieder: Die Eltern Gerda und Werner und die Töchter Lena und Laura.

6.35 Uhr

Während Werner den Frühstückstisch deckt, eilt Gerda ins Bad. Das Leitungswasser, mit dem Gerda sich jeden Morgen die Zähne putzt, muss selbstverständlich gesund und sauber sein. Europa legt daher Qualitätsnormen fest, denen das Trinkwasser entsprechen muss. Kosmetikprodukte finden erst nach strengen Kontrollen ihren Weg in Gerdas Badezimmer. Die EU-Rechtsvorschriften garantieren, dass Gerdas Pflegeprodukte keine schädlichen Stoffe enthalten, und verpflichten den Hersteller, die Zusammensetzung des Produkts deutlich anzugeben. Gerda ist allergisch gegen bestimmte Geruchsstoffe. Da auf dem Etikett die Inhaltsstoffe von parfümierten Kosmetikprodukten detailliert aufgeführt werden müssen, kann Gerda im Supermarkt eine wohlüberlegte Wahl treffen und so unangenehme allergische Reaktionen vermeiden. Als Tierfreundin findet sie es übrigens gut, dass die EU Tierversuche für Kosmetik seit 2009 vollständig verboten hat.

6.50 Uhr

Werner rührt in seinem Kaffee. Über die Reduzierung oder Abschaffung von Einfuhrzöllen, beispielsweise für Kaffeebohnen, versucht die Europäische Union, die Entwicklung von armen Ländern zu fördern. Sie tut dies auch, indem sie faire Handelspraktiken unterstützt und Produkten mit einem „Fair Trade"-Label den Zugang zum europäischen Markt erleichtert.

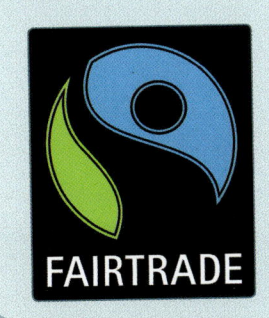

WAS WIR KÖNNEN

7.40 Uhr

Morgens muss Lena sich immer beeilen. Keuchend kommt sie am Bahnhof an und rennt die Treppen zum Bahnsteig hoch. Der Zug steht noch nicht auf dem Gleis, denn er „...wird voraussichtlich fünf Minuten später eintreffen", wie eine nasale Stimme bekannt gibt. Die EU will Zugreisenden mehr Rechte geben. So setzen sich zahlreiche Abgeordnete des Europäischen Parlaments für eine Entschädigungszahlung ein, wenn ein Zug viel Verspätung hat oder „heute ausnahmsweise nicht verkehrt". Die Belgische Eisenbahngesellschaft hat bereits eine solche Entschädigungsregelung. Wenn die Dienstleistungen der Bahn sich verbessern, benutzen auch wieder mehr Menschen den Zug, was dann wiederum zu weniger Verkehrsbelastung und Luftverschmutzung führt.

9.05 Uhr – im Büro

„Hey Gerda, schönes Wochenende gehabt?", fragt ihr dänischer Kollege Hans auf dem Weg zum Kaffeeautomaten.
– „Ja, ich war mit Werner im Kino."
– „Welchen Film habt ihr euch angeschaut?"
– „Den neuesten von Almodóvar ..."
Europa unterstützt die Verbreitung von europäischen Filmen außerhalb des Herstellungslandes. Durch die vielen Sprachen in Europa gelangen Filme aus dem eigenen Land häufig nur schwer in ausländische Kinos. Mit Beihilfen will die EU auch etwas gegen die vorherrschende Stellung von importierten Filmen unternehmen.

12.00 Uhr

Mittags isst Gerda immer in der Kantine. Heute Mittag steht Steak auf der Speisekarte. Dank der EU ist dieses völlig hormonfrei, denn der Einsatz von Wachstumshormonen in der Viehzucht ist in Europa verboten. Außerdem darf mit Hormonen behandeltes Fleisch nicht eingeführt werden.

WAS WIR KÖNNEN

Am Abend – 17.30 Uhr

Cäsar, der Hund von Familie Schmitz, wedelt eifrig mit dem Schwanz. Er ist nicht mehr zu halten und will nach draußen zu seinem täglichen Spaziergang. Werner und Cäsar laufen gemeinsam ein paar Runden im Wald. „Cäsar hält Werner fit", sagt Gerda immer. Werner träumt davon, einmal einen Marathon zu laufen, und einen besseren Konditionstrainer als Cäsar kann er sich eigentlich nicht vorstellen. Vor einigen Wochen hat Werner Cäsar im Wald verloren. Nach stundenlangen, zunächst vergeblichen Suchen wurde Cäsar schließlich vom Förster gefunden. Anhand des Identifikationschips in Cäsars Nacken konnte der Tierarzt seine „Heimatadresse" lesen. Cäsar trägt diesen Chip seit letztem Jahr, als Gerda und Werner im Urlaub nach Südfrankreich gefahren sind. Haustiere, die innerhalb der EU mit verreisen, müssen laut EU-Vorschrift – in Form eines Mikrochips oder einer Tätowierung – gekennzeichnet sein. So können auch Fälle von Tierquälerei leichter aufgeklärt oder Eigentümer bissiger Hunde ermittelt werden.

19.15 Uhr

Nachdem Gerda und Werner die kleine Laura ins Bett gebracht haben, lassen sie sich aufs Sofa vor dem Fernseher fallen. Ende der 1980er-Jahre wurde der Fernsehmarkt in Europa liberalisiert, und das merken Gerda und Werner sofort, wenn sie per Fernbedienung das breite Angebot erkunden. Die Liberalisierung brachte auch den Beginn des kommerziellen Fernsehens in Belgien. Das Aufkommen so vieler neuer Fernsehsender sorgte wiederum für neue europäische Rechtsvorschriften, unter anderem um Kinder vor erotischen oder extrem gewalttätigen Programmen zu schützen. Diese dürfen nur spät am Abend gesendet werden; vorab muss eine deutliche Warnung eingeblendet werden.
– „Werner, heute Abend zeigen sie den Film «Die spanische Herberge» über die Erlebnisse einiger Erasmus-Studenten in Barcelona", sieht Gerda im Programmheft.
– „Hört sich gut an, aber können wir nicht lieber die DVD ausleihen? Ich ärgere mich nämlich über die lästige Werbung zwischendurch..."
Europa versucht, die Zahl der Werbeunterbrechungen einzuschränken. So darf ein Sender höchstens zwölf Minuten Werbung pro Stunde ausstrahlen.

Nach: Davy Geens, Europa – Spuren im Alltag, www.dglive.be (8.11.2016)

Aufgaben
1. Informiert euch über den Alltag der Familie Schmitz. Zählt auf, wo sie überall mit der EU in Kontakt kommt.
2. Reflektiert anschließend euren eigenen Alltag: Beschreibt, wo es bei euch Bezüge zur EU gibt. Schaut euch dazu Produkte, die ihr benutzt, genauer an, ob dort irgendwelche Hinweise auf die EU zu finden sind und recherchiert dann, was es damit genau auf sich hat. Interessant könnte hierbei auch ein Besuch im Supermarkt sein.
3. Nehmt abschließend Stellung dazu, inwiefern euch die EU im Alltag umgibt.

Namenstafel an der Völkermord-Gedenkstätte in Potocari in der Nähe von Srebrenica

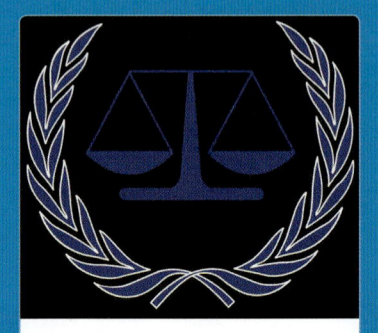

Emblem des Internationalen Strafgerichtshofs

Skulptur von José Antonio Elvira über die Situation der Gefangenen im US-Gefangenenlager Guantanamo auf Kuba

Wahlpflicht 3: Internationales Recht

Für die Geltung der Menschenrechte [...] bildet der 26. Juni 1945 die entscheidende Zäsur, der Tag, an dem [...] die 51 Gründungsmitglieder der Vereinten Nationen (UN) die Charta der Weltorganisation annahmen. Im zweiten Absatz der Präambel der Charta bekräftigten die „Völker der Vereinten Nationen" ihren „Glauben an die grundlegenden Menschenrechte, an Würde und Wert der menschlichen Person, an die gleichen Rechte von Männern und Frauen". Gemäß Artikel 1 Nr. 3 der Charta ist es eines ihrer Ziele, „die Achtung vor den Menschenrechten und Grundfreiheiten für alle ohne Unterschied der Rasse, des Geschlechts, der Sprache oder der Religion zu fördern und zu festigen". Doch wer kontrolliert eigentlich, ob die Menschrechte und die internationale Rechtsordnung weltweit eingehalten werden? Und wer bestraft, wenn es zu einem Regelbruch kommt?

Nach: Bardo Fassbender, www.bpb.de, 31.10.2008

KOMPETENZEN

Am Ende des Kapitels solltet ihr Folgendes können:
- die Bedeutung der Menschenrechte als Grundlage internationaler Rechtsnormen erklären
- Urteile internationaler Rechtsprechung bewerten
- den Aufbau und die Arbeitsweise des IStGH erläutern

WAS WISST UND KÖNNT IHR SCHON?

Ergänzt folgenden Satz in Einzelarbeit: „Menschrechte bedeuten für mich ..." Für eure Formulierungen könnt ihr bspw. die Begriffe Leben, Gesundheit oder Freiheit verwenden.

Was sind Menschenrechte?

M1 Menschenrechte in Bildern

Das universelle Logo für Menschenrechte verbindet die Silhouette einer offenen Hand mit der eines Vogels (Friedenstaube) und soll als friedlicher Beitrag zur Stärkung der Menschenrechte verstanden werden und als solcher über alle Kultur- und Sprachengrenzen hinweg Verbreitung finden.

Die Vertreter der Vereinten Nationen aus allen Regionen der Welt haben am 10. Dezember 1948 die Allgemeine Erklärung der Menschenrechte formell angenommen.

Beschriftung am Gebäude des österreichischen Parlaments in Wien

M2 Auszug aus der Menschenrechtskonvention

Artikel 1: *Alle Menschen sind frei und gleich an Würde und Rechten geboren.*

Artikel 2: *Jeder hat Anspruch auf alle in dieser Erklärung verkündeten Rechte und Freiheiten, ohne irgendeinen Unterschied, etwa nach Rasse, Hautfarbe, Geschlecht, Sprache, Religion, politischer oder sonstiger Anschauung, nationaler oder sozialer Herkunft, Vermögen, Geburt oder sonstigem Stand.*

Artikel 3: *Jeder hat das Recht auf Leben, Freiheit und Sicherheit der Person.*

Artikel 5: *Niemand darf der Folter oder grausamer, unmenschlicher oder erniedrigender Behandlung oder Strafe unterworfen werden.*

Artikel 7: *Alle Menschen sind vor dem Gesetz gleich.*

Artikel 26: *1. Jeder hat das Recht auf Bildung.*

Artikel 10: *Jeder hat [...] Anspruch auf ein gerechtes und öffentliches Verfahren vor einem unabhängigen und unparteiischen Gericht.*

Artikel 14: *Jeder hat das Recht, in anderen Ländern vor Verfolgung Asyl zu suchen und zu genießen.*

Artikel 16: *[...] Eine Ehe darf nur bei freier und uneingeschränkter Willenseinigung der künftigen Ehegatten geschlossen werden.*

Artikel 18: *Jeder hat das Recht auf Gedanken-, Gewissens- und Religionsfreiheit; [...]*

Artikel 19: *Jeder hat das Recht auf Meinungsfreiheit und freie Meinungsäußerung; [...]*

Artikel 20: *Alle Menschen haben das Recht, sich friedlich zu versammeln und zu Vereinigungen zusammenzuschließen.*

Menschenrechte im Alltag

- Wenn du anderer Meinung bist, sage es!
- Wir schützen Fremde, versprochen!
- Studiere ein Semester in Frankreich.
- Du kannst lernen und werden, was du willst.
- Die Würde des Menschen ist unantastbar. (Art. 1 GG)
- Du wirst vor Gericht genauso behandelt wie dein Gegner, der mehr Geld hat als du.

Dörthe Hecht, Politik betrifft uns 6/2011, (bearbeitet)

Resolution 217 A (III) der Generalversammlung vom 10. Dezember 1948

M3 Woher kommen die Menschenrechte?

Entwicklung der Menschenrechte als stetiger Prozess

Martin Luther King, der für die Gleichberechtigung von Afroamerikanern kämpfte, die chinesischen Demonstranten, die auf dem Platz des Himmlischen Friedens Demokratie forderten, aber auch Schüler und Studenten, die heute für bessere Bildung auf die Straßen gehen – sie alle entwickelten die Idee der Menschenrechte zu unterschiedlichen Zeiten und an unterschiedlichen Orten fort. Natürlich gibt es auch immer wieder Rückschläge und vor allem Opfer – beim Tian'anmen-Massaker gingen die chinesischen Machthaber 1989 mit Panzern gegen die Demonstranten vor [...]. Den Menschen in der DDR jedoch gelang im selben Jahr ihre friedliche Revolution. [...]

Die Magna Charta als Vorläufer der Menschenrechte

Es dauerte (lange) bis erstmals ein Vorläufer der Menschenrechte in einem modernen Verfassungsdokument auftauchte. Damals (im 13. Jahrhundert) wurde Europa von absolutistischen Herrschern regiert, die [...] aber niemals auf die Idee gekommen wären, jeden ihrer Untertanen gleich zu behandeln. Doch in England brodelte es um 1215 herum. Die Barone stritten mit dem König und erkämpften sich schließlich die Magna Charta, die erstmals festlegte, dass kein freier Mann ohne Gerichtsurteil eingesperrt werden durfte. Knapp 400 Jahre später wurden diese Rechte in der sogenannten Habeas Corpus Akte noch einmal verstärkt. Seitdem war jeder Untertan der englischen Krone vor willkürlicher Verfolgung geschützt.

18. Jahrhundert: Durchbruch für die Menschenrechte

Die bislang wohl wichtigste Epoche der Menschenrechte war jedoch das 18. Jahrhundert. [...] Innerhalb von nur wenigen Jahren entstanden zwei der wichtigsten Menschenrechtsdokumente der Neuzeit. Die Siedler in Amerika befreiten sich 1776 von ihrem Mutterland, da sie die Herrschaft der britischen Krone als willkürlich und anmaßend empfanden. Neben den unveräußerlichen Rechten wie Freiheit und „Streben nach Glück" [...] schrieben sie auch freie Wahlen in ihren ersten Verfassungsdokumenten nieder. [...] In der französischen Nationalversammlung verabschiedeten die Revolutionäre [1790] eine „Erklärung der Menschen- und Bürgerrechte", die radikaler war, als alles bisher. [...]

Neue Probleme durch die Industrialisierung

Kaum hundert Jahre später tauchte ein neues Problem auf. Es war die Zeit der Industrialisierung – in immer größer werdenden Fabriken schufteten Menschen für Hungerlöhne, ohne rechtlich geschützt zu sein. [...] Als Gegenpol zu Fabrikbesitzern und Industriellen entstand in Deutschland die Arbeiterbewegung, aus der die heutige SPD hervorging. Deren Kampf richtete sich nun verstärkt auf die wirtschaftlichen und sozialen Rechte wie angemessene Mindestlöhne, ausreichend Freizeit und Zugang zu Bildung.

Allgemeine Erklärung der Menschenrechte

Es ist bemerkenswert, dass die individuellen Freiheitsrechte nur wenig später in manchen Ländern in Vergessenheit gerieten. [...] In Nazi-Deutschland zählte der Einzelne nicht viel. [...] Was folgte, waren in kurzen Abständen die größte Katastrophe der menschlichen Geschichte und der größte Sieg der Menschenrechtsidee. Nach dem Zweiten Weltkrieg war die Einsicht innerhalb der neu gegründeten UNO groß, dass nur ein Dokument wie die Allgemeine Erklärung der Menschenrechte ein klares Bekenntnis gegen einen mordenden und unterdrückenden Staat sein könnte.
Es war wie so oft in den vergangenen Jahrhunderten: Auf die politische Krise folgte ein neues menschenrechtliches Dokument [...]. Egal ob in politischen Gremien, in Hörsälen, Fabriken oder auf der Straße – ohne den Widerstand und den Kampf Einzelner bewegte sich nie etwas voran.

Fabian Dietrich, fluter – Magazin der Bundeszentrale für politische Bildung, Ausgabe 29/2008, S. 7 f.

F Welche Personen oder Organisationen außer den genannten kennst du noch, die sich aktiv für Menschenrechte einsetzen?
Erstelle ein Portrait und berichte darüber.

Zeitstrahl:

AUFGABEN

1. Finde Erklärungen dafür, warum Art. 1 der Menschenrechtskonvention noch heute so herausgestellt wird, wie am österreichischen Parlament in Wien (**M1**).
2. Ordne die Aussagen und Situationen in der **Randspalte** den einzelnen Menschenrechten (**M2**) zu. Formuliere selbst Aussagen oder Situationen zu drei weiteren Menschenrechten.
3. Welche Menschenrechte sind dir persönlich am wichtigsten? Wähle drei aus und begründe vor der Klasse, warum sie so wichtig sind (**M2**).
4. Stellt die Geschichte der Menschenrechte in einem Zeitstrahl dar (**M3**).

Wodurch werden Menschenrechte bedroht?

M4 Überall auf der Welt werden Menschenrechte verletzt

Todesstrafe in den USA

Es half alles nichts: Unterschriftensammlungen, Mahnwachen, sogar der Papst hat sich für ihn eingesetzt. [...] Der Afro-Amerikaner Troy Davis wurde [2011] hingerichtet. Selten waren die Zweifel an einem Todesurteil und am US-Justizsystem so groß. Die Frage wird bleiben: Ging es auch um Davis' Hautfarbe?

Journalisten ermordet

Im Juli 2015 wurden der Journalist Ruben Espinosa Becerril und die Menschenrechtsaktivistin Nadia Vera in Mexiko-Stadt ermordet.

Homosexuelle diskriminiert

Wer in Ägypten homosexuell ist, macht sich strafbar. Zehn Männer werden im Januar [2012] aus diesem Grund von der Sittenpolizei verhaftet. Sie müssen erniedrigende Untersuchungen und Gewalt über sich ergehen lassen, Menschenrechtler bezeichnen das als Folter.

woja/hana, www.sueddeutsche.de, 10.1.2012

Regimekritiker in China in Haft

Der Künstler und Regimekritiker Ai Weiwei ist 2011 von der chinesischen Regierung festgenommen und für mehrere Monate ins Gefängnis gesteckt worden. Weiwei wurde unter dem Vorwand der Wirtschaftskriminalität verhaftet. Beobachter behaupten jedoch, dass seine kritischen Äußerungen zur politischen Lage in China der eigentliche Grund für seine Verhaftung waren.

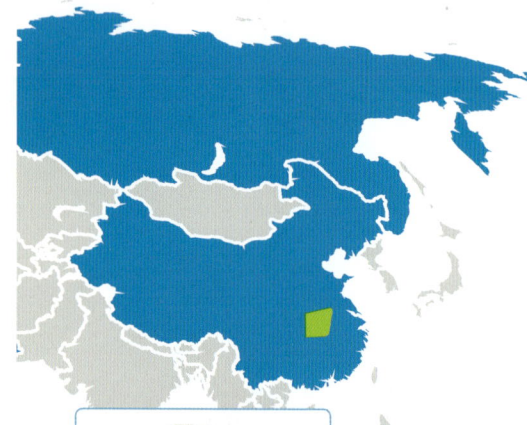

Verbrechen vom Staat am Bürger

Der Begriff der „Menschenrechtsverletzungen" ist nichts weiter als der beschönigende Ausdruck für schwerste Verbrechen, die vom Staat am Bürger verübt werden. Menschenrechtsverletzungen als Verbrechen, die im Auftrage, mit Billigung bzw. Duldung oder im Schutz von Regierungen begangen werden, gefährden im allerhöchsten Maße den inneren wie den äußeren Frieden eines jeden Staatswesens.

Es hat sich gezeigt, dass zur Kontrolle des Gewaltmonopols des Staates durch die Teilung der Gewalten in Legislative, Exekutive und Judikative sowie durch periodisch zu wiederholende freie, allgemeine und geheime Wahlen ein geeignetes rechtsstaatliches Instrument geschaffen worden ist. Diktatorisch regierte Staaten kennen dieses Instrument nicht, sie verletzen deshalb geradezu notwendig die Menschenrechte und stellen generell eine Gefährdung des Weltfriedens dar.

Helmut Frenz, Menschenrechte – Anspruch und Wirklichkeit, in: Gisela Klemt-Kozinowski u.a. (Hg.): Das Recht, ein Mensch zu sein, Baden-Baden 1988, S. 21

Oppositionelle inhaftiert

Nach den Unruhen im Zuge der iranischen Präsidentschaftswahlen 2009 wurden Oppositionelle, darunter Studenten, Journalisten und Anwälte, inhaftiert. 2014 wurden 8 iranische Regierungsgegner wegen kritischer Facebook-Kommentare zu bis zu 21 Jahren Haft verurteilt. Die Angeklagten sind von der Außenwelt isoliert, haben keine Verteidiger. Misshandlungen und erzwungene Geständnisse sollen die Regel sein.

F

a) Recherchiere, welche Nachrichten derzeit in Zusammenhang mit Menschenrechten stehen.

b) Bereite einen Kurzvortrag vor, in welchem du die Ereignisse erläuterst und die betroffenen Menschenrechte aus der Menschenrechtskonvention (**M2**) zuordnest.

AUFGABEN

1. Arbeite heraus, welche Menschenrechte in den betroffenen Ländern verletzt werden (**M4**). Beziehe dich dabei auch auf die Menschenrechtskonvention der Vereinten Nationen (**M2**).

2. Recherchiert im Internet Hintergründe zu einem Fallbeispiel und präsentiert eure Ergebnisse auf einem Wandplakat.

Internationales Recht – der „Fall" Germain Katanga

M5 Was war geschehen?

In Ituri wurden während der Massaker und Revancheattacken in den Jahren 1999 bis 2003 mindestens 50.000 Menschen getötet. Begonnen hat die Auseinandersetzung mit einem Landkonflikt zwischen den Ackerbau betreibenden Lendu und den Vieh züchtenden Hema. Nachdem Laurent Kabila 1997 mithilfe ruandischer und ugandischer Truppen den langjährigen Diktator Mobuto Sese Seko [der Demokratischen Republik Kongo] gestürzt hatte, wandte er sich von seinen Unterstützern ab. Im folgenden Krieg starben zehntausende Menschen. 2001 wurde Kabila von einem Leibwächter getötet und sein Sohn Joseph Kabila übernahm die Macht in Kinshasa. Im Osten des Landes dagegen kämpften in Ituri bis zu sechs verschiedene Milizen um die Kontrolle über Goldminen oder andere Bodenschätze. Die Hema-Milizen, unter anderem diejenige von Thomas Lubanga, wurden von Ruanda unterstützt. Die Lendu-Milizen wie die von Germain Katanga und Mathieu Ngudjolo-Chui bekamen Unterstützung von Uganda. Germain Katanga gehörte zu den Kommandanten einer der Lendu-Milizen, die am 24. Februar 2003 das Dorf Bogoro angriffen. Mädchen wurden vergewaltigt, Frauen und Männer getötet, Leichen in Latrinen geworfen. Am Ende waren nach Angaben von Hilfsorganisationen mindestens 200 Menschen tot, die Mehrheit von ihnen Kinder und Jugendliche.

Dagmar Dehmer, www.tagesspiegel.de, 7.3.2014

Ituri
Provinz der Demokratischen Republik Kongo

Latrine
Toilette, WC

M6 Reaktion und Anklage

Katanga war zunächst mit seiner Miliz in die kongolesische Armee eingegliedert worden und schaffte es dort, zu einem Befehlshaber aufzusteigen. 2005 wurde er dann allerdings wegen seiner möglichen Beteiligung am Mord an neun Blauhelmsoldaten der Vereinten Nationen festgenommen. Zwei Jahre später übergaben die kongolesischen Behörden Katanga dem IStGH in Den Haag.
Der Prozess wurde 2009 eröffnet. 25 Zeugen der Anklage und 28 Zeugen der Verteidigung sowie einige Experten haben ausgesagt. [Der Angeklagte] Katanga [sagte] selbst als Zeuge aus – zum ersten Mal vor dem IStGH.

Ex-Milizenführer Germain Katanga während seines Prozesses vor dem Internationalen Strafgerichtshof (IStGH)

Katanga plädierte auf „nicht schuldig". Tatsächlich war auch das Gericht nicht überzeugt, genügend Indizien gegen Katanga zu haben, um ihn als Hauptverantwortlichen für das Massaker, die Rekrutierung von Kindersoldaten, Vergewaltigung und die Rekrutierung von Mädchen in die Sexsklaverei zu verurteilen. 2012 entschied sich das Gericht, die Anklage zu ändern und Katanga wegen Beihilfe zu belangen.

Dagmar Dehmer, www.tagesspiegel.de, 7.3.2014

M7 Schuldspruch und Urteil

Der Internationale Strafgerichtshof hat den ehemaligen kongolesischen Milizenführer Germain Katanga für Beihilfe an einem Massenmord zu 12 Jahren Gefängnis verurteilt. Der einst berüchtigte Kriegsherr habe einen „entscheidenden Beitrag" zu schweren Kriegsverbrechen und Verbrechen gegen die Menschlichkeit im Kongo geleistet, erklärten die Richter [...] in Den Haag.

Katanga wurde insbesondere für ein Massaker im Dorf Bogoro Anfang 2003 verurteilt, dem mehr als 200 Menschen zum Opfer fielen. Angesichts der besonders schweren Verbrechen sah das Gericht nur wenig Gründe, die Strafe zu mildern. [...]

Der Schuldspruch gegen Katanga ist der dritte in der Geschichte des 2002 gegründeten Den Haager Gerichts. In sechs weiteren Anklagepunkten sprach der Vorsitzende Richter Katanga frei. So auch von dem Vorwurf, Kindersoldaten rekrutiert und Mädchen als Sexsklavinnen missbraucht zu haben. Auch wenn bei dem Angriff Kindersoldaten eingesetzt worden waren, fand Den Haag keine Belege für eine direkte Tatverantwortung des heute 35 Jahre alten Katanga. Das Urteil gegen ihn fiel nicht einstimmig aus. Eine Richterin hatte auf Freispruch plädiert, da die Anklage während des Verfahrens geändert wurde und sie daher die Rechte des Angeklagten verletzt sah. Zudem sah sie die Beweislage als zu dünn an für das Urteil. [...] Der Prozess gegen Katanga, zu dem insgesamt 366 Opferzeugen gehört worden waren, war der bislang längste des Strafgerichtshofs.

FAZ.NET/stah, www.faz.net, 23.5.2014

AUFGABEN

1. Erstelle ausgehend von **M5 – M7** eine Chronologie der Geschehnisse rund um „den Fall" Germain Katanga.
2. Informiert euch über weitere Verfahren, die am Internationalen Strafgerichtshof anhängig sind. Berichtet in einem Kurzvortrag darüber.

Internationale Gerichte als Instrumente des Völkerrechts

M8 Anspruch und Wirklichkeit

> *Verbrechen gegen das Völkerrecht werden von Menschen und nicht von abstrakten Wesen begangen und nur durch Bestrafung jener Einzelpersonen, die solche Verbrechen begehen, kann den Bestimmungen des Völkerrechts Geltung verschaffen werden.*

Internationales Militärtribunal von Nürnberg, Prozess gegen die Hauptkriegsverbrecher, Urteil vom 1. Oktober 1946, Band 1, S. 189, 249

M9 Der Internationale Strafgerichtshof (IStGH)

Im Gegensatz zum innerstaatlichen Recht fehlten lange Zeit Möglichkeiten, völkerrechtliche Normen mithilfe von Gerichten durchzusetzen. 1946 gründete die UNO den Internationalen Gerichtshof (IGH) mit Sitz in Den Haag, vor dem Staaten wegen Verletzung von Verträgen oder Abkommen klagen und verklagt werden können. Voraussetzung für die Wirksamkeit seiner Urteile ist, dass sich die Staaten seiner Gerichtsbarkeit unterstellen und die Urteile akzeptieren. Mit seinen Entscheidungen trägt der IGH zur Weiterentwicklung des Völkerrechts bei. Nachdem die UNO jeweils UN-Kriegsverbrechertribunale für die im ehemaligen Jugoslawien und in Ruanda verübten Kriegsverbrechen etabliert hatte, wurde die Gründung des ständigen Internationalen Strafgerichtshofs (IStGH) im Jahre 2002 als Durchbruch bei der strafrechtlichen Verfolgung schwerster Menschenrechtsverletzungen gefeiert. Grundlage seiner Arbeit ist das Statut von Rom, das bisher von 124 Staaten (Stand: Juli 2017) ratifiziert wurde. Nicht mit dabei sind die USA und Russland. Sie hatten das Statut zwar unterschrieben, die Unterzeichnung aber wieder zurückgenommen. Der Grund: Vor dem IStGH können Individuen entweder wegen eines Verbrechens in einem Unterzeichnerland angeklagt werden oder, wenn sie die Staatsangehörigkeit eines Unterzeichnerlandes besitzen. Sowohl die USA als auch Russland wol-

Frontansicht des Internationalen Strafgerichtshofs (IStGH) in Den Haag

Völkerrecht – das Recht der Internationalen Beziehungen

Unter dem Völkerrecht versteht man jene Rechtsnormen, die das Verhältnis von Staaten, ihre gegenseitigen Rechte und Pflichten sowie die Rechtstellung internationaler Organisationen verbindlich regeln. Diese Normen haben sich aus Verträgen und internationalen Abkommen sowie aus langjähriger Praxis auf der Grundlage gemeinsamer Rechtsüberzeugungen gebildet.

len aber verhindern, dass sich deren Staatsangehörige vor dem IStGH verantworten müssen.

Das Gericht verfolgt Völkermord, Verbrechen gegen die Menschlichkeit, Kriegsverbrechen und Verbrechen der Aggression, die vor nationalen Gerichten straffrei blieben. Bei ihrer Verfolgung von Verbrechen gegen die Menschlichkeit können sich die 18 Richter auf einen festen Katalog stützen, der diesen Straftatbestand genauer definiert und der von allen Unterzeichnerstaaten gebilligt wurde. Folter und Vergewaltigung fallen genauso darunter wie Verfolgung aus ethnischen oder religiösen Gründen, Deportationen oder Sklaverei. Auch „Verbrechen der Aggression" und „Terrorismus" sollen verfolgt werden, sobald sich die Mitglieder auf eine juristische Definition dieser Tatbestände geeinigt haben. Der IStGH kann keine Verbrechen ahnden, die vor dem 1. Juli 2002 – seinem offiziellen Gründungstag – begangen wurden.

M10 Aufbau und Arbeitsweise des IStGH

Der Internationale Strafgerichtshof

Das Gericht

Präsidentin **Silvia Alejandra Fernández de Gurmendi** (Argentinien)

+ 17 weitere Richter

Ehemalige Richter bleiben im Amt, bis ihr Fall beendet ist.

- eigenständig
- kein Teil der UN
- Sitz in Den Haag (Niederlande)

Richter und Chefankläger werden von Versammlung der Vertragsstaaten bestimmt.

Derzeit haben 124 Länder den Vertrag (das Römische Statut) ratifiziert.

Bedingungen für Anklage

- Taten müssen nach Inkrafttreten des Römischen Statuts (am 1.7.2002) begangen worden sein
- Verbrechen wurden in einem Vertragsstaat verübt oder
- Angeklagter hat Staatsangehörigkeit eines Vertragsstaates

Anklagebehörde

Chefanklägerin **Fatou Bensouda** (Gambia)

Stellvertreter **James Stewart** (Kanada)

Die Angeklagten

Individuen, keine Staaten

wegen:
- Völkermord
- Verbrechen gegen die Menschlichkeit
- Kriegsverbrechen
- Verbrechen der Aggression (Anwendung frühestens 2017)

Fälle

Bisher Verfahren wegen Verbrechen in **Uganda**, der **Dem. Rep. Kongo**, **Sudan**, der **Zentralafrik. Republik**, **Kenia**, **Libyen**, **Mali** und der **Elfenbeinküste**

Das Verfahren

Voraussetzung: Der Staat, in dem das Verbrechen begangen wurde, kann oder will die Straftat nicht verfolgen.

1 Internationaler Strafgerichtshof wird aktiv auf/wegen:
- Initiative eines Vertragsstaates
- Resolution des UN-Sicherheitsrats
- Initiative des Anklägers

2 Ermittlungen

3 Vorermittlungskammer (Pre-Trial) tritt zusammen, Vorladung des Angeklagten, ggf. wird Haftbefehl ausgestellt

4 Prozess Höchststrafe 30 Jahre Haft oder lebenslänglich

Globus-Grafik 10925; Quelle: IStGH, Römisches Statut, Auswertiges Amt; Stand: April 2016

AUFGABEN

1. Beschreibe die Befugnisse, den Aufbau und Arbeitsweise des Internationalen Strafgerichtshofes (**M9**, **M10**).

2. Erläutere ausgehend von **M9** mögliche Probleme internationaler Gerichte bzw. des Völkerrechts.

WAS WIR WISSEN

1948 verabschiedete die Generalversammlung der Vereinten Nationen die „Allgemeine Erklärung der Menschenrechte". Dieses Dokument ist die grundlegende Formulierung der Menschenrechte. Dazu gehören z. B. der Schutz der Menschenwürde, das Recht auf Leben und Freiheit, die Gleichheit vor dem Gesetz, der Anspruch auf ein faires Gerichtsverfahren, das Recht auf Gedanken- und Religionsfreiheit, auf Eigentum und freie Meinungsäußerung.

Trotz der weltweiten Verbreitung der Menschenrechte werden in vielen Staaten die Menschenrechte verletzt. Die Inhaftierung oder Ermordung von Journalisten und Oppositionellen, die Kritik an der Regierung oder den Zuständen im Land äußern, ist nur eines von vielen Beispielen von Menschenrechtsverletzungen. Aber auch allein die eigene sexuelle Orientierung reicht in einigen Ländern schon aus, um verhaftet oder gar gefoltert zu werden.

Menschenrechte und Menschrechtsverletzungen weltweit
M2 – M4

Der am 1. Juli 2002 in Den Haag errichtete Internationale Strafgerichtshof (IStGH) ist die erste internationale und ständige Rechtsinstanz, die Einzelpersonen für schwere Menschenrechtsverletzungen wie Völkermord, Verbrechen gegen die Menschlichkeit, Kriegsverbrechen oder Verbrechen der Aggression zur Verantwortung ziehen kann. Der IStGH ist kein Organ der Vereinten Nationen, sondern wurde von den beteiligten Staaten als unabhängige Instanz errichtet und ausgestattet; sie üben die Kontrolle aus. Die Richter und der Chefankläger werden auf neun Jahre gewählt (keine Wiederwahl). 124 Staaten haben das Römische Statut zum Internationalen Strafgerichtshof ratifiziert (Stand: Juli 2017), wichtige Staaten wie die USA, Russland und viele andere mehr sind nicht beigetreten. Das Fernbleiben bedeutender Länder schwächt den Strafgerichtshof in seiner internationalen Bedeutung. Die USA befürchten vor allem politisch motivierte Anklagen gegen amerikanische Staatsbürger bzw. Soldaten, von denen die USA mehr als jeder andere Staat rund um den Globus im Einsatz hat.

Der Internationale Strafgerichtshof (IStGH) gilt dennoch als ein Beispiel für die zunehmende Verbindlichkeit internationaler Regelungen – mit all seinen Schwierigkeiten und Grenzen.

Der Internationale Strafgerichtshof (IStGH)
M9, M10

WAS WIR KÖNNEN

Kann man Menschenrechte wirklich von allen einfordern?

Oder sollte man fremde Kulturen nicht doch lieber in Ruhe lassen? Ein Gespräch mit der in China lehrenden Politologin Anja Mihr.

Mitglieder verschiedener Bürgerinitiativen und zivilgesellschaftlicher Gruppen versammeln sich vor der chinesischen Botschaft in Seoul (Südkorea), um China zur Verbesserung der Menschenrechte aufzurufen.

Frau Mihr, haben Menschenrechte und Coca-Cola etwas gemeinsam?
Auf den ersten Blick natürlich nicht. Aber beides wird ähnlich wahrgenommen. Das erlebe ich häufig, wenn ich mit Studenten aus nicht europäischen Ländern spreche. Die Menschenrechte werden als westliches Produkt angesehen, das ähnlich wie Coca-Cola für einen westlichen Lebensstil steht und an alle Orte der Welt exportiert wird. Einen Satz höre ich immer wieder: Es ist schön, dass es die Menschenrechte gibt, aber bei uns würden sie nicht funktionieren.

Sind Menschenrechte demnach eine Erfindung des Westens?
Das ist ein Mythos. Die Geschichte der Menschenrechte fängt vor mehr als sechstausend Jahren in Mesopotamien und Indien an. Allerdings ist das gegenwärtige Menschenrechtssystem eindeutig westlich dominiert. Was wir heute unter Menschenrechten verstehen, ist seit 1945 und mit der Gründung der Vereinten Nationen unter Interpretationshoheit des Westens entstanden. [...]

Der palästinensische Intellektuelle Edward Said hat dem Westen vorgeworfen, den Orient permanent aus einem Überlegenheitsgefühl heraus zu beurteilen. Sehen wir Menschen aus fremden Kulturen wirklich in erster Linie als Opfer?
Das glaube ich nicht. Aber Westler werden umgekehrt oft als rechthaberisch wahrgenommen. Warum? Weil wir häufig zu unreflektiert mit der eigenen Vergangenheit umgehen. Mit den Nationalsozialisten hatten wir in Europa vor erst [75] Jahren eines der größten Unrechtsregimes in der Geschichte der Menschheit. Gleichzeitig tun wir aber im Ausland häufig so, als hätten wir die Menschenrechte mit der Muttermilch aufgesogen. Klar sorgt das für Unverständnis und Misstrauen. [...]

WAS WIR KÖNNEN

Die Menschenrechte sind universell und unteilbar. Sie gelten also für jeden und lassen sich nicht gegeneinander aufwiegen. Warum tun sich Länder wie China so schwer mit diesem Anspruch?

Die Universalität der Menschenrechte ist seit 2004 in der chinesischen Verfassung verankert. Dennoch werden in China täglich Menschen und Freiheitsrechte verletzt. Die allgemeine Argumentation hier ist: Menschenrechte sind zwar wichtig, aber Sicherheit und Wohlergehen des Staates sind wichtiger und stehen an erster Stelle. [...]

Kritiker weisen immer wieder auf kulturelle Besonderheiten hin. Ihre Argumentation lautet: Kulturen sind unvergleichlich. [...] Muss der Westen auch bei den Menschenrechten mehr Rücksicht auf kulturelle Unterschiede nehmen?

Die Unveräußerlichkeit der Menschenrechte liegt genau darin begründet, dass sie vor allen kulturellen Eigenarten stehen. Die Annahme dahinter lautet: In allen Kulturen gibt es ein universelles und vorkulturelles Verständnis für Recht und Unrecht. Keine Kultur belohnt Diebstahl, Mord oder Lüge – alle verurteilen das. Wenn der Einzelne zum Wohle der Gesamtheit diskriminiert, misshandelt oder mundtot gemacht wird, widerspricht das der Universalität der Menschenrechte. Dieser Annahme haben inzwischen alle 192 UN-Mitgliedstaaten zugestimmt.

Interview: Andreas Braun, fluter, Thema Menschenrechte, Ausgabe 29/2008, S. 44

Aufgaben

1. International wird darüber diskutiert, ob es tatsächlich eine für alle Menschen gültige Menschenrechtskonvention geben kann. Stellt die unterschiedlichen Auffassungen in einem Schaubild dar.

2. Nehmt anschließend persönlich Stellung zur Frage, ob die Menschenrechtskonvention für alle Menschen gleichermaßen gelten sollte oder ob aufgrund der unterschiedlichen Kulturen Ausnahmen erlaubt sein sollten.

Karikatur: www.ummelden.de

Karikatur: Kostas Koufogiorgos

Karikatur: CartoonStock

Wahlpflicht 4: Verwaltungsverfahren und Dienstleistungen

Obwohl die Bürgerorientierung der Verwaltungen in ganz Deutschland in den vergangenen Jahren vor allem durch die neuen Möglichkeiten des elektronischen Datentransfers („E-Government") deutlich zugenommen hat, verbinden viele Bürger mit dem Begriff Verwaltung weiterhin häufig die Vorstellung eines undurchschaubaren Bürokratismus. Mehr noch: Kaum einer versteht, was Verwaltungsverfahren genau sind und wie sie ablaufen. Bürokratismus hin oder her, die Kenntnisse um die Abläufe in deutschen Kommunalämtern sowie das Wissen um öffentliche Dienstleistungen können unser Leben erheblich erleichtern.

KOMPETENZEN

Am Ende des Kapitels solltet ihr Folgendes können:
- den Ablauf eines Verwaltungsverfahren erklären
- Verwaltungsverfahren von Verwaltungsakten unterscheiden
- öffentliche Dienstleistungsangebote beurteilen
- dich selbst in den Strukturen und Angeboten der Verwaltung zurechtfinden
- Erfolgschancen von E-Government einschätzen

WAS WISST UND KÖNNT IHR SCHON?

1. Analysiert die Karikaturen im Hinblick auf das Bild der öffentlichen Verwaltung in Deutschland.
2. Sammelt in der Klasse Erfahrungen, die ihr mit „Ämtern" gemacht habt, und vergleicht sie miteinander.

Verwaltungsverfahren in Sachsen – Fallbeispiel: Anmeldung einer Demonstration

M1 Demonstration gegen eine „Pegida"-Kundgebung in Dresden

Was ist laut Gesetz eine Versammlung?
Laut Sächsischem Versammlungsgesetz gehören zu einer Versammlung mindestens zwei Personen, die sich gemeinschaftlich an der öffentlichen Meinungsbildung beteiligen. Zu Versammlungen gehören Kundgebungen, Demonstrationen und Aufzüge.
Nadine Jejkal, www.mdr.de (20.7.2017)

Welche Aufgaben hat der Versammlungsleiter?
Jede öffentliche Versammlung muss einen Leiter haben, der für den ordnungsgemäßen Ablauf der Demonstration bzw. Versammlung zu sorgen hat. Der Versammlungsleiter kann für die ordnungsgemäße Durchführung der Veranstaltung ehrenamtliche Ordner hinzuziehen. Diese dürfen nicht bewaffnet sein und müssen eine weiße Armbinde mit der Bezeichnung „Ordner" tragen. Der Einsatz von Ordnern bedarf der polizeilichen Genehmigung und ist bei der Anzeige mit zu beantragen. Kann der Versammlungsleiter einen ordnungsgemäßen Ablauf der Veranstaltung nicht durchsetzen, ist er verpflichtet, die Veranstaltung zu beenden.
Nadine Jejkal, www.mdr.de (20.7.2017)

Anlässlich einer „Pegida"-Kundgebung in Dresden fand am 6. Februar 2016 eine Gegendemonstration auf dem Theaterplatz statt.

M2 Rechtliche Grundlage für das Zustandekommen einer Demonstration

Nach Artikel 8 Absatz 1 des Grundgesetzes haben alle Deutschen grundsätzlich das Recht, sich ohne Anmeldung oder Erlaubnis friedlich und ohne Waffen zu versammeln. Dieses Grundrecht soll den Bürgern ermöglichen, sich aktiv am politischen Meinungs- und Willensbildungsprozess zu beteiligen.

Für Versammlungen unter freiem Himmel gelten allerdings besondere Bestimmungen. Für solche Veranstaltungen wie zum Beispiel Demonstrationen, Kundgebungen und ähnliches kann das Versammlungsrecht gesetzlich beschränkt werden. Bis 2006 war für diese gesetzlichen bestimmten Ausnahmeregelungen ausschließlich der Bund zuständig, im Zuge der Föderalismusreform hat sich dies geändert. Seitdem können auch die Länder eigene Landesversammlungsgesetze erlassen.

Der Freistaat Sachsen hat am 20.1.2010 erstmals ein Landesversammlungsgesetz verabschiedet. Nachdem der Sächsische Verfassungsgerichtshof das Gesetz im April 2011 verworfen hatte, weil es im Gesetzgebungsverfahren gravierende Mängel gab, verabschiedete der Sächsische Landtag am 25. Januar 2012 ein neues sächsisches Versammlungsgesetz.

Nadine Jejkal, www.mdr.de (20.7.2017)

M3 Anmeldeverfahren einer Demonstration in Sachsen

1. Schritt: Anmeldung der Demonstration

Der Antragsteller einer Demonstration muss die geplante öffentliche Versammlung unter freiem Himmel spätestens 48 Stunden vorher bei der zuständigen Kreispolizeibehörde anzeigen. In der Anzeige sind folgende Inhalte mitzuteilen:
- Name des Anmelders, Name des Demonstrationsleiters
- Beantragung und Anzeige von Demonstrationsordnern
- Demonstrationsthema
- geplante Route, Zeit, Ort und Dauer der Demonstration

2. Schritt: Genehmigungsverfahren

Generell gilt: Demonstrationen müssen gemeldet, aber nicht genehmigt werden. Dies gilt selbst dann, wenn die Demonstrationsroute über belebte Straßen führen sollte. Soweit es nach Art und Umfang der Demonstration erforderlich ist, bietet die Behörde den Organisatoren der Demonstration rechtzeitig ein Kooperationsgespräch an, um die Gefahrenlage oder sonstige Umstände zu erörtern.

3. Schritt: Durchführung der Demonstration

a) Der Leiter muss für den ordnungsmäßigen Ablauf der Demonstration sorgen. Hierbei können ihm die angemeldeten Ordner helfen.
b) Kann der Leiter den ordnungsgemäßen Ablauf nicht aufrechterhalten, muss er die Demonstration auflösen.
c) Die Polizei informiert den Leiter vor und während der Demonstration über erhebliche Änderungen der Gefahrenlage, soweit es nach Art und Umfang der Demonstration erforderlich ist.

Nach: Sächsische Staatskanzlei, Sächsisches Gesetz- und Verordnungsblatt, Nr. 2/2012, www.sachsen-gesetze.de (1.2.2012)

Dürfen Versammlungen generell verboten werden?

Verbote sind nur in gesetzlich festgelegten Ausnahmefällen zulässig, z. B., wenn die Teilnehmer Waffen tragen oder uniformiert sind und diese Uniformen auf eine bestimmte gemeinsame politische Gesinnung schließen lassen. Zudem kann die zuständige Behörde die Versammlung verbieten bzw. von bestimmten Beschränkungen abhängig machen, wenn die öffentliche Sicherheit oder Ordnung unmittelbar gefährdet ist. Das Sächsische Versammlungsgesetz sieht zudem Verbots- bzw. Beschränkungsmöglichkeiten für Demonstrationen an Orten mit historisch herausragender Bedeutung vor. Dazu gehören bspw. Orte, die an Menschen erinnern, die unter der nationalsozialistischen oder kommunistischen Gewaltherrschaft Opfer menschenunwürdiger Behandlung waren. Das sächsische Versammlungsgesetz nennt als Orte mit historisch herausragender Bedeutung explizit „das Völkerschlachtdenkmal in Leipzig, die Frauenkirche mit dem Neumarkt in Dresden sowie am 13. und 14. Februar darüber hinaus auch die nördliche Altstadt und die südliche innere Neustadt in Dresden".

Nadine Jejkal, www.mdr.de (20.7.2017)

AUFGABE

1. Fragt in der Klasse, in der Schule, in eurem Bekanntenkreis nach Erfahrungen mit Demonstrationen. Kennt ihr Menschen, die eine Demonstration angemeldet haben, die als Ordner tätig waren oder als Demonstrant mitgemacht haben? Vergleicht eure Ergebnisse (**M1**, **M2**).
2. Wollen Bürger eine Demonstration anmelden, nehmen sie automatisch eine Art öffentliche Dienstleistung wahr. Listet die Schritte des Verwaltungsverfahrens einerseits und die Dienstleistungen andererseits auf und beurteilt abschließend den Aufwand und die Kosten, die Art. 8 Abs. 1 des Grundgesetzes verursacht (**M1 – M3**).

Verwaltungsverfahren in Deutschland

M4 Wofür ist die Verwaltung zuständig?

- Heirat
- Namensänderung
- Fahrzeuganmeldung
- Müllentsorgung
- Straßensperren
- Grundbucheintragungen
- Hausbau
- Hartz IV-Antrag
- Mietbeihilfe
- BAföG
- Schülerfahrkarten
- ÖNV

Verwaltungsverfahren
Die nach außen wirkende Tätigkeit der Behörden, die auf die Prüfung der Voraussetzungen, die Vorbereitung und den Erlass eines Verwaltungsaktes oder auf den Abschluss eines öffentlich-rechtlichen Vertrages gerichtet ist (§ 9 VwVfG).
Jan-Hendrik Krumme, http://wirtschaftslexikon.gabler.de (20.7.2017)

Verwaltungsakt
Jede Verfügung, Entscheidung oder andere hoheitliche Maßnahme, die eine Behörde zur Regelung eines Einzelfalles auf dem Gebiet des öffentlichen Rechts trifft und die auf unmittelbare Rechtswirkung nach außen gerichtet ist, sowie eine Allgemeinverfügung, die sich an einen nach allg. Merkmalen bestimmten oder bestimmbaren Personenkreis richtet oder die öffentlich-rechtliche Eigenschaft einer Sache oder ihre Benutzung durch die Allgemeinheit betrifft (§ 35 VwVfG, § 118 AO). Ein Verwaltungsakt kann mündlich, schriftlich oder elektronisch bekannt gegeben werden.
Jan-Hendrik Krumme, http://wirtschaftslexikon.gabler.de (20.7.2017)

M5 Aufgaben der Landes- und Kommunalverwaltungen

In Deutschland ist die öffentliche Verwaltung hauptsächlich auf drei verschiedene Ebenen aufgeteilt: Bund, Länder und Kommunen. Träger der Verwaltung sind dabei der Staat (Ministerien, nachgeordnete Behörden, kommunale Verwaltungseinrichtungen) oder verselbstständigte rechtsfähige Verwaltungseinheiten (Körperschaften, Anstalten und Stiftungen des öffentlichen Rechts). Zum Teil werden private Dienstleister oder Vereine mit der Durchführung öffentlicher Verwaltungsaufgaben betraut (z. B. TÜV). Bei den Aufgaben der kommunalen Selbstverwaltung unterscheidet man zwischen freiwilligen Aufgaben und Pflichtaufgaben.
- Freiwillige Aufgaben, wie z. B. die Verwaltung von Sportanlagen, Kultureinrichtungen oder des öffentlichen Personennahverkehrs, erfüllen die Gemeinden nach eigenem Ermessen und finanziellen Ressourcen.
- Pflichtaufgaben hingegen werden durch Bundes- oder Landesgesetze bzw. -behörden an die Gemeinden übertragen. Dazu gehören zum Beispiel Feuerschutz, Abwasserbeseitigung, Bauaufsicht oder Passwesen.

Die Verwaltung führt die Gesetze aus und wendet sie an. Das allgemeine Verwaltungsverfahren regelt die Tätigkeit der Behörden hinsichtlich der Art und Weise der Ausführung des Gesetzes. Selbst formlose Schreiben oder mündliche Anweisungen (etwa eines Polizeibeamten) stellen Verwaltungshandeln dar. Eine wichtige Rechtsquelle bildet das Sächsische Verwaltungsverfahrensgesetz (SächsVwVfG).

M6 Ablauf eines Verwaltungsverfahrens in Deutschland

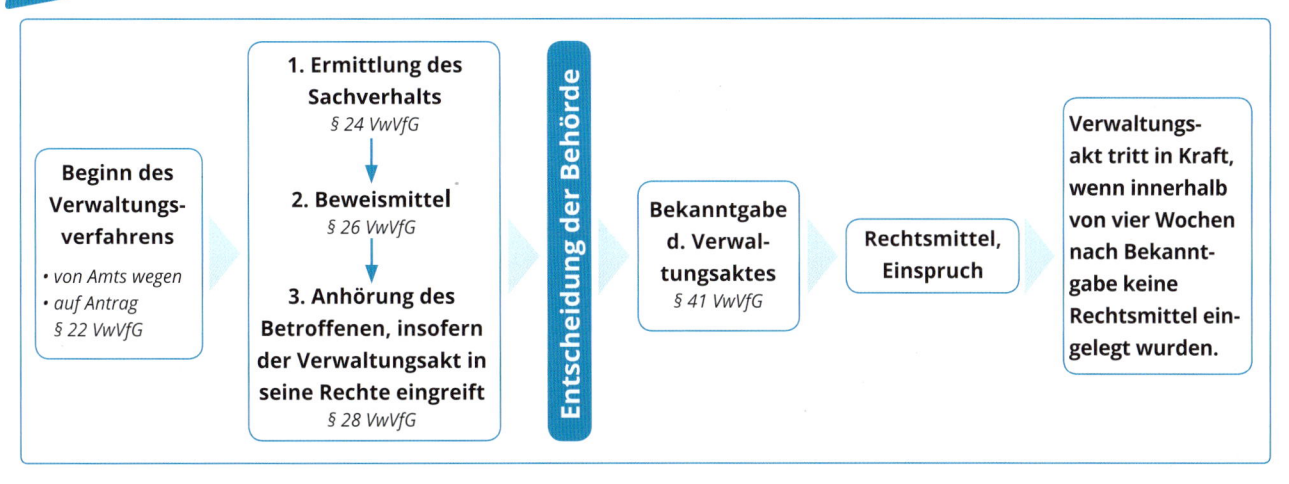

Beginn des Verwaltungsverfahrens
- von Amts wegen
- auf Antrag
§ 22 VwVfG

→

1. Ermittlung des Sachverhalts
§ 24 VwVfG

↓

2. Beweismittel
§ 26 VwVfG

↓

3. Anhörung des Betroffenen, insofern der Verwaltungsakt in seine Rechte eingreift
§ 28 VwVfG

Entscheidung der Behörde

→

Bekanntgabe d. Verwaltungsaktes
§ 41 VwVfG

→

Rechtsmittel, Einspruch

→

Verwaltungsakt tritt in Kraft, wenn innerhalb von vier Wochen nach Bekanntgabe keine Rechtsmittel eingelegt wurden.

Nach: Verwaltungsverfahrensgesetz (VwVfG), Stand: 2009, www.gesetze-im-internet.de (8.5.2012)

M7 Kritik am deutschen Verwaltungsverfahren

Hinsichtlich der bürokratischen Strukturen und Abläufe der Verwaltung werden häufig folgende Kritikpunkte genannt:
- zu viele und unverständliche Vorschriften, Formulare und Bescheide
- für die Betroffenen nicht nachvollziehbare Regelungen, die Eigeninitiative einengen, Kosten verursachen und Aktivitäten verzögern
- gestelzte Sprache, unpersönliches und unfreundliches Verhalten von Bürokraten [...]

Das Bild, das sich die Bevölkerung vom öffentlichen Dienst macht, ist vorwiegend negativ [...]. Öffentlicher Dienst wird mit Verwaltung, mit Schreibtischarbeit, mit Bürokratie gleichgesetzt. Dabei trifft der Bürger im Alltag überwiegend auf öffentliche Bedienstete, die nicht in dieses Bild passen. Öffentlicher Dienst, das sind auch die Männer, die morgens die Mülltonnen leeren, die Omnibusfahrer, die Straßenbahnlenkerin, die Lehrerinnen und Lehrer der Kinder.

Nach: Horst Pötzsch, Die Deutsche Demokratie. bpb, 5. Aufl., Bonn 2009, S. 110 ff.

AUFGABEN

1. Sammelt in der Klasse Beispiele für Verwaltungsakte/-verfahren, mit denen ihr schon einmal zu tun hattet. Tauscht eure Erfahrungen aus (**M4**).

2. Bildet Gruppen: Jede Gruppe sucht sich ein Beispiel aus **M4** heraus und recherchiert das Verwaltungsverfahren: Wer sind die Ansprechpartner, wer entscheidet über das Gesuch, wann erfolgt der Bescheid? Haltet jeweils den formalen Ablauf eures Verwaltungsverfahrens fest und vergleicht abschließend eure Ergebnisse mit **M6**.

3. Nehmt Stellung zur Kritik am Verwaltungswesen und diskutiert Möglichkeiten, wie das Bild des „Beamten" verbessert werden kann (**M7**).

Modernisierte Dienstleistungsverwaltung in Sachsen

Staatsmodernisierung durch E-Government
Am 20. August 2014 wurden zwischen dem Freistaat und den kommunalen Landesverbänden (Sächsischer Städte- und Gemeindetag und Sächsischer Landkreistag) die überarbeitete und bereits seit dem Jahr 2011 bestehende „Vereinbarung zur Mitnutzung der E-Government-Basiskomponenten des Freistaates Sachsen durch die sächsischen Kommunalverwaltungen" geschlossen. [...] E-Government-Basiskomponenten sind elektronische Verfahren, die der fachunabhängigen oder fachübergreifenden Unterstützung der Verwaltungstätigkeit dienen. [...] Ziele der Zusammenarbeit sind:
- verbesserte Bereitstellung von Informationen zu Verwaltungsverfahren und deren Verknüpfung für Verwaltungskunden (Verfahren, Verfahrensnetze, Anliegen), sowie zu fachlichen und räumlichen Zuständigkeiten im Rahmen von Verwaltungsverfahren,
- umfassende Bereitstellung von elektronischen Zugängen zu Verwaltungsverfahren für Verwaltungskunden (Bürger und Unternehmen) sowie zu Datenerfassung- und -austausch zwischen Verwaltungen auf elektronischem Wege,
(→ S. 217)

M8 Elektronischer Steuerabzug wegen technischer Pannen gestoppt

Nach Pannen wird die Einführung der papierlosen Steuerkarte verschoben – schon zum zweiten Mal. In den Mitteilungen der Finanzbehörden waren Fehler. Wann die Umstellung kommt, ist offen. Als „Desaster" hat der Bund der Steuerzahler die erneute Verschiebung kritisiert. Die Finanzverwaltung müsse jetzt schnellstmöglichst Klarheit für die betroffenen Steuerzahler schaffen, forderte die Organisation gestern.

Insbesondere müssten die Arbeitgeber informiert werden, wie der Lohnsteuerabzug im nächsten Jahr vorgenommen werden soll. Das Finanzministerium hatte am Dienstag mitgeteilt, dass sich die für den 1. Januar 2011 angekündigte Umstellung wegen technischer Schwierigkeiten weiter hinauszögern wird. Im Gespräch ist ein Start im zweiten Quartal 2012.

Millionen von Steuerzahlern hatten in den vergangenen Wochen Post von der Finanzverwaltung mit der Aufforderung erhalten, die für sie gespeicherten Daten für den elektronischen Abzug der Lohnsteuer zu überprüfen. Zahlreiche fehlerhafte Angaben hatte massenhaft zu Beschwerden und zum Teil zu chaotischen Zuständen mit langen Warteschlangen in einigen Finanzämtern geführt.

dpa, Sächsische Zeitung, 3.11.2011

M9 Steuererhebung in Sachsen als Beispiel für Verwaltungshandeln

Durch direkte Steuern, z. B. Einkommen- oder Körperschaftsteuern, werden etwa 50 Prozent des sächsischen Landeshaushaltes finanziert. Das Finanzministerium und die derzeit 25 Finanzämter achten darauf, dass die Besteuerung der Bürger überall nach den gleichen Grundsätzen erfolgt.

Wer Geld verdient, muss jährlich (jeweils spätestens bis zum Mai des Folgejahres) bei dem für seinen Wohnsitz zuständigen Finanzamt eine Steuererklärung über seine Einkünfte einreichen. Er tut dies entweder von sich aus (per amtlichem Formular bzw. Vordruck, auch elektro-

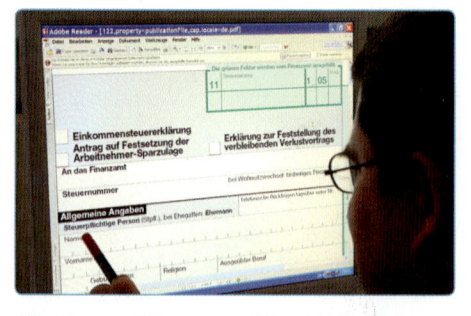

Die Steuererklärung per Mausklick wird immer beliebter.

nisch per ELSTER, bei komplizierteren Steuerverhältnissen oft unter Beauftragung eines Steuerberaters oder Lohnsteuerhilfevereins) oder nach Aufforderung durch das Finanzamt. Eine Steuererklärung dient dazu, die richtige Höhe der Steuer festzusetzen. Die wichtigsten Steuererklärungen sind die Einkommensteuererklärung (als die bekannteste Steuererklärung), die Umsatzsteuererklärung, die Gewerbesteuererklärung, die Erbschaftsteuererklärung, die Schenkungsteuererklärung und die Körperschaftsteuererklärung. In der Regel bearbeitet das Finanzamt die Steuererklärung innerhalb von zwei bis acht Wochen. Danach ergeht der Steuerbescheid, auf dem u. a. der Steuersatz und die Höhe der entweder noch zu entrichtenden oder zu viel gezahlten Steuern festgehalten sind. Gegen den Steuerbescheid kann innerhalb eines Monats schriftlich Einspruch einlegt werden.

Nach: Faltblatt „Das Sächsische Staatsministerium der Finanzen", Faltblatt, Dresden, August 2011 und Sebastian Brinzing, Die Steuererklärung, www.steuerratgeber-online.de (22.2.2012)

- Bereitstellung von (Online-)Anwendungen, die eine sichere und datenschutzgerechte elektronische Abwicklung und Integration von Verwaltungsverfahren unterstützen,
- gemeinsame Weiterentwicklung der E-Government-Infrastruktur.

Sächsisches Staatsministerium des Innern, www.egovernment.sachsen.de (20.7.2017)

M10 E-Government – elektronische Regierung

Der Freistaat Sachsen hat vor etwas mehr als zehn Jahren begonnen, die zentrale E-Government-Infrastruktur der sächsischen Verwaltungen aufzubauen. Der Begriff „E-Government" ist im allgemeinen Sprachgebrauch vor allem mit der Vorstellung verbunden, Verwaltungsleistungen bequem vom heimischen Computer aus in Anspruch nehmen zu können. Tatsächlich wird es schrittweise möglich, das komplexe Informationsangebot der Verwaltungen per Internet abzurufen. Eigene Anliegen können den Verwaltungen online übermittelt und das Ergebnis der Bearbeitung wiederum per Internet empfangen werden. Darüber hinaus bezeichnet E-Government ein noch weiter gefasstes Ziel: die effiziente Verwaltung. Sie nutzt dazu umfassend moderne Informationstechnologien, um ihre Mitarbeiter untereinander und mit ihren Kunden zu vernetzen.

Dabei stellt der Freistaat Sachsen den Verwaltungen zentrale Softwarekomponenten für E-Government bereit [...]. Diese Basiskomponenten bilden die sächsische E-Government-Plattform. Sie sind über sichere Verwaltungsnetze mit den internen IT-Verfahren der Landes- und Kommunalverwaltungen verknüpft.

© 2014, 2016 Hewlett Packard Enterprise Development Company, Fallstudie: Der Freistaat Sachsen setzt eine schnelle und wirtschaftliche Suchlösung ein, www.hpe.com, Juli 2016, S. 1 f.

ELSTER (Elektronische Steuererklärung)
Die elektronische Steuererklärung (ELSTER) ist ein Beispiel für E-Government. Im sächsischen Internet-Steuerportal finden sich Informationen und Vordrucke zur „Elektronischen Steuererklärung" (ELSTER) sowie zu allen weiteren steuerrechtlich relevanten Themen. Die so auf elektronischem Wege beabsichtigte Beschleunigung des Informationsflusses und Vereinfachung von Steuererklärungen sollen mithelfen, die Bürokratie abzubauen und die Steuergerechtigkeit zu erhöhen.

AUFGABEN

1. Fasst den Akt der Steuererklärung von Anfang (Steuererklärung) bis zum Ende (Steuerbescheid) zusammen: Was passiert wann zu welchem Zeitpunkt (**M9**)?
2. Vergleicht das elektronische Verfahren (ELSTER) mit dem herkömmlichen Verfahren der Steuererklärung. Wo liegen die Vor- und Nachteile (**M8 – M10**)?
3. Sammelt ausgehend von der elektronischen Steuererklärung Chancen und Probleme des „E-Government" in Bezug auf andere öffentliche Dienstleistungen: Beantragen eines Personalausweises, Adressänderung, Bauantrag eines Einfamilienhauses, Zeugnisbeglaubigung etc.

WAS WIR WISSEN

Verwaltungsgrundsätze und -verfahren
M1 – M6

Verwaltung ist in Deutschland ganz überwiegend Ländersache, denn ihre Behördenapparate sind neben eigenen Zuständigkeitsbereichen (v. a. Kultushoheit) zugleich für die Ausführung der meisten Bundesgesetze verantwortlich und führen zudem die Kommunalaufsicht durch. Verwaltungen sind auf allen Ebenen (Bund, Länder und Kommunen) hierarchisch und bürokratisch organisiert. Bei den Aufgaben der kommunalen Selbstverwaltung unterscheidet man zwischen freiwilligen Aufgaben und Pflichtaufgaben. Hinsichtlich des Verwaltungshandelns wird zwischen nichtförmlichen und förmlichen Verwaltungsverfahren unterschieden. Das Verwaltungsverfahren regelt die Tätigkeit der Behörden bezüglich der Ausführung der Gesetze.

Verwaltung und Bürokratie in der Kritik
M7

Verwaltung wird oft für ihren Formalismus, Bürokratismus und die häufig als langsam wahrgenommene Arbeitsweise kritisiert. Dabei wird zum Teil übersehen, dass sich erstens große Teile des ausführenden öffentlichen Dienstes außerhalb von Amtsstuben abspielen (z. B. Schule, Polizei, Müllabfuhr und Verkehrsmittel, sofern diese noch öffentlich, d. h. nicht bereits privatisiert sind), dass die Verwaltung, zweitens, mehreren Kontrollmechanismen unterliegt (rechtlich, finanziell, politisch und administrativ), und dass, drittens, seit einigen Jahren verstärkte Anstrengungen zur Modernisierung und Effizienzsteigerung seitens der Verwaltung selbst unternommen werden. Letzteres geschieht zu einem wesentlichen Teil durch die Nutzung neuer Technologien zur Steigerung des Angebots von Verwaltungsdienstleistungen auf elektronischem Wege.

Modernisierte Dienstleistungsverwaltung in Sachsen
M8 – M10

Einerseits bemühen sich viele Ämter in Sachsen trotz finanzieller Knappheit um ein moderneres Erscheinungsbild, andererseits werden Informationen und Dienstleistungen der sächsischen Verwaltung in zunehmendem Maße elektronisch angeboten und dabei in einem komplexen Internet-Auftritt integriert, der die Angebote von Landesbehörden und kommunalen Ämtern querverlinkt, sodass z. B. in dem virtuellen „Amt24" Fragen zu allgemeinen ebenso wie zu regionalspezifischen Lebenslagenproblemen beantwortet werden. Die „elektronische Verwaltung" (E-Government) birgt neben offensichtlichen Vorteilen (u. a. Verfahrensbeschleunigung durch Vorinformationen, jederzeitige Erreichbarkeit seitens der Bürger, Spareffekte für den Staat), allerdings auch Risiken und Probleme, v. a. hinsichtlich der technischen Realisierbarkeit und der Datensicherheit sowie bezüglich der Nutzerakzeptanz und der sozial ungleich verteilten Erreichbarkeit der elektronischen Angebote.

WAS WIR KÖNNEN

Amt24

Seit März 2018 erscheint „Amt24", das offizielle Serviceportal des Freistaates Sachsen, in neuem Design und ausgestattet mit neuen technischen Funktionalitäten. Bürger, aber auch Unternehmer und andere Interessierte finden hier die wesentlichen Informationen zu Dienstleistungen der Verwaltung in allgemeinverständlicher Sprache. Über die Eingabe eines Ortes bzw. der Postleitzahl wird die zuständige Stelle für das eigene Anliegen ermittelt. Neben Behördendaten staatlicher und kommunaler Verwaltungen werden die für die Antragstellung benötigten Formulare verlinkt. In Zukunft soll die medienbruchfreie Online-Antragsstellung direkt von Amt24 aus mittels eines eingerichteten Servicekontos ermöglicht werden.

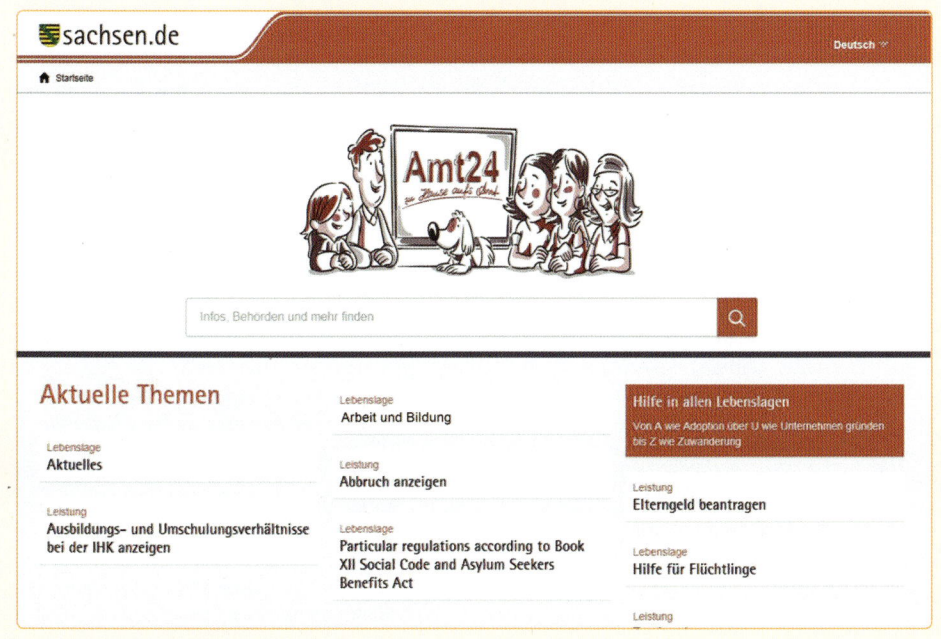

Sächsisches Staatsministerium des Innern/Amt24/www.amt24.sachsen.de

Aufgaben

1. Geht im Internet zu www.amt24.sachsen.de, gebt dort zunächst eure Postleitzahl ein und führt dann (nach eigener Wahl) eine Recherche zu einem der folgenden sechs Anliegen durch:
   a) Beglaubigung eines Zeugnisses, b) Arbeitssuche, c) BAföG für Schülerinnen und Schüler an Fachschulen, Oberschulen und Gymnasien, d) Schulanmeldung Fachschulen, Oberschulen und Gymnasien, e) Adressänderung im Personalausweis, f) Anerkennung ausländischer Schulabschluss.
2. Dokumentiert die Ergebnisse eurer Recherche per „copy & paste" in einer Textdatei.
3. Wie gut helfen euch die gefundenen Informationen weiter? D. h.: Habt ihr eine verständliche Antwort bekommen und wisst ihr, was bei welcher Behörde nun zu tun oder zu beantragen wäre?

Kleines Politiklexikon

Arbeitgeberverband
Zusammenschluss von Arbeitgebern (Unternehmen) zum Zweck gemeinsamer Interessenvertretung gegenüber Gewerkschaften und Staat.

Arbeitslosengeld
Unterstützungsleistung für arbeitslose Arbeitsuchende. Zu unterscheiden ist zwischen Versicherungsleistungen aus der Arbeitslosenversicherung (das ist in Deutschland das Arbeitslosengeld I, welches i. d. R. für ein Jahr gezahlt wird) und aus Steuergeldern finanzierten Mindestsicherungssystemen (dazu gehört das Arbeitslosengeld II, Hartz IV).

Bedürfnis
Bedürfnis ist der Wunsch, einen Mangel zu beseitigen. So liegt dem Bedürfnis zu trinken Durst als Mangelempfinden zugrunde.

Binnenmarkt
Ein Wirtschaftsraum, in dem einheitliche Bedingungen für den Verkehr von Waren, Dienstleistungen und Kapital herrschen. Bürger können ihren Wohn- und Arbeitsort frei wählen. Der Binnenmarkt in der EU wurde zum 1.1.1993 verwirklicht.

Bruttoinlandsprodukt (BIP)
Messgröße, mit der die wirtschaftliche Leistungskraft eines Landes dargestellt wird. Das BIP umfasst den Geldwert aller in einem Jahr innerhalb der Landesgrenzen produzierten Waren und Dienstleistungen (von In- und Ausländern). Um das BIP pro Kopf zu erhalten, teilt man das BIP eines Landes durch die Zahl der Einwohner.

Bürgerliches Gesetzbuch (BGB)
In ihm stehen die wichtigsten rechtlichen Regelungen, die das Zusammenleben der Bürger betreffen, z. B. zu den Rechten und Pflichten beim Kaufvertrag.

Einkommen
Allgemein meint man damit das Arbeitseinkommen für Erwerbstätigkeit (Lohn, Gehalt, Gewinn). Darüber hinaus gibt es auch Einkommen als Entgelt für die Bodennutzung (Miete, Pacht) oder als Entgelt für die Nutzung von Kapital (Sparzinsen, Kreditzinsen). Einkommen, die der Staat ohne Gegenleistung bezahlt, nennt man Transfereinkommen.

Europäische Union
Die Gemeinschaft von heute (2018) mit 28 europäischen Staaten wurde 1957 als Wirtschaftsbündnis gegründet. Neben der gemeinsamen Politik in allen wirtschaftlichen Bereichen wurde im Vertrag von Maastricht (1992) auch eine Zusammenarbeit in der Außen- und Sicherheitspolitik sowie der Justiz- und Innenpolitik beschlossen.

EU-Organe
Zu den wichtigsten Organen der Europäischen Union – vergleichbar mit den Verfassungsorganen in der Bundesrepublik Deutschland – gehören der Ministerrat, die Europäische Kommission, das Europäische Parlament, der Europäische Gerichtshof und der Europäische Rat.

Europäische Zentralbank (EZB)
Die EZB wurde am 1.6.1998 gegründet und bildet zusammen mit den nationalen Notenbanken das Europäische System der Zentralbanken. Die EZB ist von politischen Weisungen unabhängig und seit der Einführung des Euro am 1.1.1999 für die Geldpolitik im Euroraum zuständig. Ihre Hauptaufgabe ist es, die Preisstabilität zu garantieren.

Geld
Geld ist ein allgemein anerkanntes und gültiges Zahlungsmittel, mit dem man Waren oder Dienstleistungen erwerben kann. Geld ist Tauschmittel, Wertaufbewahrungsmittel, Wertübertragungsmittel und Recheneinheit.

Geldpolitik
Ziel der Geldpolitik ist die Stabilität des Geldwertes (also eine niedrige Inflationsrate). Daneben soll die Geldpolitik auch die allgemeine Wirtschaftspolitik unterstützen. Die Geldpolitik ist Sache der Europäischen Zentralbank.

Gerechtigkeit
Einstellung, Prinzip, Zustand, bei dem jede Person das erhält, was ihr zusteht. Wie dieser Zustand zu erreichen ist, ist umstritten. So unterscheidet man Chancengerechtigkeit, Leistungsgerechtigkeit, Bedarfsgerechtigkeit und Teilhabegerechtigkeit.

Gewerkschaft
Freiwilliger Zusammenschluss von Arbeitnehmern, um gemeinsame wirtschaftliche, soziale und berufliche Interessen gegenüber den Arbeitgebern besser durchsetzen zu können.

Grundgesetz (GG)
Die Verfassung der Bundesrepublik; sie regelt den Aufbau, die Aufgaben und das Zusammenspiel der Verfassungsorgane.

Grundrechte
In der Verfassung garantierte Rechte, die für jeden Einzelnen gewährleistet werden, wie z. B. die Meinungsfreiheit, die Versammlungsfreiheit und die Menschenwürde.

Güter
Güter sind ganz allgemein Mittel (z. B. Waren, Dienstleistungen, Rechte), mit denen Bedürfnisse befriedigt werden können. Sie haben einen Preis und sind i. d. R. nicht unbegrenzt verfügbar. Nur wenige Güter auf der Erde (z. B. Luft, Sand in der Wüste) sind freie Güter, d. h. unbegrenzt vorhanden.

Haushalt
Die genaue Aufstellung der geplanten Einnahmen und Ausgaben für einen bestimmten Zeitraum (meist das kommende Jahr). Die Einnahmen werden nach den Quellen unterschieden, die Ausgaben nach dem Zweck der Verwendung.

Inflation
Prozess anhaltender Preisniveausteigerungen bzw. anhaltender Geldentwertung.

Kaufvertrag
Beim Kaufvertrag müssen sich Käufer und Verkäufer über die Kaufsache und den Kaufpreis einigen. In der Fachsprache heißt das, dass sie zwei übereinstimmende Willenserklärungen abgeben müssen (Angebot und Annahme). Der Verkäufer ist durch den Vertrag zur Übereignung der mangelfreien Kaufsache verpflichtet, der Käufer zur Bezahlung des vereinbarten Kaufpreises und zur Abnahme der Kaufsache.

Knappheit
Knappheit entsteht dadurch, dass unsere Wünsche und Bedürfnisse unbegrenzt, die vorhandenen Güter auf der Erde jedoch begrenzt sind. Knappheit ist also letztlich der Grund für die wirtschaftliche Betätigung des Menschen. Güter zur Befriedigung von Bedürfnissen müssen von den Menschen hergestellt werden, die Preise der Güter sind ein Gradmesser für ihre Knappheit.

Konflikt
Ein Konflikt ist ein Spannungszustand zwischen Personen oder auch Staaten. Er entsteht dadurch, dass es zwischen den Personen, Personengruppen oder Staaten unterschiedliche Zielvorstellungen und Interessen gibt, die (zunächst) unvereinbar gegeneinander stehen.

Kredit
Ein Gläubiger überlässt einem Schuldner Geld unter der Voraussetzung der Rückzahlung.

Markt
Der reale oder virtuelle Ort, an dem Angebot und Nachfrage nach Gütern und Leistungen aufeinandertreffen und Preise gebildet werden (z. B. Automarkt, Börse). Das Grundprinzip des Marktes ist der Tausch.

Marktwirtschaft
In der Marktwirtschaft steuern Angebot und Nachfrage, Wettbewerb und freie Preisbildung den Wirtschaftsprozess. Das Privateigentum an den Produktionsmitteln wird garantiert.

Menschenrechte
Die persönlichen Rechte, die jedem Menschen von Geburt an zustehen, z. B. das Recht auf Meinungsfreiheit.

Nachhaltigkeit
Der Begriff bedeutet, dass man nicht mehr von einem Rohstoff (der Natur) verbrauchen soll, als nachwachsen kann. In Bezug auf die Umwelt heißt das, dass man den Ausgangszustand für die folgenden Generationen bewahren soll und die Umwelt nicht durch Abgase und Müll irreparabel schädigen darf.

NATO
(engl. North Atlantic Treaty Organization, Nordatlantikpakt)
Das Verteidigungsbündnis zwischen den USA, Kanada und den westeuropäischen Staaten wurde am 4.4.1949 gegründet. Die Mitglieder verpflichten sich im Falle eines Angriffs auf einen Mitgliedstaat zum gegenseitigen Beistand. Wichtigstes Gründungsmotiv war die Abwehr der Expansionsabsichten des Kommunismus, insbesondere die Verteidigung gegenüber der Sowjetunion und seinen Verbündeten. Heute hat die NATO zum Ziel, Frieden und Freiheit weltweit zu verteidigen, z. B. auch im Auftrag der Vereinten Nationen.

Ökonomisches Prinzip
Das ökonomische Prinzip besagt, dass die vorhandenen Mittel (Geld, Zeit) optimal eingesetzt werden sollen, um ein bestimmtes Ergebnis zu erreichen. Bei vorgegebenen Mitteln soll ein möglichst hoher Ertrag erzielt werden (Maximalprinzip). Bei einem vorgegebenen Ertrag sollen möglichst geringe Mittel eingesetzt werden (Minimalprinzip).

Planwirtschaft/Zentralverwaltungswirtschaft
Bezeichnung für ein Wirtschaftssystem, deren Produktion durch zentrale Pläne (einer staatlichen Planungsbehörde) gelenkt wird. Es gibt kein Privateigentum an Produktionsmitteln.

Preisbildung
Prozess, in dem sich in einer Marktwirtschaft auf den Märkten die Preise bilden. Preisbildung ist abhängig von Marktform und Anzahl der Anbieter und Nachfrager. Sie vermittelt zwischen Produktion und der Befriedigung bestehender Bedürfnisse.

Produktion
Bezeichnet den Prozess der Herstellung von Produkten durch den Einsatz betrieblicher Produktionsfaktoren. Dies können im weiteren Sinne auch Dienstleistungen (Haarschnitt beim Friseur) sein.

Produktionsfaktoren
Dies sind Güter und (Dienst-)Leistungen, die eingesetzt werden, um andere Güter und (Dienst-)Leistungen herzustellen bzw. zu erbringen. Die klassischen Produktionsfaktoren sind Arbeit, Kapital und Boden. Im betriebswirtschaftlichen Fertigungsprozess unterscheidet man diese Produktionsfaktoren: Betriebsmittel (z. B. Maschinen), Werkstoffe (werden verarbeitet), Arbeit und Informationen.

Rechtsfähigkeit
Mit der Geburt ist der Mensch Träger von Rechten und Pflichten.

Rechtsstaat
Ein Rechtsstaat ist ein Staat, in dem die öffentliche Gewalt an eine objektive Rechtsordnung gebunden ist. In einem Rechtsstaat ist die Macht des Staates begrenzt, um die Bürger vor gesetzloser Willkür zu schützen.

Soziale Marktwirtschaft
Die Soziale Marktwirtschaft ist die Bezeichnung für die Wirtschaftsordnung der Bundesrepublik Deutschland, die den Grundsatz der Freiheit auf dem Markt mit dem des sozialen Ausgleichs verbindet.

Sozialstaat
Bezeichnung für einen Staat, der seinen Bürger/innen ein Existenzminimum sichert, wenn sie in Not geraten sind, und für einen gerechten Ausgleich zwischen Reichen und Bedürftigen sorgt. In Deutschland geschieht dies z. B. durch die Sozialversicherungspflicht und durch staatliche Unterstützung, wie Sozialhilfe, Kindergeld oder Ausbildungs- und Arbeitsförderung.

Sozialstaatsprinzip
In Art. 20 Abs. 1 GG wird die Bundesrepublik Deutschland als „demokratischer und sozialer Bundesstaat" definiert. Art. 28 Abs. 1 GG führt näher aus: „Die verfassungsmäßige Ordnung in den Ländern muss den Grundsätzen des republikanischen und sozialen Rechtsstaates im Sinne dieses Grundgesetzes entsprechen." Aufgrund dieses Sozialstaatsgebots (auch: Sozialstaatsprinzip) des Grundgesetzes formulierten die Richter des Bundesverfassungsgerichts zwei Aufgaben für alle staatlichen Organe:
1. durch entsprechende politische Maßnahmen ist für sozialen Ausgleich und 2. für die Sicherung der sozialen Existenz der Bürger zu sorgen.
Konkret bedeutet dies:
- Schutz vor Not;
- Sicherung gegen Wechselfälle des Lebens (z. B. Einkommensausfall infolge von Alter, Krankheit, Invalidität oder Arbeitslosigkeit);
- Bekämpfung großer sozialer Ungleichheit;
- Mehrung des Wohlstandes insgesamt.

Die Wege zur Erreichung dieser Ziele werden der Gestaltung durch demokratische Mehrheiten überlassen (Offenheit des Sozialstaatsprinzips). Das Ordnungsprinzip des Sozialstaatsgebotes zählt zum unveränderlichen Verfassungskern des Grundgesetzes.

Sozialversicherungssystem
Bezeichnung für die Gesamtheit gesetzlicher Pflichtversicherungen in Deutschland (Arbeitslosen-, Renten-, Kranken-, Pflege- und Unfallversicherung). Die Sozialversicherung versichert den Einzelnen gegen Risiken für seine Existenz. Sie ist organisiert nach dem Solidarprinzip. Sozialversicherungspflichtig sind alle abhängig Beschäftigten.

Staat
Mit dem Begriff bezeichnet man eine Vereinigung vieler Menschen (Staatsvolk) innerhalb eines durch Grenzen bestimmten geografischen Raumes (Staatsgebiet) unter einer unabhängigen (souveränen) Staatsgewalt, die von den Staatsorganen (Regierung, Parlamente, Gerichte, Polizei) ausgeübt wird.

Stabilitäts- und Wachstumsgesetz
1967 wurden mit dem „Gesetz zur Förderung der Stabilität und des Wachstums der Wirtschaft" (Stabilitätsgesetz, StabG) Ziele staatlicher Wirtschaftspolitik formuliert: „Bund und Länder haben bei ihren wirtschafts- und finanzpolitischen Maßnahmen die Erfordernisse des gesamtwirtschaftlichen Gleichgewichts zu beachten. Die Maßnahmen sind so zu treffen, dass sie im Rahmen der marktwirtschaftlichen Ordnung gleichzeitig zur Stabilität des Preisniveaus, zu einem hohen Beschäftigungsstand und außenwirtschaftlichem Gleichgewicht bei einem stetigen und angemessenen Wirtschaftswachstum beitragen (§ 1 StabG)." Die Charakterisierung der stabilitätspolitischen Zielsetzung als „magisches Viereck" bezieht sich darauf, dass zwischen den Zielen wechselseitige Beziehungen und Zielkonflikte bestehen, die es als unmöglich erscheinen lassen, alle Zielvorgaben gleichzeitig zu erfüllen.

Subsidiaritätsprinzip
Prinzip, nach dem ein Problem auf der Ebene gelöst werden soll, auf der es entsteht. „Was der Einzelne tun kann, sollen nicht andere für ihn tun." Erst wenn auf dieser Ebene keine Abhilfe möglich ist, soll die nächst höhere Ebene sich des Problems annehmen (Familie, Gemeinde, Land, Bund, EU).

Tarifvertragsparteien
Dazu zählen Gewerkschaften (vertreten die Arbeitnehmer/innen) und Arbeitgeberverbände (vertreten die Arbeitgeber/innen). Im Rahmen der Tarifautonomie handeln diese beiden Interessengruppen ohne Einmischung des Staates in eigener Verantwortung Tarifverträge aus, die Löhne, Arbeitszeiten und sonstige Arbeitsbedingungen regeln sollen.

Taschengeld
Meist regelmäßige Zuwendungen an Jugendliche, über die sie mit Einwilligung der Erziehungsberechtigten frei verfügen können.

Terrorismus
Planmäßige Gewaltanwendung von Einzeltätern oder Gruppen zur Verfolgung politischer oder religiöser Ziele. Der Terrorismus möchte durch gezielte Anschläge Angst, Schrecken und Unsicherheit unter der Bevölkerung verbreiten.

Transfereinkommen
Als Transfereinkommen bezeichnet man Einkommen, welches durch den Staat oder andere Institutionen bereitgestellt wird, ohne dass eine konkrete Gegenleistung erfolgt (Beispiel: Sozialhilfe, Arbeitslosengeld II etc.).

Unternehmen
Dauerhafte organisatorische Einheit zur Produktion bzw. zur Erbringung von Dienstleistungen, die mehrere Betriebe umfassen kann. Je nach Träger werden private, öffentliche oder gemeinwirtschaftliche Unternehmen unterschieden, je nach Rechtsform Einzel-, Personen- und Kapitalgesellschaften.

Verbraucherschutz
Maßnahmen zum Schutz der Gesundheit der Verbraucher und zur Stärkung ihrer Rechte als Konsumenten. Mit bestimmten Gesetzen (z. B. zur Kennzeichnung von Lebensmitteln oder zur Gewährleistung), aber auch durch eine verbesserte Information und Aufklärung (z. B. durch Produktsiegel und Warentests) soll die Position der Verbraucher gegenüber den Anbietern verbessert werden.

Vereinte Nationen (engl. United Nations Organization)
Nach dem Zweiten Weltkrieg gegründete kollektive Sicherheitsorganisation zur Wahrung des Weltfriedens und der Menschenrechte. Fast alle Staaten der Erde sind Mitglieder der UNO.

Vermittlungsausschuss
Europäische Union: Ausschuss, der tätig wird, wenn nach der Zweiten Lesung eines Gesetzes keine Einigung zwischen Europäischem Parlament und Ministerrat erzielt werden kann. Der Vermittlungsausschuss setzt sich aus den Mitgliedern des Rates und ebenso vielen Vertretern des Europäischen Parlaments zusammen, Vertreter der EU-Kommission nehmen beratend teil.

Vier Freiheiten
Wirtschaftliche Freiheiten des europäischen Binnenmarktes: Freiheit des Warenverkehrs, Personenfreizügigkeit, Dienstleistungsfreiheit, freier Kapital- und Zahlungsverkehr.

Währungsunion
Zusammenschluss souveräner Staaten mit vorher unterschiedlichen Währungen zu einem einheitlichen Währungsgebiet. Im Gegensatz zu einer Währungsreform bleibt der Geldwert beim Übergang zu einer Währungsunion erhalten.

Werbung
Im wirtschaftlichen Sinne die Bekanntmachung von Gütern oder Dienstleistungen mit der Absicht, bei den Konsumenten eine Kaufhandlung auszulösen. Wird dies versteckt gemacht, spricht man von Schleichwerbung.

Wirtschaftskreislauf
Modell, in dem die Tauschvorgänge zwischen den Wirtschaftssubjekten (private Haushalte, Unternehmen, Staat, Banken; erweiterte Darstellung umfasst auch das Ausland) dargestellt werden.

Wirtschaftsordnung
Setzt sich zusammen aus den Regeln und Institutionen, die die Rahmenbedingungen wirtschaftlichen Handelns abstecken. Klassisch werden v. a. Fragen der Eigentumsrechte, der Preisbildung und der Steuerung von Wirtschaftsprozessen entschieden.

Register

A
Absatz 62
Absatzmarkt 63
Aktie 16
Aktiengesellschaft (AG) 173
Allgemeine Erklärung der
Menschenrechte 200
Al-Qaida 139
Alternativkosten 13, 30
Amt24 219
Anbieter 36
Angebot 34, 39
Angebotsorientierung 89
Angebotsüberschuss 39
Arbeitgeberverband 177
Arbeitskampf 178
Arbeitsproduktivität 179
Ausbildung 190
Austauschjahr 191

B
Bank 27, 31
Bedürfnisse 10 f., 30
Beschaffung 62
Beschaffungsmarkt 63
Beschlüsse 106, 110
Betrieb 59
Betriebsrat 175, 184
Betriebswirtschaftliche
Produktionsfaktoren 61
Binnenmarkt 118
BIP, nominales 87
BIP, reales 87
Blauhelmsoldaten 159
Blockupy 94
Brexit 125, 127 f., 130
Bruttoinlandsprodukt (BIP) 87
Bundeswehr 147 f., 150
Bürgerliches Gesetzbuch (BGB) 50
Bürokratie 218

D
Demonstration 212 f.
Deutscher Akademischer
Austauschdienst (DAAD) 189
Diagramme 129
Dschihadismus 140

E
E-Government 216 ff.
Einfaches Kreislaufmodell einer
Volkswirtschaft 17

Einkommen 16
Einkommensquellen 31
Einzelunternehmen 173
ELSTER (Elektronische Steuererklärung) 216 f.
Empfehlungen 106, 110
ERASMUS 189
Erfolgsfaktoren 59
Erhard, Ludwig 76 f.
EU-Erweiterung 120
EU-Mitglied 120
EU-Mitgliedschaft 120
EU-Parlament 107
EU-Rettungspakete 116
Euro 113 f.
Eurokrise 115 ff.
Euroländer 113
Europäische Kommission 108
Europäische Union (EU) 100 ff., 110, 130
Europäische Währungsunion 118
Europäische Wirtschafts- und
Währungsunion (EWWU) 114
Europäischer Binnenmarkt 111 f.
Europäischer Gerichtshof 108
Europäischer Rat 109
Euro-Stabilitätspakt 114

F
Faktor Arbeit 16
Faktor Boden 16
Faktor Kapital 16
Freihandelsabkommen 127
Frieden 135, 150
Frieden, negativer 135
Frieden, positiver 135
Friedenserhaltende Maßnahmen 158, 166
Friedenserzwingende Maßnahmen 158, 166
Friedenskonsolidierende Aufgaben 166
Friedenskonsolidierende Maßnahmen 158
Friedensschaffende Maßnahmen 158, 166
Führungsstil, autoritärer 170
Führungsstil, kooperativer 170

G
Garantieleistung 50
Gerechtigkeit 95
Gesellschaft bürgerlichen
Rechts (GbR) 172
Gesellschaft mit beschränkter Haftung
(GmbH) 173
Gesetzgebungsverfahren 110
Gewährleistungsrecht 50
Gewalt, direkte 135
Gewalt, indirekte 135
Gewalt, kulturelle 135
Gewalt, strukturelle 135
Gewerkschaft 177 f.
Gläubiger 24
Gleichgewichtspreis 39
Greenwashing 71
Grexit 118
Guerilla 134
Güter 14 f., 30
Güter, freie 14
Güter, wirtschaftliche 14
Gütesiegel 48

H
Haushaltsdefizit 116
Haushaltsdisziplin 115
Haushaltsplan 19, 31

I
Internationaler Strafgerichtshof (IStGH) 205 ff.
Islamischer Staat (IS) 139 ff., 150
Islamismus/islamistisch 140

J
Jugendvertretung 174
Juristische Person 172

K
Kalifat 140
Kalter Krieg 152
Kapital 61
Katanga, Germain 203 f.
Kaufentscheidung 45
Kaufvertrag 50, 54
Keynes, John Maynard 88
K-Gruppen 93
King, Martin Luther 199
Knappheit 14, 30
Konflikt 163
Konjunkturzyklus 86
Konsumgüter 15
Konvergenzkriterien 114, 118
Kopenhagener Kriterien 120
Kosten 12

Krieg 134, 150
Krieg, asymmetrischer 134
Kündigung 174
Kündigungsgründe 174

L
Legitimität 141
Liquidität 29
Lohnpolitik 179
Lohntarifvertrag 176

M
Maastricht-Kriterien 115
Magisches Dreieck der Anlageziele 29
Mangel 50
Manteltarifvertrag 176
Marketing-Mix 65
Markt 34, 36
Marktwirtschaft, freie 80
Maslow, Abraham 11
Maximalprinzip 14
Menschenrechte 198 f., 201, 207 ff.
Menschenrechtskonvention 198
Menschenrechtsverletzung 207
Minimalprinzip 14
Ministerrat 107
Mitbestimmung 175

N
Nachfrage 35, 39
Nachfragelücke 39
Nachfrageorientierung 89
Nachfrager 36
Nachfrageüberhang 39
Nachhaltigkeit 69
NATO 151 ff., 166
NATO-Russland-Rat 155
Nutzen 12

O
Occupy 93
Ökonomisches Prinzip 14, 30
Onlinekauf 51
Opportunitätskosten 13, 30
Ordoliberalismus 76

P
Planwirtschaft 80
Preisbildung 37
Preise 45
Preis-Mengen-Diagramm 37
Produktion 62 f.
Produktionsfaktoren 60

Produktionsgüter 15
Produktivität 179
Produktsiegel 48
Pro-Kontra-Diskussion 25
Putin, Wladimir 154

R
Radikalisierung 142 f.
Rahmentarifvertrag 176
Realkapital 61
Rechtsakte 106, 110
Rechtsform 172, 184
Rechtsmangel 50 f.
Referendum 125
Resolution 161, 166
Rezession 116
Richtlinien 106, 110

S
Sachmangel 51
Salafismus 141
Schaubilder 129
Schulden 23, 31
Schuldner 24
Sicherheitsrat der Vereinten Nationen 158
Sicherungssystem, soziales 92
Soziale Marktwirtschaft 76 ff., 84
Sozialfonds 79
Sozialstaatsgebot 91
Sozialversicherung 20
Sparen 28 f., 31
Sparverhalten 28
Stabilitäts- und Wachstumsgesetz 86
Stellungnahmen 106, 110
Stiftung Warentest 49
Stoltenberg, Jens 154
Subsidiaritätsprinzip 109
Symbole der EU 103
Syrien-Einsatz 147, 149

T
Tarifautonomie 177
Tarifkonflikt 178, 184
Tarifpartner 177
Tarifverhandlung 180
Tarifverträge 176
Taschengeld 18
Terrorismus 136, 150
Terrorismus, internationaler 137
Terrorismus, transnationaler 137
Tilgung 21
Türkei 122 ff., 130

U
Überschuldung 22
Umweltschutz 45
UN-Blauhelme 159
UN-Charts 158
UN-Generalversammlung 158
Unternehmen 59
Unternehmensform 172
Unternehmensführung 171, 184
Unternehmensleitbild 66
Unternehmensleitung 170
Unternehmensziele 72

V
Verbraucherinsolvenz 22
Verbraucherpolitik 46, 54
Verbraucherschutz 54
Verbraucherzentrale 47
Vereinte Nationen 157, 166
Verordnung 110
Versammlung 212
Versammlungsleiter 212
Verschuldung 22
Vertrag von Amsterdam 110
Vertrag von Lissabon 110
Vertrag von Nizza 110
Verwaltung 214, 218
Verwaltung, öffentliche 214
Verwaltungsakt 214
Verwaltungsgrundsätze 218
Verwaltungsverfahren 214 f., 218
Vier Freiheiten 111, 118
Völkerrecht 205
Volkswirtschaftliche Produktionsfaktoren 60

W
Wachstum 87
Warschauer Pakt 152
Webquest 33
Weißbuch 148
Werbung 40 ff., 45
Werte der EU 102
Wirtschaftskreislauf 17, 31, 82
Wirtschaftskreislauf, erweiterter 82
Wirtschaftsordnung 80
Wirtschaftspolitik 86 ff., 95

Z
Ziele der EU 102
Ziele, ökologische 72
Ziele, wirtschaftliche 72
Zins 21